网络学习空间与教学创新

高丹阳　段爱峰　肖广德　张栋科　崔　佳　魏　星　编著

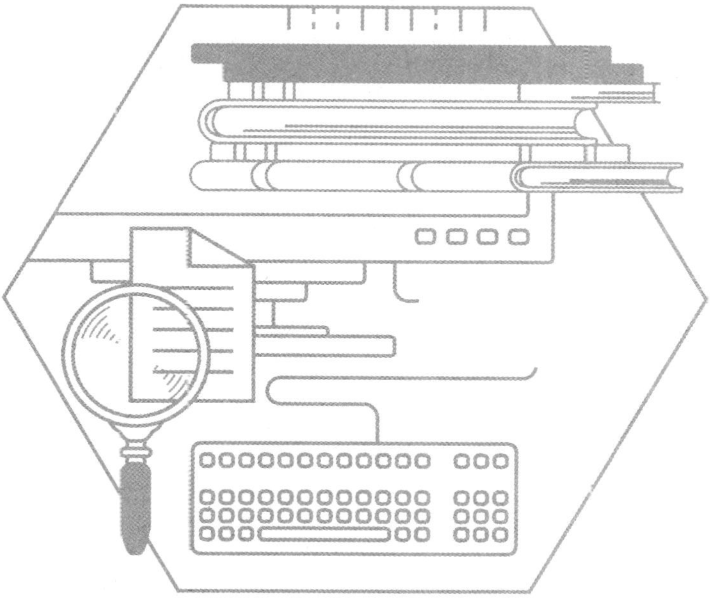

河北大学出版社
·保定·

出 版 人：朱文富
责任编辑：王殊宁
装帧设计：张彦琪
责任校对：刘景坤
责任印制：常 凯

图书在版编目（CIP）数据

网络学习空间与教学创新 / 高丹阳，段爱峰，肖广德编著．-- 保定 ：河北大学出版社，2021.7
ISBN 978-7-5666-1889-4

Ⅰ．①网… Ⅱ．①高… ②段… ③肖… Ⅲ．①网络教学－教学研究 Ⅳ．①G434

中国版本图书馆 CIP 数据核字（2021）第 137931 号

出版发行：河北大学出版社
地址：河北省保定市七一东路 2666 号 邮编：071000
电话：0312-5073033 0312-5073029
邮箱：hbdxcbs818@163.com 网址：www.hbdxcbs.com
经 销：全国新华书店
印 刷：保定市北方胶印有限公司
幅面尺寸：185 mm × 260 mm
印 张：13
字 数：251 千字
版 次：2021 年 7 月第 1 版
印 次：2021 年 7 月第 1 次印刷
书 号：ISBN 978-7-5666-1889-4
定 价：68.00 元

如发现印装质量问题，影响阅读，请与本社联系。
电话：0312-5073023

目　　录

第一章 网络学习空间概述

第一节 网络学习空间的发展

网络学习空间在我国的出现，可以追溯到21世纪初。2000年以来，以4A、清华教育在线、Blackboard、Moodle等为代表的网络教学平台在我国迅速发展，其无网络学习空间之名而有其实。每种网络教学平台都提供了个人中心，用以汇聚学习者相关的学习内容、学习资源、学习活动、学习工具等各种课程信息，本质上也属网络学习空间的范畴。

2005年，清华大学基于Web的教学平台建构了一个虚拟的网络学习社区环境，网络学习社区就是基于这种环境的由各种不同类型的学习者、教师等共同构成的一个交互的、协作的学习团体，其成员之间通过网络和通信工具，经常在学习过程中进行沟通、交流，获取知识、共同完成一定的学习任务，并形成相互影响、相互促进的人际联系。网络学习社区是网络学习空间的雏形，其功能、特点与现阶段的网络学习空间相差无几。

自2012年“三通工程”提出以来，我国网络学习空间的发展开始步入快车道。“十二五”期间，党和国家领导人高度重视“三通两平台”工程，教育部等部委相继发布了一些政策文件，大力推进网络学习空间建设。网络学习空间受到了前所未有的关注，网络学习空间的建设与应用被提上议事日程。

2012年3月，教育部发布《教育信息化十年发展规划（2011—2020年）》，指出到2020年要基本建成人人可享有优质教育资源的信息化学习环境，基本形成学习型社会的信息化支撑服务体系；要求各级各类教育的数字资源日趋丰富并得到广泛共享，优质教育资源公共服务平台逐步建立，政府引导、多方参与、共建共享的资源建设机制不断完善，数字鸿沟显著缩小，人人可享有优质教育资源的信息化环境基本形成；充分发挥政府、学校和社会力量的作用，面向全社会不同群体的学习需求建设便捷灵活和个性化的学习环境，终身学习和学习型社会的信息化支撑服务体系基本形成。教育信息化是衡量一个国家和地区教育发展水平的重要标志，实现教育现代化，创新教学模式，提高教育质量，实现构建人人可享有优质教育资源的信息化环境的美好愿景，网络学习空间的开发、利用是个有形的抓手。

2012 年 5 月，时任教育部副部长杜占元在全国教育信息化试点工作座谈会发表讲话，首次提出“三通工程”。“三通工程”是“十二五”期间教育信息化建设的重中之重、核心任务，强调要建设实名制网络学习空间，促进网络环境下的个人自主学习与互动教学。杜占元指出，网络空间就是学生和教师有一个基本的学习空间，可以自主学习，也可以互动学习，是教学新模式，也是未来发展的重要方向，突破了现有教学模式的时空限制和教学方法限制，可以利用碎片时间，促进教与学、教与教、学与学的全面互补，既可以提高教师的水平，也可以提高学生的水平；既有知识的学习，也有能力的学习。同时，根据网络学习空间的特点，因地制宜，提出了网络学习空间建设的三大优先原则：教师优先，经济发达地区、条件比较成熟地区优先，职业教育优先。网络学习空间会对以校园为主要教学场所、班级授课制为主要教学机制、教师讲授为主要教学内容输出方式的教育方式产生巨大的冲击，对终身学习理念的普及、学习型社会的构建有着革命性影响。利用网络学习空间的教学新模式，为教育与技术的深度融合提供了新范式。

2012 年 9 月，在首次全国教育信息化电视电话会议上，时任国务委员刘延东正式提出“三通两平台”工程，强调“十二五”期间要推动网络学习空间人人通实现跨越式发展，促进教学方式与学习方式的变革。网络学习空间人人通正式出现在大众的视野中，与宽带网络校校通、优质资源班班通共同组成了“三通”的核心内容。“三通两平台”是推进教育信息化工作的核心目标，网络学习空间是一个网络化的社交平台，是从各级各类教育主体出发，为满足各自的管理、教学、学习任务以及为不同的教育教学主体提供对应的教育教学服务。

2012 年 10 月，教育部、国家发改委、财政部等九部委联合出台了推广“三通两平台”工程的文件《教育部等九部门关于加快推进教育信息化当前几项重点工作的通知》，提出要推进网络学习空间建设。网络学习空间是促进数字教育资源共建、共享与应用的前瞻性探索，利用网络学习空间可以形成新的教师研修形式、教学方式、学习方式、师生互动、生生互动方式。通知要求各地要探索“政府规范引导、企业建设运营、学校购买服务”的网络学习空间建设运营机制，加快部署实名制的网络学习空间建设，加大网络学习空间在教师研修、资源共享、互动教学、教学管理等方面的应用力度。当年首先利用网络学习空间，组织教师开展网上研修活动和促进职业教育教学模式改革两方面部署试点，次年逐步推开，力争实现中小学教师利用网络学习空间开展研修活动的人数不少于20%，并使农村学校教师占有一定比例；整校开展网络空间建设与应用的职业学校不少于20%；这是教育部首次对网络学习空间的建设与应用提出具体要求，此后逐步形成中小学教师利用网络学习空间进行应用探索的新趋势。

2014年11月，教育部、财政部、国家发展改革委、工业和信息化部联合出台文件《构建利用信息化手段扩大优质教育资源覆盖面有效机制的实施方案》，提出要让网络学习空间应用覆盖各级各类教育，50%教师和30%初中以上的学生拥有实名网络学习空间；建成国家教育资源公共服务平台与国家数字教育资源中心，形成数字教育资源市场化的汇聚和共享机制；建成贯穿学前教育至高等教育，覆盖全国各级教育行政部门和各级各类学校的学生学籍、教师和学校资产的管理信息系统及基础数据库。探索“政府规范引导、企业建设运营、学校购买服务”的机制，按照“教师率先使用、职业教育率先部署、发达地区率先示范”的原则，加快推动网络学习空间建设，为学校和相关教育机构建立机构网络空间，为师生建立个人网络空间，鼓励家长建立家长网络空间。同时，鼓励教师利用网络学习空间开展协同备课和网络研修，形成共同备课、教学研究、资源共享等一体化协作交流机制；鼓励学生使用网络学习空间中的数字资源、网络作业、网上自测、拓展阅读、网络选修课等开展自主学习。教师提供学习指导服务、探究式学习支持，帮助学生养成自我管理、自主学习的良好习惯，促进教与学的方式变革。建设教育资源公共服务平台，依托平台为所有学校和师生提供数字教育资源共享与服务，有力支撑优质资源班班通、网络学习空间人人通。相比2012教育部发布的《教育部等九部门关于加快推进教育信息化当前几项重点工作的通知》，覆盖教师比例有了显著增加，对于网络学习空间的功能也有了更明确的界定，功能发展趋于多元。

2015年9月，教育部发布《关于“十三五”期间全面深入推进教育信息化工作的指导意见（征求意见稿）》，提出“十三五”期间要创新网络学习空间人人通的建设与应用模式，拓展信息时代教学、管理与服务方式。

2015年11月，刘延东副总理在全国第二次教育信息化电视电话会议上发表重要讲话，指出“十三五”期间网络学习空间人人通要更加普及、深入，要统筹推进实名制、组织化、可管可控的网络学习空间。全国超过30%的学校开通网络学习空间，数量从2012年的60万个增长到4200万个，应用范围从职业教育扩展到各级各类教育。网络学习空间的应用推动了教学资源共享和教学方式转变，学生学习更加积极主动，教学管理更加开放透明，家校互动更加迅捷畅通。“十三五”期间网络学习空间人人通要更加普及、深入，要统筹推进实名制、组织化、可管可控的网络学习空间。促进传统教育与信息化教育优势互补，引导教师应用网络空间开展备课授课、学习指导等教学活动。鼓励学生个性化学习、自主学习和协作学习。倡导学校利用网络空间开展学生综合评价、教学综合分析，提高管理效率，减轻师生负担。

2016 年 2 月 2 日，教育部办公厅印发《2016 年教育信息化工作要点》，指出要重点推动网络学习空间人人通，扩大网络学习空间应用覆盖面。

2016 年 6 月 7 日，教育部印发《教育信息化“十三五”规划》，提到支持学校网络教学环境大幅改善、信息化教学日渐普及、教育管理公共服务平台在应用中取得显著成效，同时也针对现状提出了更高的目标，要创新“网络学习空间人人通”建设与应用模式，从服务课堂学习拓展为支撑网络化的泛在学习。

2017 年 12 月，教育部发布《教育部关于数字教育资源公共服务体系建设与应用的指导意见》，指出要切实落实网络学习空间对教育教学活动的支撑。网络学习空间是基于信息技术的新型教育教学模式的核心支撑，是实现资源体系服务功能的主要渠道。各级平台要进一步强化网络学习空间的基本功能，根据新型教育教学模式的需要，实现对线上线下教学各环节的有力支撑，促进教学效率、教学质量的提升，有效开展个性化培养。在支撑新型教学模式基础上，进一步实现网络教研、家校互动、校企合作、教育管理等功能。各级平台应通过组织开展利用网络学习空间的教育教学活动等方式，加大对网络学习空间应用的支持服务，及时获取师生需求信息，及时改进空间服务。在整合、协同的基础上，教育资源公共服务平台应充分应用教育管理公共服务平台的已有的学籍、教师等数据，实现师生网络学习空间的“无须注册即开通”和“一人一空间”。体系内各平台要遵循统一的网络学习空间服务等基本功能规范，在实现基本功能要求的前提下鼓励各平台提供个性化服务。明确了网络学习空间在新型教育教学模式的核心地位，突出网络学习空间实现资源体系服务功能的桥梁作用。对网络学习空间功能进行了规范，建立了更便利的使用环境，突出了网络学习空间个性化的特性，利用大数据技术同步师生信息，实现师生网络学习空间的无障碍互通。

2018 年 4 月，教育部发布《网络学习空间建设与应用指南》，指出网络学习空间人人通是“三通两平台”的重要组成部分，网络学习空间的持续建设与普及应用是“十三五”期间我国教育信息化工作的重点，是构建网络化、数字化、个性化、终身化的教育体系与推动教育教学模式创新的有效途径。同时，提出网络学习空间建设与应用目标，包括重构学习环境、优化资源供给、变革教学模式、重塑评价方式、创新服务模式、提升治理水平六个方面。该指南适用于基础教育、职业教育、高等教育等各级各类教育的网络学习空间建设与应用，为网络学习空间建设与应用明确了方向，是首个针对网络学习空间建设的纲领性文件。

2018 年 4 月，教育部印发《教育信息化 2.0 行动计划》，继续深入推进"三通两平台"，要求网络学习空间人人通实现提质增效，规范网络学习空间建设与应用，保障全体教师和适龄学生"人人有空间"；开展校长领导力和教师应用力培训，普及推广网络学习空间应用，实现"人人用空间"。引领推动网络学习空间建设与应用。制订网络学习空间建设与应用规范，明确网络学习空间的定义与内涵、目标与流程、功能与管理。印发加快推进"网络学习空间人人通"的指导意见，推动各地网络学习空间的普及应用。网络学习空间不仅要提高数量，更要提高空间的质量，提升空间的利用率，加强空间的管理，制订统一的标准，规范空间模块和流程，为网络学习空间未来的互通互联夯实基础。

同时，要建设国家学分银行和终身电子学习档案。加快推进国家学分银行建设，推动基础教育、职业教育、高等教育、继续教育机构逐步实行统一的学分制，加快实现各级各类教育纵向衔接、横向互通，为每一位学习者提供能够记录、存储学习经历和成果的个人学习账号，建立个人终身电子学习档案，对学习者的各类学习成果进行统一的认证与核算，使其在各个阶段通过各种途径获得的学分可以得到积累或转换。被认定的学分，按照一定的标准和程序可累计作为获取学历证书、职业资格证书或培训证书的凭证。真正实现网络学习空间全覆盖，同时不断完善网络学习空间功能，使学校，家庭，社会均能享受到网络学习空间带来的便利。

2019 年 1 月，教育部发布《教育部关于加强网络学习空间建设与应用的指导意见》，提出整体推进网络学习空间建设，全面实现"一人一空间"，加快推动国家和省级教育资源公共服务平台互联互通，依托国家数字教育资源公共服务体系，区域整体规划，整校推进，使空间成为各级各类学校、全体教师和适龄学生教育信息化应用的主要入口，实现"一人一空间，人人用空间"。遵循统一的数据标准和服务规范，采用自主研发、委托开发、购买服务等形式进行空间建设，做好空间数据的有效汇聚、共享，提供高质量的基本公共服务。网络学习空间已经朝着人人通的方向大步迈进，未来的发展方向是促进各级各类平台的互通互联，人人用空间，人人享资源。

纵观网络学习空间人人通的发展历程不难发现，网络学习空间的建设并不是一蹴而就的，而是在各级各类教师中间逐步渗透发展，在各项功能要求不断完备中形成的。同时，国家对网络学习空间的重视程度和建设力度也在不断加大，逐渐确立了其在中国教育信息化发展中的核心地位，理解并熟练应用网络学习空间，已然成为一名中小学教育工作者所必须具备的重要技能。

第二节　网络学习空间的内涵

一、学习空间

学习空间，是指服务于学习的空间或者平台。目前，对于学习空间的研究正逐步深入。美国达特茅斯学院布朗强调，学习空间具有学习支持性和广泛存在性两种属性，即强调它是虚实结合的一种产物。他认为，学习空间应当是学习所发生的任何场所，包括虚拟的或者具象的。之后，澳大利亚教育培训和青年事务部委员会在其发布的报告中指出，学习空间应当是可设计的、可规划的，用于学习的场所或环境，它包括物理的或者虚拟的部分。此外，美国麻省理工学院郎和埃尔曼将学习空间划分成了十种类型：从思维角度来讲的思维空间、设计层面的设计空间、表征事物的表征空间、交流协作的协作空间、协商空间、记录空间以及应用层面的应用空间、参与空间、感知空间以及操作空间等。

国内学者许亚锋对于网络学习空间提出了自己的解读，他认为学习空间是用于学习的场所，人类的学习产生时便有了学习空间的实质。“学习空间”作为术语使用始于 20 世纪 90 年代，得益于建构主义等学习理论的兴起，强化了学习者在学习过程中的主动性，“学习空间”随之取代“教学空间”成为探索学习环境的主要研究对象。教学空间通常指传统教室，一般有清晰的布局，采用讲台和行列式桌椅的布局且有明确的前后方向，其在面对面学习中被大量使用。田慧生指出：“教学空间在物质形态上的特征包括了大小、形状、空间的封闭或开放程度，空间调整组合的灵活程度等内容。”学习空间对学习者认知能力和非认知能力都有影响，随着新兴学习理论对学习的深入理解、信息技术在教育教学中的广泛融入以及终身教育理念对非正式学习的重视，传统学习空间与特定教学理念间的关系发生了极大的转变，并形成了对学习空间内涵的新理解。其表现在：第一，学习空间从传统教室中脱离出来，从物理场域转向泛在学习理念下的“无缝融合学习空间”。第二，学习空间从实体物理空间转向虚实融合的混合学习空间。第三，学习空间从纯粹由制造技术支持的空间转向由多种技术支持的空间。随着信息技术的发展及其在教育中的应用，大数据、云计算、物联网、情境感知等多种技术和设备被广泛应用于学习空间的构建。第四，注重依靠学习空间促进学习者的学习，在学习空间的构建上更多考虑激发学习兴趣、支持学习者学习过程并为其提供便利的支持服务。第五，学习空间蕴含了多种现代学习理论的知识观和学习观。主动学习、探究学习、协作学习、联通学习的知识观和学习观被融入学习空间的建构中，从而改变了以往的学习空间建设理念。第六，强调教与学相关元素与学习空间的融合。学习空间设计和教学元素间作用模式和机理的明晰，为提升学习者的学习成效提供了多样化的选择。

二、网络学习空间

网络学习空间是虚拟的学习空间，是实名制的网络学习环境。众多研究者对网络学习空间展开了研究，但到现在为止，对网络学习空间的概念尚未形成一致的认识。

2018 年 4 月 17 日，教育部发布了《网络学习空间建设与应用指南》，文件中定义了网络学习空间内涵：是由教育主管部门或学校认定的，融资源、服务、数据为一体，支持共享、交互、创新的实名制网络学习场所。其内涵包含以下六点：(1) 空间建设与应用的根本目标是引领教育服务模式创新，促进教育体制机制变革，推动教育信息化升级转型，适应教育现代化发展要求。(2) 空间建设与应用的基本任务是提供教育应用服务，引入行业、机构等社会资源，支持教育教学模式创新，促进教育公平，提高教育教学质量。(3) 空间建设与应用的重要内容是聚合学习过程和教育管理数据，开展学情分析和学习诊断，精准评估教学效果，提供个性化学习服务，支持精细化管理和科学决策，推动人工智能在教学、管理中的应用。(4) 空间的核心属性是共享、交互、共创，基本特征是个性化、开放性、联通性和适应性。(5) 空间的基本构成包括个人空间、机构空间、集成的公共应用服务和数据分析服务等。(6) 空间建设与应用的基础是无障碍获取空间服务的网络和终端接入条件。

笔者认为，网络学习空间是能满足教师、学生、家长之间的沟通交流，具有教学功能、学习功能、研修功能、管理功能和评价功能，能够实现信息互通和资源共享，具有一定的交互、记录存储使用者数据，并为使用者提供个性化服务的数字化学习环境。

三、网络学习空间人人通

如前所述，“三通两平台”是我国教育信息化建设“十二五”核心目标与标志工程。其中“三通”即宽带网络校校通（简称“校校通”）、优质资源班班通（简称

“班班通”）、网络学习空间人人通（简称“人人通”）；“两平台”即教育资源公共服务平台、教育管理公共服务平台。“三通”应在“两平台”支撑下开展建设与应用，同时“三通”之间相互关联。校校通是基础设施层，通的是宽带网络；班班通是班级常规教学应用层，通的是优质教育资源；人人通是个性化学习服务层，通的是实名制的网络教与学环境。比较之前的校校通、班班通建设，新一轮教育信息化建设对校校通、班班通赋予新的内涵，并对网络教与学环境的建设与应用提出新的要求。从校校通到班班通再到人人通，从以校为本的教育信息化软硬件基础设施建设与应用，到以班为本的教育教学应用，再到以人为本的基于数字学习环境的教学与学习，展示了教育信息化全面融合发展的建设目标。在扁平化的管理之下，教育主管部门和学校管理效率不再受限于信息技术处理能力，而取决于内部管理结构和事务处理流程是否优化，这就是信息技术全面深度融入教育教学。网络学习空间构建的教育云实现家校互联、资源互通、师生互动、生生互助，从而营造了全新的教育环境，它推动学习型社会的产生，它是拥有智能管理的空间。

“人人通”的网络学习空间拥有海量用户，这将使基于大数据的智能管理得以实现。依托集成教育数据挖掘与学习分析技术，可持续采集学习者的学习行为数据，在智能分析的基础上提出个性化、有针对性的学习建议。大数据分析能使学习行为记录走向精细化，它可描述不同用户使用学习资源的过程细节。这既可以用于精准分析学习资源质量，优化资源设计与开发，又可以帮助学生以此对自己某段时期的学习进行分析，实现适应性学习和自我导向学习。它是支持模式创新的空间。由于现实生活中师生角色在空间上转变成为“空间网友”角色，师生关系也随之出现根本性变化，教师将成为获取资源领航者、自主学习辅导者、解构重构指引者、课程文化营造者和探讨交流推动者，学生则成为学习的主体。教学资源不再限于传统的课本、教案，而变为由教师、学生、行业专家等共建的信息资源库，各种教学媒体也不再是传统教学条件下教师施教的工具，它也成为学生自主学习的工具，从而实现教学模式的创新。

笔者认为，网络学习空间人人通建立在每个人都拥有一个实名制的网络学习空间的基础上，而这个空间要满足实名注册、个人可终身使用、大范围内的人群都拥有、资源能够共建共生共享、组织功能强大等基本要求，并在此基础上实现互联互通，解决“信息孤岛”等问题。网络学习空间人人通不仅意味着人人拥有网络学习空间，还意味着在实名制的条件下，更安全和更便捷的沟通、互动与交流。

第三节　网络学习空间的作用与意义

一、有利于拓展教学时空，创设立体化学习空间和重塑学习环境

网络学习空间将研究性学习的课堂内外时间联片化，将校内外学习空间整合化，有利于形成学校、家庭和社区三位一体立体化的学习空间。网络学习空间能够突破传统教学环境下研究性学习中割裂时空的局限，为变革教师的教学方式（如翻转课堂教学）和学生的学习方式（“网络学习空间+……”的学习方式）提供条件。网络学习空间有利于创设研究性学习的“三助”环境，即同伴互助、家长协助、教师帮助的学习环境。学习伙伴可在空间开展协作学习，家长也可以登录空间参与学生的学习活动，教师利用空间展开指导与评价，此时的教师不再局限于本班授课教师，可以是其他班级的教师，还可以是其他学科的教师。例如，在实验学校，实验班基于网络学习空间开展英语项目学习的过程中不仅仅受到其他班级英语教师的帮助，还得到了学校信息技术教师、通用技术教师的协助，英语教师们还在空间指导学生的同时展开了教师之间的讨论。“三助”学习环境正是传统教学环境中被固化的学习空间所欠缺的。因此，网络学习空间解决了传统教学环境的一大顽疾——时空限制。网络学习空间所构建的立体化学习空间和“三助”学习环境是教师、学生、家长三方形成教学共同体的产物，实现了物理空间与网络虚拟空间的完美结合。实践证明，应用网络学习空间营造的学习氛围有利于学生问题解决能力的不断提升。

二、有利于优化资源供给，助力教学资源建设

通过利用教育资源公共服务平台、企业与社会教育资源、共享智力资源等方式，汇聚适应区域教育发展需求的优质资源，缩短资源生成、进化周期，支持个性化资源推送，实现精准服务，创新资源供给模式。

网络学习空间最基本的功能是成为教师为某一学科建设的学习资源平台，亦是学生的学习资源超市。全体学生、全校教师、全体家长都能成为这个平台资源的建设者，通过网络学习空间为学生提供学习资源“云服务”。网络学习空间支持学生课堂内外下载教师提供的学习资料和课件等资源，支持学生课堂内外上传自主学习的资料以便共享，支持对教与学过程的记录与共享，支持课堂内外生成性资源的记录与共享。网络学习空间使得教学资源与教师、学生和教学媒体的关系“复杂化”，教学资

源不再是单一地由教师来提供，也不再是文字或 PPT 的简单呈现，教师和学生不用为有限的资源而烦恼，新兴的海量资源每时每刻都在产生。教师和学生不仅可以将重要的资源存在自己的 U 盘、移动硬盘或电脑中，也可以将资源放置于网络学习空间里，体现出类似网盘的功能。可见，网络学习空间从多个方面促进了教学资源的数字化建设，是实现教育信息化的基础。任何学生及教师可以在任何地点、任何时间登录网络学习空间共享教学资源。学生不仅是资源的消费者，在根据自己的需要选择、甄别、合成资源的同时也是资源的制造者。因此，网络学习空间的应用有利于数字化教育资源的建设，有利于学生理解问题、辨别问题和表述问题子能力的发展。

三、变革了教与学的方式，助力混合式学习

落实以学生为中心的教育观，改变传统教育教学流程，实现线上线下相结合，支持自主、合作、探究学习，促进教学方式从以教为主向以学为主转变，从单一、被动的学习方式向多样化、个性化的学习方式转变。

学生在传统教学环境下可以应用合作学习、自主探究学习等学习方式展开学习活动。由于受到建构主义教育理论的支撑，集中体现的是以学习者为中心的教育思想，本无可厚非，但导致部分传统教学环境下的教学过于强调学生自我中心、自主学习，弱化了教师的指导作用。有了网络学习空间的支持，学生的学习方式更加多样化，网络学习空间开放、共享的特性为学生变革学习方式创设了广阔的天地，学生不仅可以开展合作学习、自主探究学习，还可以开展家校协同学习、社区互助学习以及校际交流学习等。随着中小学基于网络学习空间创建虚实创客空间的开展，学生在创客教育中的学习方式更加灵活，可以实现以线上线下、课内课外、面对面教育与网络空间教育相结合的混合式学习，学习空间可以从课堂拓展为家庭、户外、社区等，既有利于实现自主学习与同伴互助的有意义学习，又有利于发挥传统教育中教师指导、监控和及时反馈的积极作用。

基于网络学习空间的混合式学习主要从学习途径、学习内容以及理论与实践三个维度展开。

1. 学习途径混合

是指线上和线下的混合。教师利用智能手机、学生分小组利用笔记本电脑在课堂中登录网络学习空间开展线上学习活动，实现了课堂内的线上和线下混合学习，也是传统教育中面对面的教学形式与基于网络学习空间的虚拟教学的大融合，既有利于激发学生自主学习的主动性，发挥学生的主体作用，又兼顾了教师在学生有意义学习中

应发挥的主导作用，是对建构主义学习理论的丰富与发展。

2. 学习内容混合

是指跨学科知识的应用，体现了STEAM教育的核心，将多门学科的知识综合应用到某一项学习中。基于网络学习空间的混合学习突破现有课程设置中条块化学习内容的限制，通过某一项目的设计与实施，在应用多门课程解决某一问题的同时，实现混合式学习。

3. 理论与实践的混合

是指学生学习知识和应用知识的混合，即学生“学”和“习”的混合。传统教学环境下理论学习和实践应用是分离的，网络学习空间就如同一剂黏合剂，将学生的理论知识学习与实践操作应用相融合，实现了学生理论与实践的混合式学习。

四、有利于加速师生角色的转变

应用网络学习空间培养学生的问题解决能力，能够促使教师和学生在适应网络学习空间教与学的过程中进行角色的转变。传统教学环境下，教师被认为是知识的传授者、教学的主导者，通常认为教师要给学生一碗水，自己得有一桶水，或将教师比喻为“自来水”，要更为丰富与渊博。但在网络学习空间环境下实施教学，教师成为教学的组织者、学生学习的引导者以及学生的学习伙伴，教师要组织、设计、引导、协助学生基于网络学习空间展开学习，此时的教师更像一个脚手架，自己并不是高山，却能为学生搭建通往高峰的天梯。

网络环境极大地丰富了教师的角色，教师不再单纯地讲授课程，而是根据学生的需要设计课程，逐步成为中小学实施创客教学的重要载体，教师将逐渐出现一个新的角色——学科教育创客。学生的角色也发生了巨大的改变，由以往的知识消费者逐步转变为知识的创造者，由被动接受知识转变为主动探究知识，由“要我学”转变为“我要学”。

五、有利于学生学习能力的培养，全面提升综合素质

网络学习空间建设以具体学科知识的培养为基础，克服了传统教学环境下实施研究性学习时教师容易脱离学科本身知识而设计活动的问题。网络学习空间从建设网站开始就与具体的学科目标紧密结合，始终围绕学科知识目标展开，同时考虑学生的能力培养目标，在双目标设计的原则指导下实现空间教学的常态化应用，在日常教学活动中不断激发学科教师应用空间变革教学的积极性。利用网络学习空间，引导学生建

设学习网站，学生需要查阅大量资料并上传空间，实现资源共享。学生之间基于网络空间开展的交流与讨论必须建立在对学科知识的学习基础之上。因此，学生对学科知识的掌握更加全面与精深。

同时，网络学习空间有助于每一位学生综合能力的养成，在网络学习空间的学习中，每个学生有不同的角色，要承担相应的任务，并且每位学生小组内的活动都是可见的，极大地提高了学生的积极性和参与度，有利于学生之间形成学习共同体，实现学生的协同发展。

六、有利于促进评价方式多元化发展

网络学习空间改变了传统的评价方式，它跟踪监测教与学全过程，由结果导向的单一评价扩展到综合性、过程性的多维度评价，实现基于数据的综合素质评价。教师利用网络学习空间建设教学专题网站，通过学生作品、讨论发帖、学生参与学习活动的表现互评、不同小组之间的投票等多种方式对学生的学习效果进行多元评价。空间设置的同步讨论区、异步讨论区灵活支持教师与学生、学生与学生的互评与自评，方便每位学生基于网站开展组内、组间，课内、课外师生及生生之间的互动与交流，甚至家长也能通过平台参与学生的学习过程和学习作品的评价。而传统教学环境下的研究性学习的评价场所以课堂为主，教师是评价的主角，学生往往是被动地参与，家长几乎无法参与评价活动。同时，网络学习空间的应用，克服了传统教学环境下存在“一过性”评价的弊端，实现了学校、社区、家庭互联互通，实现了评价过程的可视化，激发了学生互评的兴趣，给了学生大胆评价的动力，故而此时的评价诱因比比皆是，所谓的“一过性”评价，在网络学习空间环境下将不复存在。

目前，中小学一线教师面对多种网络教学平台和层出不穷的各种即时通信工具，急需能够指导教学实践的网络平台应用案例和能够指导师生利用网络空间开展教与学活动的经验。期望本书提供的案例能给中小学校长及一线教师提供指导，提供使用网络学习空间进行教、学、研、管、评的新范式。

本章参考文献

［1］杨现民，赵鑫硕，刘雅馨，潘青青，陈世超. 网络学习空间的发展：内涵、阶段与建议［J］. 中国电化教育，2016（04）：30-36.

［2］唐烨伟. 初中物理网络学习空间模型设计研究［D］. 东北师范大学，2015.

［3］吴南中，夏海鹰，张沛东. 成人智慧学习空间：意涵、特征与构建［J］. 现代远程教育研究，2020

(05)：70-76＋85.

[4] 郭炯，黄彬，郑晓俊.《网络学习空间建设与应用指南》解读 [J]. 电化教育研究，2018 (08)：34-38.

[5] 祝智庭，管珏琪. 我国基础教育信息化新发展：从“班班通”到“教育云”[J]. 中国教育信息化，2011 (14)：4-8

[6] 祝智庭，管珏琪.“网络学习空间人人通”建设框架 [J]. 中国电化教育，2013 (10)：1-7.

[7] 杨滨，汪基德. 网络学习空间教学应用的作用与原则探析——网络学习空间人人通促进教与学深度变革实践反思之三 [J]. 中国电化教育，2018 (07)：16-24.

第二章　网络学习空间与教学

第一节　网络学习空间人人通支持下的教

实现网络学习空间与教学的深度融合，关键在于教师要转变教学观念，从以教师为中心转向以学生为中心，鼓励学生在网络学习空间中自主学习，并将网络学习空间有效地融合于学科教学全过程，贯穿于教学的各个环节，从教育理念、教学模式、教学内容、学习方式等多方面着手进行变革，提高学生自主探究和小组协作能力，实现人才的培养目标。

根据教师与学生在教学活动中的相对地位，教学理念可以分为教师中心与学生中心两种。教师中心主义指的是课堂由教师做主，教师决定课堂的进程，教师就是课堂的权威。换言之，以教师为中心的教学模式是以课堂集中讲授、灌输为主的教学模式，强调教师的话语权。中国传统教学模式即这种以知识单向、单一传递为主的灌输式教学模式。学生中心主义指的是在教师和学生的交流、互动中，通过创新性的教学方法促进学生学习，把学生看作学习过程的积极参与者，着重培养学生的问题解决能力、批判性思维、反思能力等可迁移能力。以学生为中心的教学理念可以满足学生终身发展的需求，提升了学生的综合能力，为学生提供个性化、高质量的学习体验，目前，该理念在我国基础教育阶段得到了广泛的认可。

这两种教学理念的内涵分别在赫尔巴特与杜威的推动下得以丰富，并长期处于相互对立的关系中。到21世纪初，两种教学理念均受到一定的冲击。一方面，教学技术的革新撼动了教师中心教学理念所倡导的教师主体地位。另一方面，学生中心的支持者也意识到无论教师如何认同学生中心的教学理念，也很少会在教学活动中做到学生中心。网络学习空间人人通给从教师中心转向学生中心提供了技术支持。

如何做到在网络学习空间人人通环境下进行教育理念的转变？基于网络学习空间的情境教学法、问题驱动教学法、任务驱动教学法、项目教学法等教学策略为理念的转变提供了明确路径。

第二节　基于情境教学法的教

一、情境教学法

（一）情境

情境这一概念最早是美国教育家杜威提出的。杜威认为思维是从直接经验开始的，人们只有亲身体验不确定的情境，才能引起积极地探索与思考。乔纳森认为，通过一种具体事物将抽象理论与已有的经历相联系，有助于形成自己的理论框架。在这里，情境就是新知识与已有经验之间的桥梁。

情境最大的功能在于激发学生的情感，因为情境本身就是带有情感因素的环境或场景，激发情感是情境设置的前提，也是课堂教学的前提。

（二）情境教学法

李吉林教授是我国情境教学法最早的践行者，她认为情境教学能够有效促进学生的情感体验，这是由于情境教学本身具有的“形真”“情切”“意远”与“理蕴”的特点使然。李吉林老师经过三十年的探索实践，创造性地开发出了一套独特的情境教学理论体系，并将情境教学与各学科教学实践相结合，教学效果显著，受到教育领域学者及一线教师的普遍认同。她创造的情境教学“以美为突破口，以情为纽带，以思为核心，以儿童活动为途径，以周围世界为源泉，通过多种手段创设情境，将科学与人文融合，使学生融入情境，产生情感体验，调动受教育者的主观能动性，从而创造性地使其认知需要与情感获得并驾齐驱，进而达到情境教学的核心和最终目标。”

在本书中，情境教学法是综合运用网络学习空间，结合教学内容为学生营造形象生动的教学氛围，从而激发学生的情感体验和探究精神的教学方法。

二、情境教学的优势

网络学习空间背景下的情境教学所营造的教学情境更多地体现出情境的人文特征，强调课堂教学的独特性、创造性以及情感性，其目标更多地指向学生本身的发展。尤其利用信息技术创建生动形象的多媒体教学情境时，多种感官的刺激更能激发学生的求知欲和情感体验。

（一）情境教学有助于教师激发学生学习兴趣

灌输式的教学容易限制学生的思维，降低学生对知识的兴趣，且随着年龄增长，学生的情感世界变得越来越丰富，他们渴望得到更多的尊重与信赖，开始关注自己、思考人生、关注未来。他们期待活跃生动的课堂，渴望得到情感关照。而结合网络学习空间的情境教学法，教师可根据教学内容的特点，利用信息技术创设多种不同的媒体情境刺激学生感官，让学生和教师之间产生由心而发的交互，满足他们的情感体验需求。这就能有效集中学生的注意力，让他们成为课堂的主人，从而培养他们的学习兴趣，帮助他们养成自主学习的良好学习品质。例如在五年级数学“找次品”的教学过程中，教师可以创建“同学们做工厂质检员，完成检测次品的任务”的具体生活情境，结合网络学习空间布置导学微课和增加课堂的高效互动，将原本单调的、简明的数学思维融入生活实际，从而有效地提升学生学习兴趣。

（二）情境教学有助于教师提升学生精神文化修养

情境教学具有直观形象性。情境教学的直观不仅仅是打造听觉、视觉、触觉多种感官印象的直接呈现，更是丰富有趣、简单自然的，有助于对学生的道理感悟、问题探究意识和审美的培育。例如教学《济南的冬天》这篇文章，教师一味用语言讲解，很难让学生深入理解。如果先播放一段音乐，让学生想象跟着作者描写的场景去济南的冬天来一场旅行，感受作者的思想感情，师生在讨论区共同讨论脑海中的情景，再让学生结合自身感受谈谈对自己家乡的冬天的印象。这样就是将课文内容换做一种动态的形象来直观展示给学生，有助于加深对教学内容的理解，让学生学会结合实际去解决问题、感悟生活，进而提升学生的精神文化修养。

（三）情境教学有助于教师培养学生探究能力

传统的讲授式教学已逐渐地不适应当今学生的发展，单凭教师以灌输式的方式进行教学，对学生的全面发展是远远不够的。网络学习空间环境下的情境教学法通过结合教学内容为学生营造形象生动的教学氛围，让学生有切身的情感体验，进而产生求知欲和探究兴趣；通过教师的良性引导在情境中展开探索，获得新知，使学生对知识有一个主动建构的过程，激发了学生的情感体验和探究精神。教师在进行教学时根据具体教学过程、内容，学生特点，利用网络学习空间中的数字化教学资源和师生互动功能来不断创新设计新的情境，可有效激发学生对教学内容的兴趣。

三、情境教学的类型

（一）实体情境

在真实情境中或借助实物道具创设符合教学内容的情境。例如，在《小脚丫亲大地》一课中，李吉林老师将学生带到校园，脱掉鞋袜，赤脚走在泥土上、草坪上、石子路上、石阶上，体会双脚触碰到不同地面的感受。学生在这样的情境和引导下，真正做到放松身心去体会、感受和写作。

（二）问题情境

问题可激发学生的求知欲，促使学生进行主动探究，从而加深对知识的理解，获得解决问题能力。

（三）模拟情境

教师可以根据教学需要和教学内容，运用音视频、图像、音乐、文本等综合形式来创设模拟情境，突破实体情境的局限性。在实际教学过程中，可以借助电子白板、学生平板等工具播放视频资源来模拟真实情境。

（四）想象情境

想象情境是指在学生已有经验的基础上，教师通过言语和多媒体教学资源来引导学生想象，让学生发挥想象力，增加学生对教学情境的沉浸感，激发主观能动性。

（五）背景情境

在教学开始前，教师可以通过讲解一些背景知识，如作者介绍、时代背景和典故等，将学生自然地引入教学过程。

四、应用情境教学法的六项原则

在一堂生态化的课堂教学中，课堂中创设的情境应当具有和谐、自然的特征，既有人际的沟通、情感的交融，又有主动的探究、理性的思辨，在人文的阳光中探究科学，在科学的探究中享受人文关怀。具体而言，在课堂中应用情境教学法有以下六项原则。

（一）与实际生活相结合

学生注意力的稳定性和持久性与年龄密切相关，学生的知识基础与理解能力也会随着学龄增长和身体发育而发展变化。因此，教师设计问题情境要尊重学生身心发展规律，结合教学内容观察和探索学生的兴趣点，站在学生的角度看问题，创设与学生生活经验紧密相关的生活化情境。例如在小学生数学“找次品”的讲授中，可以用

“用天平称量糖果找出次品”的动漫微课引出新知，引导学生在实际生活中找到最优化的方法解决问题，激发学生的学习兴趣，提升学生的数学思维。

（二）重视学生的发展

依据最近发展区理论，教学目标设置应稍高于课程标准和学生现有水平，不仅要求学生完成课堂教学中的内容，还要从操作性技能扩展到思维能力的培养，因此应该设计适宜的情境帮助学生从已知问题转移到需解决的问题上去。

（三）多样性的情境互动

问题情境教学模式围绕问题展开情境，这种模式能很好地激发学生的学习热情，但是如果课堂上教学方法单一，也会让学生逐渐脱离情境，产生厌倦心理，丧失学习的兴趣。因此，教师要适时根据学生的学习情况变换引导方式，比如在较为困难的问题上，可以利用他们的好胜心，设置竞赛机制，让学生们积极参与，努力争先，这样不仅能提高课堂参与度，更有助于促进学生综合能力的提升。

课堂教学中，教学目标的明确性与操作过程中的不可预见性往往同时存在。单纯的科学情境或人文情境都具有自身的局限性，无法实现课堂教学目标的全面落实，也就谈不上促进学生的全面发展。因此，在实际的课堂教学中，两种情境要协调统一，不可偏废。课堂教学情境应面对具有不同智能特点的学生，单一的情境必然会制约某些学生思维的延展。

（四）营造师生平等交流的氛围

情境教学应该在平等和谐的氛围中展开，教师应充分了解学生的需要，耐心听学生的观点，关注学生情绪的变化，以平等的态度对待学生，为学生创造一个快乐轻松的学习环境。此外，教师应注意避免传统僵化的教学方法，增强与学生的互动。

（五）注重探究精神和创造力的培养

在开展问题情境教学时，我们应该关注学生的创造力和潜能，不断扩大其好奇心，培养其批判意识和探索能力。在开展情境教学时要注意该阶段学生的思维发展特点，利用不同学科课程的不同特点，锻炼学生思维的深刻性、独创性、敏捷性和灵活性。

（六）激发认知冲突

创设情境应促使学生原有知识与新知识发生冲突。情境的创设应在学生的最近发展区，要联系学生的已有知识经验，同时抛出需要掌握的新知识，引发学生主动的思考和切身的情感体验，由此导致学生意识中的矛盾激化，从而产生问题意识。

五、情境教学法的七个环节

我们将情境教学法的教学模式总结为创设情境、主题定向、指导促进、鉴别点拨、参与实践、组织调控、评价规范七个环节。如图 2-1 所示。

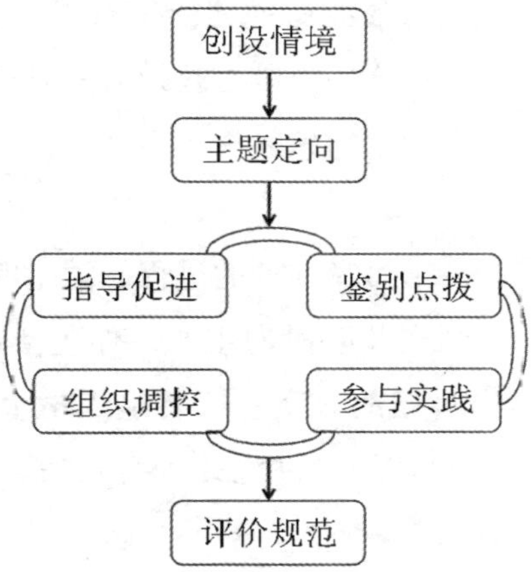

图 2-1　情境教学法的教学模式

（一）创设情境

如何创设情境是情境体验教学需要关注的首要问题。在实际教学中，我们可以将情境的创设理解为课堂教学的准备环节，创设情境的优劣一定程度上决定着能否形成高效生动的课堂教学氛围。从如何创设情境来看，至少应当包含这样五个方面：一是从教材、学科特点以及学生实际出发；二是借助多媒体手段创设丰富的情境；三是组织活动带入情境；四是注重师生、生生之间的人际情境创设；五是情境的连续性、综合性，即在一节课中，有利于学生发展的情境应贯穿始终，而不是局限于某一环节。

在网络学习空间中，教师应综合运用信息技术手段按照教学设计创设出学习的起点情境。情境的呈现要自然，融合教师的适度暗示，切忌生硬。教师可以在课前将导学微课和预习学案发布给班级学生，让学生在课前获得一定的先前经验，在课上播放视频，加上教师的言语引导，便于学生快速融入情境。

（二）主题定向

在学生产生认知冲突并提出问题的阶段，由于学生提出的问题存在多种可能，而且不可能每个问题当前都具有可探究性，同时课堂教学也不可能让每个学生按照自己的意愿来探究各自的问题，因此，教师在本环节的主要工作是鼓励学生提出问题，组织、指导学生将提出的问题进行筛选，提炼出符合当前教学内容的问题，从而通过问题将学习主题定向到教学目标上来。

（三）指导促进

学生提出假说的环节是一个较为困难的阶段，在此阶段学生需要找到原有知识与目标问题之间的联系。这种联系具有两面性：一方面它是一种猜测，没有确切依据；另一方面，它又有一定的基础，有效的假说往往带有"直觉性"，是学生未进行逻辑思考而仅通过猜测得出的结论。在这一阶段，教师需要对学生进行言语引导，可借助网络学习平台中的群聊功能引导学生的思路。

（四）鉴别点拨

学生设计方案的过程，是一个演绎推理的过程。学生的认知基础、认知策略的差异将导致方案设计的差异。教师在此阶段的主要工作包括：一要组织学生提出方案；二要促进每个学生都能够提出自己的方案；三要组织学生对各种不同的方案进行鉴别，筛选出最佳方案，并对方案中的关键之处进行点拨，组织学生一起完善可行性方案。

（五）参与实践

在网络学习空间中，师生能够利用在线沟通工具高效互动，例如教师可以在小组讨论帖中对学生的讨论加以引导。在学生按照方案实施探究的过程中，教师不是袖手旁观，而应该深入到学生中去，参与小组、同学的探究实践活动中，一方面适当引导学生的思考方向，另一方面收集典型问题和典型案例，以便后面进行点评。

（六）组织调控

在学生提炼探究结论，对假说进行真伪判断时，常常使用讨论、展示交流等方式。此阶段应交给学生自主进行，教师不应该代替他们下结论，而应以主持人的身份，组织不同的学生或小组进行陈述和辩论，调控好交流的秩序。

（七）评价规范

在网络学习空间中，在学生完成初步探究并得出了结论后，教师可以利用平台中的评价工具，让学生参与互评，教师对学生的结论描述进行适当的点拨，使之符合学科规范，并及时反馈给学生；同时对学生的探究过程进行点评，总结探究方法，并进行适当的拓展，促进学生加深对知识的理解。

六、案例一：部编版语文七年级上册《济南的冬天》

<table>
<tr><td>题目</td><td>济南的冬天</td><td>单元</td><td>第一单元</td><td>学科</td><td>语文</td><td>年级</td><td colspan="2">七年级</td></tr>
<tr><td rowspan="3">教学目标</td><td>知识目标</td><td colspan="7">1. 能讲述作者的基本信息及相关文学常识。
2. 能读对“髫”“贮蓄”“澄”“镶”等字词的读音并能正确书写。
3. 学习课文中情景交融的写作方法，并能模仿写作。</td></tr>
<tr><td>能力目标</td><td colspan="7">培养学生阅读课文并理清课文思路的能力。</td></tr>
<tr><td>情感目标</td><td colspan="7">培养学生热爱祖国大好河山的美好情感。</td></tr>
<tr><td>教学重点</td><td colspan="8">1. 感知课文内容，体会济南冬天之美。
2. 学习课文清晰的层次、合理的布局以及情景交融的写法。</td></tr>
<tr><td>教学难点</td><td colspan="8">体会文章情景交融的写法，培养学生对祖国河山的热爱之情。</td></tr>
<tr><td colspan="9">教学过程</td></tr>
<tr><td>教学环节</td><td colspan="3">教师活动</td><td colspan="2">学生活动</td><td colspan="3">设计意图</td></tr>
<tr><td>课前导学</td><td colspan="3">课前使用教师端平台向学生推送课前任务：观看纪录片《航拍济南》，了解作者的生平及作品，预读课文和生字词。如图 2-2。</td><td colspan="2">在学生端完成课前任务。</td><td colspan="3">创设情境：让学生在课前获得一定的先前经验，便于学生快速融入情境。</td></tr>
</table>

图 2-2　《济南的冬天》课前导学示例

续表 1

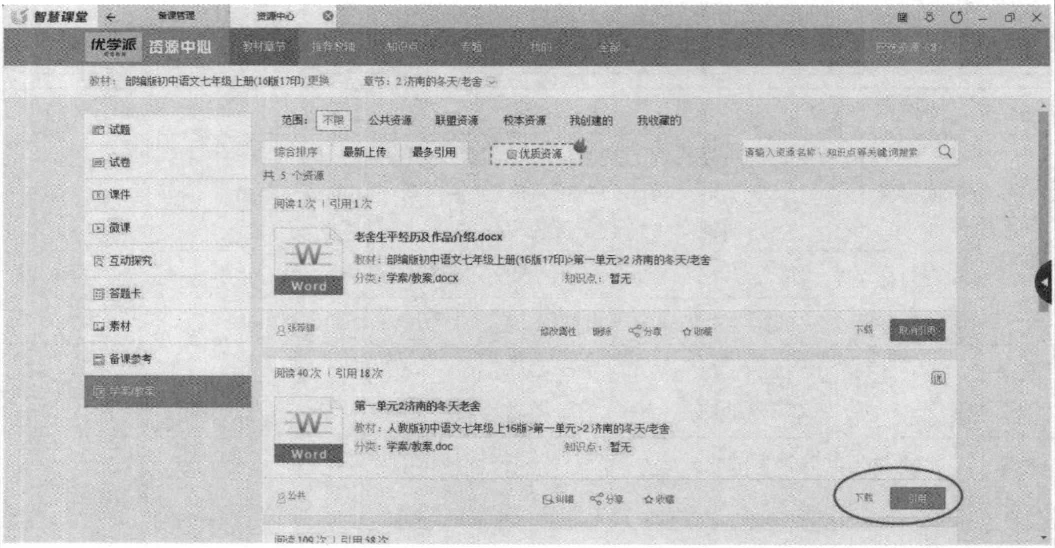

图 2-3 教学资源引用示例

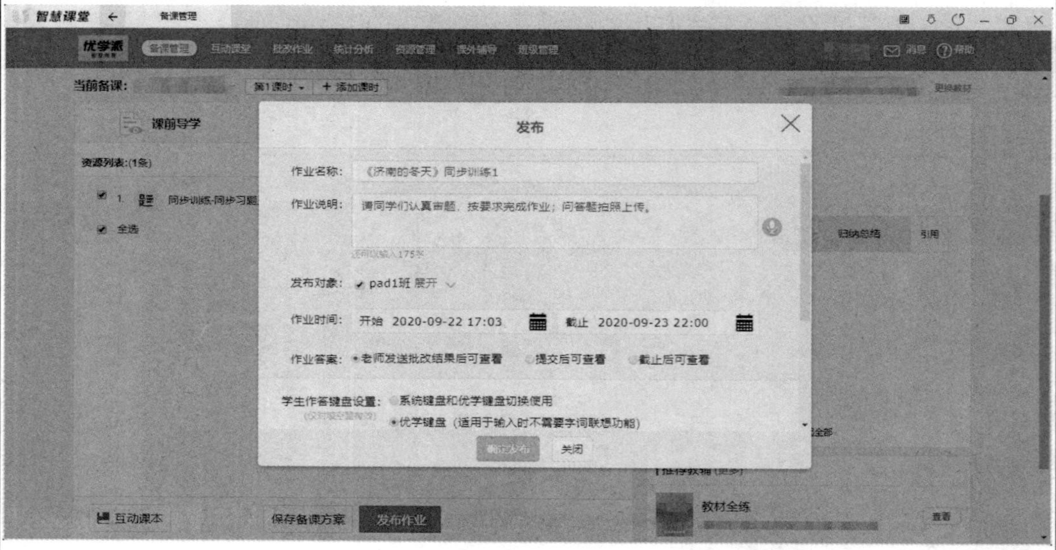

图 2-4 教师端任务发布示例

具体操作：本节案例以优学派智慧课堂平台为例介绍网络学习空间中的具体操作。教师可以在备课界面直接引用本节课预习学案、同步练习题等，也可上传所准备好的微课和文档，如图 2-2 和图 2-3。教师可以将备课管理里的微课和练习等资源发布到学生端，并且可以设置发布的起止时间、具体要求、发布的班级等，如图 2-4。点击下方“发布作业”，即可推送给学生。

续表 2

课堂导入	通过课前的导学内容，大家已经对济南和作者有了一定的了解。请同学们来谈一谈你心目中济南的景色是什么样子的。	参与课堂互动，说出自己的观点。	主题定向：鼓励学生提出问题，组织、指导学生将提出的问题进行筛选、提炼，将学习主题定向到教学目标上来。
感知课文	师：昨天我们已经跟着航拍视频游览了一次济南，今天我们继续跟着老舍先生一起来冬天的济南旅游，看看济南的冬天美在哪里。 多媒体播放课文朗读。 听课文朗读，思考问题：济南的冬天美在哪里？请用“济南的冬天美，美在__________”句式写一段话，来概括济南冬天的美丽。 示例：略	学生听朗读，然后在草稿上拟答案，互相交流。	指导促进：吸引学生兴趣，增进学生情感体验；培养学生抓住文章重要信息的能力，也可培养学生语言表达能力。
夯实基础	将生难字、多音字和词语积累以平台中“汉字听写”“汉字学习”的互动教育游戏组件形式推送下去，学生自学后教师讲解。	识记，并做好笔记。	数字化教学资源提升学习兴趣，生动形象，更容易理解；夯实基础知识。

具体操作：教师可以在备课界面点击“互动教学软件”，选择适合学科的教学组件，设计教学游戏，如添加多媒体汉字教学的“汉字学习”和听写与诊断纠错功能的“汉字听写”。如图 2-5 和下页图 2-6。

图 2-5　《济南的冬天》课堂教学示例

续表 3

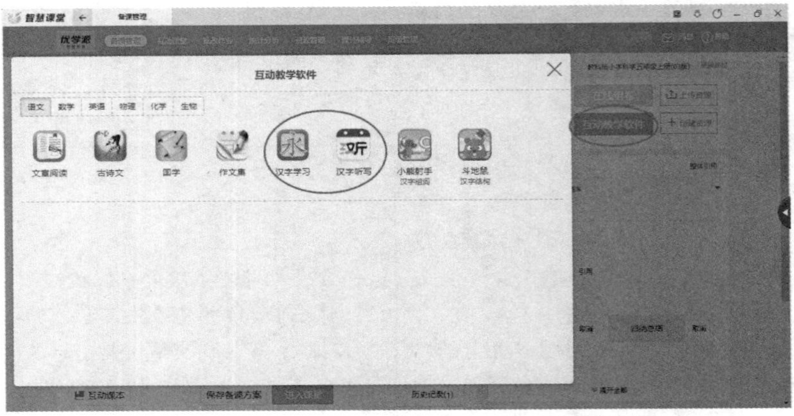

图 2-6 互动教学软件示例

课堂练习	1. 作者所写的济南的冬天有着怎样的特点？作者是通过哪些景象呈现这一特点的？ 点拨：本题旨在引导学生体会课文抓住特点写景物的方法。 答案要点：济南冬天有着“温晴”的特点，通过小山摇篮图、雪霁初晴图、空灵水晶图来呈现这一特点。	思考，小组讨论，整理答案。	参与实践：一方面适当引导学生的思考方向，另一方面收集典型问题和典型案例，以便后面进行点评。 引导学生体会课文抓住特点写景物的方法。
	2. 品味下列语句，体会句中拟人手法的表达效果。 ①一个老城，有山有水，全在蓝天下很暖和安适地睡着，只等春风来把他们唤醒，这是不是个理想的境界？ ②这一圈小山在冬天特别可爱，好像是把济南放在一个小摇篮里，他们全安静不动地低声地说：“你们放心吧，这儿准保暖和。” ③等到快日落的时候，微黄的阳光斜射在山腰上，那点儿薄雪好像忽然害了羞，微微露出点儿粉色。 点拨：本题是为了帮助学生理解课文的关键句，体会优秀散文中修辞手法的妙用。		抓住关键词句，体会散文中修辞手法的妙用。
	3. 根据你的理解，标出课文第三段的重音和停连，并尝试朗读这一段。 点拨：本题旨在引导学生掌握朗读的重音和停连技巧。		引导学生掌握朗读的重音和停连技巧。

续表 4

<table>
<tr><td>布置作业</td><td>1. 借鉴课文的某些写法，就你家乡冬天的风景写一个片断，注意抓住特点来写，不小于 200 字。
2. 选择性观看本节课学习巩固微课。</td><td>学生课后练习。
学习巩固微课。</td><td>引导学生学习课文的写法进行景物描写。</td></tr>
<tr><td colspan="4">具体操作：与课前操作相同，教师可以从资源中心引用相对应的微课资源等，并自定义推送的内容和时间等。
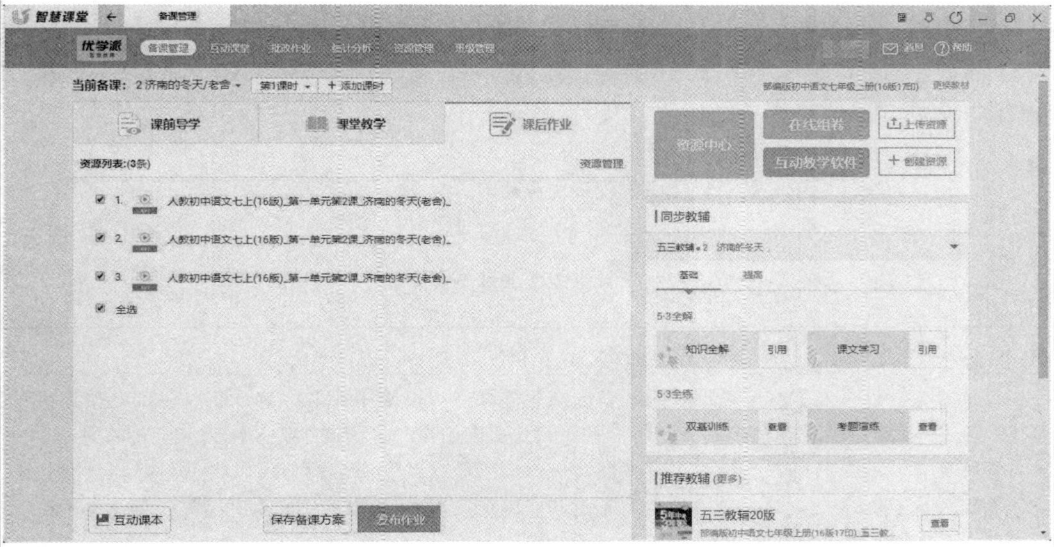
图 2-7　课后作业示例</td></tr>
<tr><td>课堂小结</td><td>在《春》一文中，我们学习了景物描写要善于抓住景物特征，这篇课文中，我们又学习了情景交融的写法，它们都是散文写作中的重要方法。这两篇文章都是散文中的名篇，我们要多读，从中体会这两种写法的妙处，然后运用到我们的散文写作中。
我们现在写的都是景物描写的片断，以后则要写整篇的文章，到那时，我们要把这两种写法结合起来，以写出优美的散文作品。</td><td>体会老师归纳，结合课文深思。</td><td>这一小结主要抓住写景散文的写法来讲，有一定的指导性。
评价规范：对本节课学生表现总结和评价。</td></tr>
</table>

七、案例二：人教版数学五年级下册《找次品》

教学目标	1. 通过比较、猜测、验证等活动，探索解决问题的策略，渗透优化思想，感受解决问题策略的多样性，培养观察、分析、推理的能力。 2. 学习用图形、符号等直观方式清晰、简明地表示数学思维的过程，培养逻辑思维的能力。 3. 通过解决简单的实际问题，初步培养学生的应用意识和解决实际问题的能力。
教学重点	借助实物操作、画图等活动理解并解决简单的“找次品”问题，经历由多样化到优化的思维过程。渗透数学思想方法。
教学难点	从解决问题策略的多样化中发现最优策略。
教学准备	交互式一体机、学生平板。学生每人准备圆纸片。

教学过程

课前导学：课前布置导学微课（教师自己录制微课视频，使用天平称量 2 瓶口香糖，找到比较轻的一瓶），并布置思考问题：如何使用天平找到 3 瓶中的次品？请同学们录制音频上传答案。

具体操作：登录教师账号后，可在备课管理界面上传微课资源，教师可以将引用好的微课和练习等资源发布到学生端，并且可以设置发布的起止时间、具体要求、发布的班级等。如图 2-8 和下页图 2-9。点击下方“发布作业”，即可推送给学生。

图 2-8　课前导学示例

续表 1

图 2-9　课前任务发布示例

师：大家观看过课前的视频，对天平使用有一定的了解，请同学再说一说如何用天平找出 2 瓶中的次品。

生：（汇报天平原理）天平左右各有一个托盘，如果两个托盘里的物品质量相等，天平就保持平衡；如果不相等，重的一端就会下垂，轻的一端就会上扬。

师：通过刚才的演示，我们发现天平不平衡，天平翘起来的那瓶就是吃了的那瓶。

师：（小结）在生活中常常有这样的情况，在一些看似完全相同的物品中混着一个质量不同（轻一点或是重一点）的物品，需要想办法把它找出来，像这一类问题我们把它叫作“找次品”。这节课我们就一起来研究如何利用天平“找次品”。

板书课题：找次品

解决导学问题：展示课前思考题的同学答案，找出几种不同的称量方法。

师：同学们，我们来做个投票，看看你们觉得哪位同学的方法更简便。

学生在学生端互动点击投票；教师总结并让学生汇报思路。

具体操作：在“备课管理”的“课堂教学”板块，选择下方的“进入课堂”，即可进入互动课堂平台，教师可以使用右侧的“抢答”“随机抽取”“截图发送”（将 PPT 截图为试题发布给学生）和“更多工具”里的“投票”等功能增进课堂互动。如下页图 2-10、图 2-11、图 2-12。

续表 2

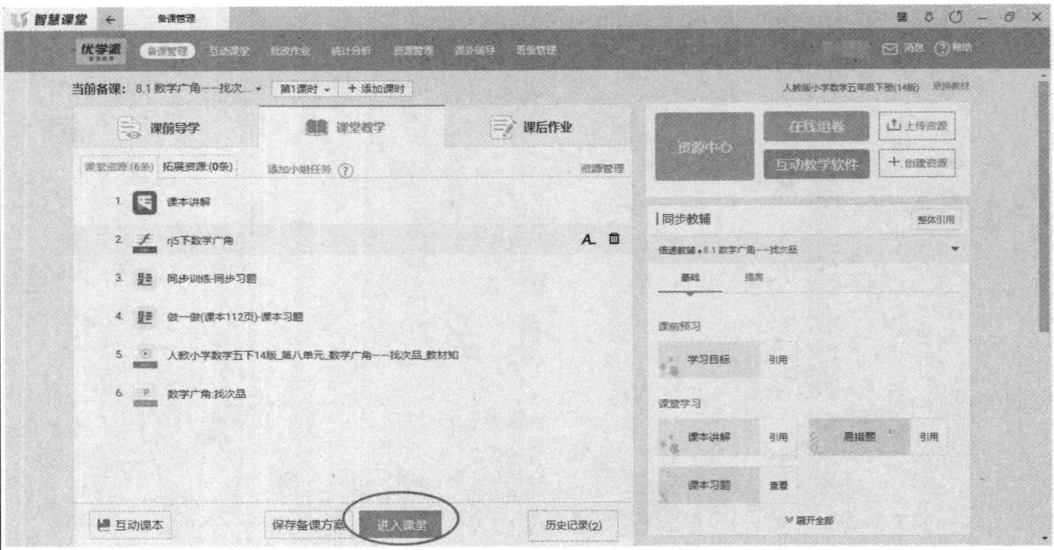

图 2-10 课堂教学示例

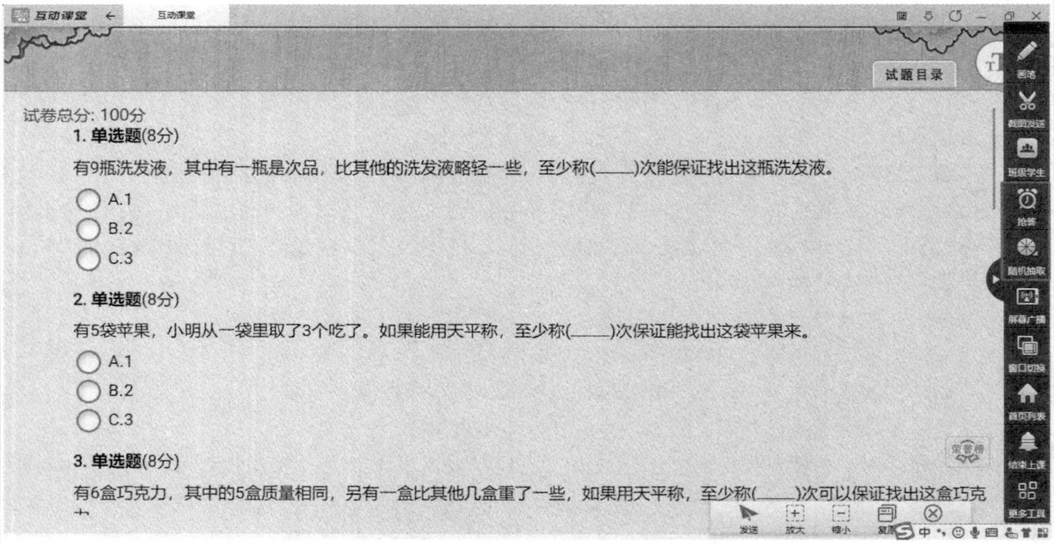

图 2-11 学生端答题界面示例

续表 3

	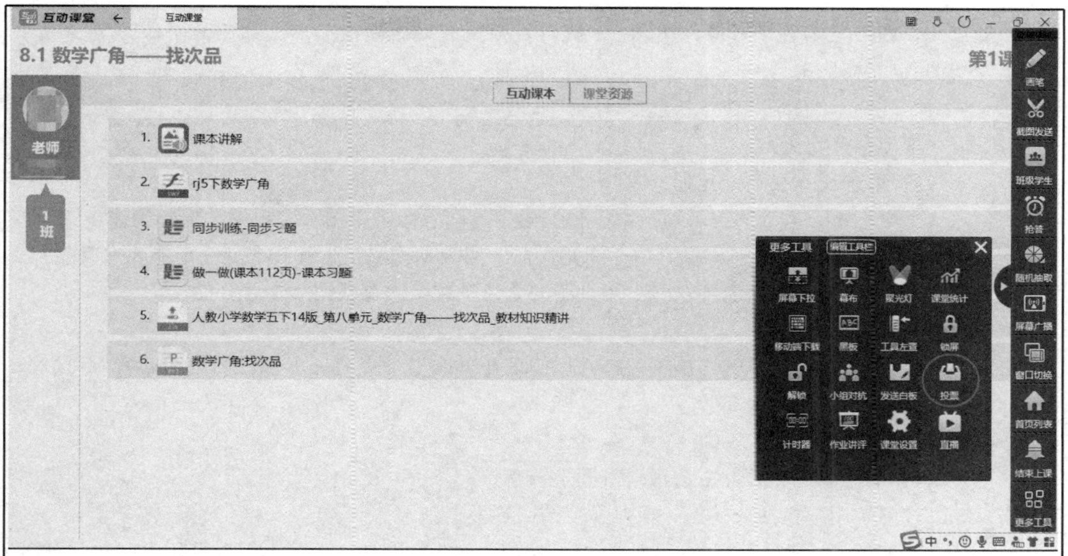 图 2-12　课堂教学“投票”功能示例
创设情境	师：同学们，今天我们换了一个角色，我现在是一个口香糖工厂的老板，同学们都是我工厂的质量检验员。工厂今天有一项紧急工作布置给大家。一共有 243 瓶口香糖，其中有一瓶被偷吃了一粒，你们需要找出 243 瓶口香糖中的这一瓶次品。给你们的工具只有一个天平，要求尽量减少使用天平的次数。
探究新知（指导促进、参与实践）	师：大家是不是觉得这个任务很困难？那我们来简化一下这个任务。我们已经学会了 3 瓶中找次品的方法，下面我们一步一步来尝试。 活动 1： 师：接下来的工作更难了。（课件出示）有 4 瓶口香糖，其中一瓶少了 3 片，你能设法把它找出来吗？请同桌和小组互相说说自己的想法，也可以用你的学具摆一摆。 （学生进行小组讨论，然后抢答。） 师：（边讲解边板书）结论是，4 瓶至少要 2 次才可以找出次品。 师：我们接着往下看。 活动 2：有 5 瓶口香糖，其中 4 瓶质量相同，有一瓶少了几颗。如果用天平称，至少称几次可以找出这袋这盒糖果？ 师：现在请各小组互相说一说你们的方法，可以像老师一样用图示法写出来。比比谁最棒！ （学生讨论交流。） 师：谁来说说你找到了几种方法？ （学生汇报。） 活动 3：有 6 瓶口香糖，其中一瓶是次品，如果用天平称，至少称几次可以找出这瓶口香糖？ 活动 4：有 7 瓶口香糖，其中一瓶中少 2 片，用天平称，最少称几次就一定能找出次品来？

续表 4

探究新知（指导促进、参与实践）	活动 5：接着往下看课件出示。8 瓶口香糖里有一瓶是次品。假如用天平称，至少称几次就一定能找出次品？ 师：请同学们同桌合作，选择自己喜欢的方法做一做。 （学生思考交流。） 师：谁来说你找到了几种方法？ （学生汇报。教师边讲解边板书。根据学生的回答同步用图示法板书学生的操作步骤。） 活动 6：如果 9 瓶口香糖其中一瓶是次品，用天平称，至少称几次就一定能找出次品？ 师：同学们可以像老师这样，用画图的方法把这个次品找出来——开始。 （学生思考交流。） 师：老师发现大家的方法不一样，你们现在可以小组交流一下自己的方法，看看可以分几组，至少几次找到次品？ （学生交流。） 师：谁愿意把你的好方法跟全班同学分享？ （教师使用随机抽取功能，根据学生的回答板书。） 师：9 有很多种分法，不同的分法导致最后分的次数不一样，我们看看用哪一种方法找出次品需要称的次数最少。 （学生交流汇报。） 师：我们发现了最好的分法是什么？ （学生汇报平均分为 3 组，这样至少称 2 次。） 师：大家对比一下 9（4，4，1）和 9（3，3，3），同样是分成 3 份，为什么后一种需要称的次数少？ （学生汇报。） 师：看来在遇到能够平均分的数时，我们把它平均分为 3 份称的次数最少。 师：有些数可以平均分成 3 份，比如 9，假如有些数不能平均分成 3 份又该怎么办呢？这个规律还能不能成立？比如 8，怎样分的次数最少呢？我们一起再来看看。 师：（小结指名汇报，分析学生的分析过程。）不能平均分的，把待测物品分成 3 份。使多的一份与少的一份只相差 1。这种方法保证能找出次品需要称的次数最少。 师：这样我们就找到了规律。下面，各位小质检员，你们来解决工厂老板的任务吧，从 243 瓶中找到那一瓶次品。 （学生小组交流，汇报。）
课后任务	做一做：有 28 瓶水，其中 27 瓶质量相同，另有 1 瓶是盐水，比其他的水略重一些。至少称几次能保证找出这瓶盐水？
总结升华	今天研究了什么问题？找次品的最优化策略是什么？ 师：我们所探究出的找次品的方法其实和田忌赛马问题一样，就是寻找解决问题的最优策略，因为这样能够事半功倍！

第三节　基于问题驱动的教

一、问题驱动教学法

问题驱动教学法是一种以学生为主体，以专业领域内的各种问题为学习起点，以问题为核心，以网络学习空间为桥梁来规划和安排学习内容，让学生围绕问题寻求解决方案的一种学习方法。教师在此过程中的角色是问题的提出者、课程的设计者及结果的评估者。

问题驱动中教师可利用人人通平台向学生展示要发布的问题，学生也可通过平台进行探讨解决，教师提出的问题并非普通的习题，而是那些能够改变学生思维模式，能够帮助学生重建知识结构并愿意对问题进行深入思考的具有启发性、引导性和探究性的问题。

例如，语文课文《闲情记趣》教学设计中教师创设情景，抛出问题：有两幅画面让我们共同欣赏一下（通过网络学习空间发布和展示图片或视频），一个视频中有一个小孩在蚊帐中对着蚊子，慢慢地喷烟，看蚊子在烟中怎么办；另一幅画面中，一个小孩对着墙角的乱砖头乱草，愣愣地看了一个多小时。很奇怪是吗？有什么想问的，就问吧！

教师首先创设了富有情趣的问题情境。在学习开始时，通过激励学生发问来达到诱发学习兴趣的目的。这种教学方法对教师的要求较高，教师必须具备较强的课堂掌控能力和引导能力。

二、问题驱动法的优势

网络学习空间人人通背景下的以“问题”为主线的教学方法有很好的教学效果。它把教学内容设计成符合教材要求和学生实际情况的、具有启发性且有内在联系的、难易程度不同的一系列问题，并通过网络平台面向全体学生提问，同时也让学生依据材料提出他们自己的问题，让他们带着问题去阅读和讨论学习内容，进而有目的地解决问题。一堂课教师只起点拨的作用，由“问题”穿针引线，一环扣一环，层层深入，直到问题迎刃而解。

第一，问题驱动法教学能更好地培养和锻炼学生的思维能力和解决问题的能力。在授课时，尽可能地用设疑的方法点明所要学习的内容，以培养学生抓住主要矛盾来解决问题的能力。

第二，问题驱动法教学能集中和保持学生的注意力，激发其学习兴趣。有的学生甚至能把学习当作一种享受，在学习中思维受到启迪，能力得到发展。这也是问题驱动式教学所追求的最高境界。

第三，问题式教学能给学生创造参与和竞争的机会。教学活动是师生的双边活动，怎样才能避免教师唱独角戏，不让学生当局外人呢？较好的方法之一就是面向全体学生提出问题，使每个学生都有机会参与到学习活动中来。只有这样，才能使所有的学生都感受到这节课与己有关，都要做好准备。学生的大脑皮层就会处于积极的运作状态。

第四，问题式教学有助于交流，增进师生的感情，有助于相互间的沟通。问和答是师生在特定的环境下的语言交流，教师只有面向学生才能掌握他们学的程度和心态。对于答对的学生要及时给予肯定和表扬，满足学生的情感需要。答不对的学生也要给以鼓励，使他们不会失去自信心。

三、运用问题驱动教学法的四项原则

（一）设立明确的教学目标

问题设计必须紧紧围绕教学目标，教师要提前熟悉教材，了解网络平台功能和了解学生的具体情况，设计的问题要明确且有针对性。

（二）驱动问题设置要由浅入深

在设计问题时，要给学生以清晰的层次感，由易到难，以便增强学生的自信心，激发学生的学习兴趣，促使学生积极思考。

（三）驱动问题设置要难度适当

过于简单的问题难以激发学生的兴趣，但如果问题太难，学生就会失去学习兴趣和学习信心。

（四）兼顾各层次学生，充分发挥学生特点

在设计问题时，教师要注意调动每一个学生的学习积极性，力争让每个人都有发挥和表现的机会，做到人人参与、人人有收获。

四、有价值的问题

有价值问题必须能激疑引趣。问题教学法的核心就是“问题”，教师提的问题要启人心智，要起到一石激起千层浪的效果。下例是根据教师经验总结的如何设计恰当

的问题或如何引导学生提出有价值的问题，形成问题驱动。

第一，提供学生身边的实际问题，引发认知冲突，造成悬念，给学生造成一种跃跃欲试和急于求知的情境。

例如，研究平面的基本性质，在引出公理和推论之前，教师设计和利用网络平台展示如下问题：把一把直尺边缘上的任意两点放在平的桌面上，可以看到直尺边缘都落在桌面上，为什么？一根笔直的铁丝穿过圆锥面有两个公共点，而铁丝并不都在圆锥侧面内，这又说明什么问题？为什么老人们要拄拐杖？等等。这些日常生活中的事例往往能激发学生强烈的求知欲望。

第二，将学生一贯的错误认知暴露出来，将学习的重点内容以问题的形式表现出来，这样既能给学生营造急于纠正的心理，又能明确学习目的。

例如，在教学两角和与差的三角函数时，首先利用网络平台展示两个公式的解题过程并引导学生进行讨论，$\sin(60°+30°)=\sin 60°+\sin 30°$对吗？$\cos(60°+45°)=\cos 60°+\cos 45°$对吗？学生计算后发现不对，这时教师提出问题：角$\alpha+\beta$的三角函数与角$\alpha$、角$\beta$的三角函数之间有没有关系？若有，有怎样的关系？能够自己证明吗？学生可在讨论区自由讨论并可以互相评论和探讨，这样顺理成章地引向问题的研究，将教科书的结论性问题变为探索性问题，使学生的思维处于最活跃的状态。

又如，在学习数学归纳法时，教科书中有这样一道题目：用数学归纳法证明，平面内有n条直线，任何两条不平行，任何三条不过同一点，那么这n条直线的交点个数为$f(n)=n(n-1)/2$。对此题目可先利用网络平台来显示背景，某地有n条直线形的铁路线，在每两条铁路的交点设有一个车站，最多能设多少个，让学生进行抽象概括，从而形成上例，再让学生独立地探索结论。这样就可以把结论性的问题具体化，从而便于学生理解和认知。

简单来说，具有“问题引导或导入”性质的问题具有以下特征：

（1）学习者已经掌握的某个知识点的反向问题。

（2）学习者已经掌握的某个知识点简单的扩展问题。

（3）以已掌握基础知识为背景的应用性问题。

（4）学习者已经掌握的某项知识在另一种不同情况或者背景下具体应用。

而设计“问题探索”性质的问题则是一个更复杂的过程。在设计此类问题时，我们需要注意以下几点：

（1）设计成综合系列问题。综合系列问题包含了一系列的简单问题。

（2）设计成综合研究问题。该综合研究问题需要学生通过学习、讨论、比较和推理获得结果。

(3) 针对某个实际问题背景，经过必要的简化和抽象，设计成具有明确的实际应用背景的研究型问题。

五、问题驱动法教学的五个步骤

基于问题驱动的探究式教学方法的一般流程和步骤可以概括为以下五步。

第一步，情境创设，抛出问题。

良好的开端是成功的一半，创设一个能够吸引学生注意力的学习情境至关重要。因此创设情境选材必须是生动、充满激情、富有感染力的语言，或是别致的肢体语言以及新颖的游戏、图片、视频等。一般我们可以选用线上手段来进行情境导入，使情景再现更加生动、贴切。

接下来，根据导入情境，紧密结合学科实际，密切关联教学内容，抛出问题，引发学生思考。教师要根据教学内容，自主创新，由易到难设置问题，选择恰当方式展现给学生，使学生认识到要做什么，为下一步做好铺垫。

第二步，问题驱动，学习新课。

在导入基础上，教师根据授课内容提出问题，使学生以“问题”为线索，在问题情境中依据网络平台资源和工具发现、探索知识，促进学生创造思维的发展。问题驱动还包括学生在自主学习、合作探究中产生的疑惑和问题，对此，如学生自主学习能力较强，教师可设计线上学习给予学生探索的空间；如学生线下讨论探索效率更高，教师同时可以及时指引，便可选择线下的方式进行该教学环节。

在问题驱动的导入环节，教师通过设计一些问题，让每个学生带着具体的问题迅速进入学习之中。问题设计要由浅入深，略有梯度。学生以自主学习、探究式学习、小组合作式学习等形式，通过自主阅读、查找、思考、演算、讨论、背诵、书写、典型案例分析等方式来分析问题、解决问题并提出问题，从而实现知识与能力、过程与方法以及情感、态度与价值观三维目标。

第三步，问题解决，分享交流。

在自主学习环节之后紧接着展示环节，教师可以通过提问、板演、自主发言、辩论等形式检查学习效果。此环节教学建议线下实施，面对面地交流更能产生思维的碰撞，而且教师在此过程中的监督行为也很重要，线下实施有助于提升教学效果。

这一环节教师要尽量照顾到不同层次的学生，让每个学习小组都有展示的机会，对每位成员的参与度、思维活跃度、合作程度等做出鼓励性评价，要有丰富而又有针对性的评价语。

第四步，教师点拨，能力拓展。

教师点拨主要是指教师精讲教材，点拨难点。其目的，一是突破难点。学生真正不理解的，合作学习也弄不明白的，教师要精讲。二是把握重点。需要教师归纳、强调的内容，通过点拨加深学生理解。教师要在教学关键处、疑难点和学生在探索中出现的错误上进行点拨。此环节的教学建议线下实施，以利于教师对学生实际掌握知识点的情况进行把控，并可以及时解决问题，现场答疑。

拓展延伸目的在于加强对教学内容的深入理解，拓展的方式方法是多样的，可以是专题的，可以是不同阶段、不同梯度的，可以是辩论的、文字的、动手操作的、形体的，可以是课内的或课外的，等等，采用什么方式方法由教学内容决定。

第五步，实践训练，评测检验。

实践过程即学以致用，训练是检验学习效果的手段。每进行完一个学习任务都要及时进行巩固练习，当堂检测，并对结果做出评价。有针对性地设置拓展和训练练习，是知识、能力学习目标达成的关键。这些练习要具有代表性、典型性，要紧扣学习内容。在训练完成后，要注重评价反馈。评价方式可采取师生间、同桌间、同组学生间相互评。这个环节可以线上进行，教师可随时将习题发送到学生手里，实时获得学生完成情况，根据大数据的反馈对测验中发现的问题进行归纳总结，事半功倍。

教师根据教学内容设置课堂、课下训练作业。课下训练即同步作业布置，要达到应用与巩固的目的。老师要以作业练习为抓手，细化同学们的作业分类，包括基础类作业（字词、公式、化学方程式等抄写，听写、默写等）、强化巩固类作业（配套资料、报纸）、拓展延伸提高类作业（试卷，专题总结，数理化一题多解、一解多题归纳等）。

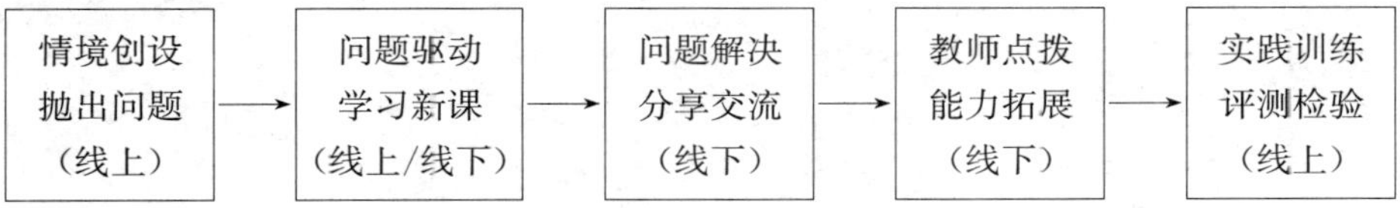

图 2-13　基于问题驱动的探究式教学方法的一般流程和步骤

六、相关课例设计展示

案例：北师大版数学八年级上册《平行四边形》

<table>
<tr><td rowspan="4">情境创设
抛出问题</td><td>教学设计</td></tr>
<tr><td>教师采用“微课视频＋问题导入”的形式进行问题驱动式教学。微课视频关键问题如下：
引入型问题：什么样的四边形是平行四边形？它有哪些性质？
启发型问题：准备 8 个全等的三角形，动手画一画、拼一拼、转一转，探索一下怎样才能得到你心目中的平行四边形。
类比型问题：全等三角形的边角之间有怎样的数量关系？这些关系会带来平行四边形的哪些性质？
复述型问题：请把你探索中得到的平行四边形定义及性质写到微课学习任务单上，参照老师给出的解析，看看有什么不同。请在微课学习反馈卡上做好记录。</td></tr>
<tr><td>实现方式</td></tr>
<tr><td>教师自行制作微课后可上传至学习平台，以“晓黑板”APP 为例，登陆教师账号—找到班级栏目—发布活动消息—选择接收班级和活动结束时间。如图 2-14 和下页图 2-15。
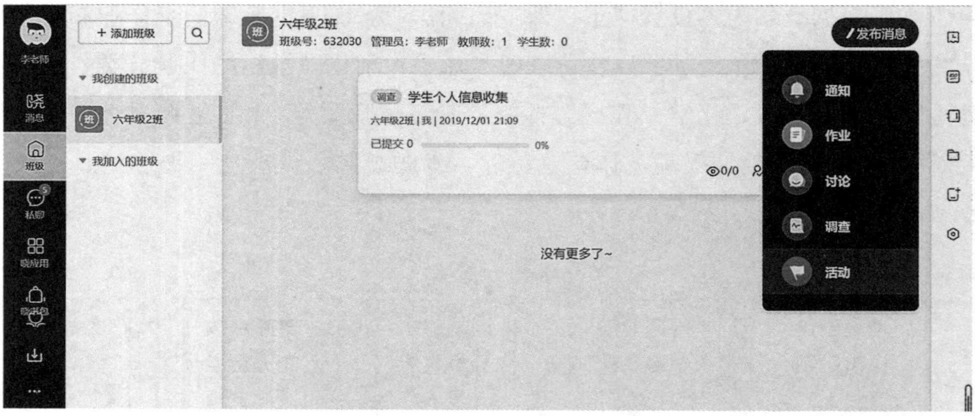

图 2-14 学习平台发布微课任务步骤一</td></tr>
</table>

续表 1

<table>
<tr><td>情境创设
抛出问题</td><td>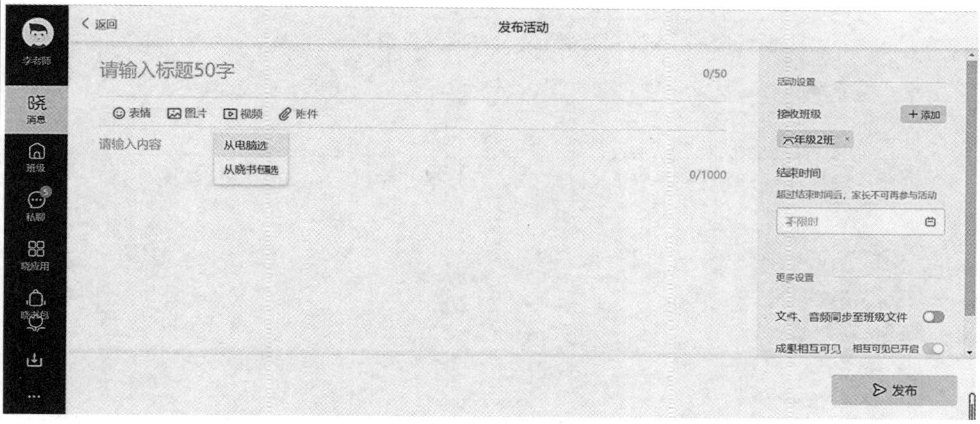

图 2-15　学习平台发布微课任务步骤二</td></tr>
<tr><td>问题驱动
学习新课</td><td>教学设计

教师引导学生分组呈现微课学习的收获及遇到的困难，由组内研讨微课学习任务单、探究平行四边形表格内容开启学习。

关键问题：微课学习中遇到了哪些问题？请跟同学讨论一下困惑，其中有什么共性和不同，汇总、分组汇报。组为研讨时间 5 分钟。

实现方式

教师在“发布消息”一栏发布讨论任务并写明要求。如图 2-16。

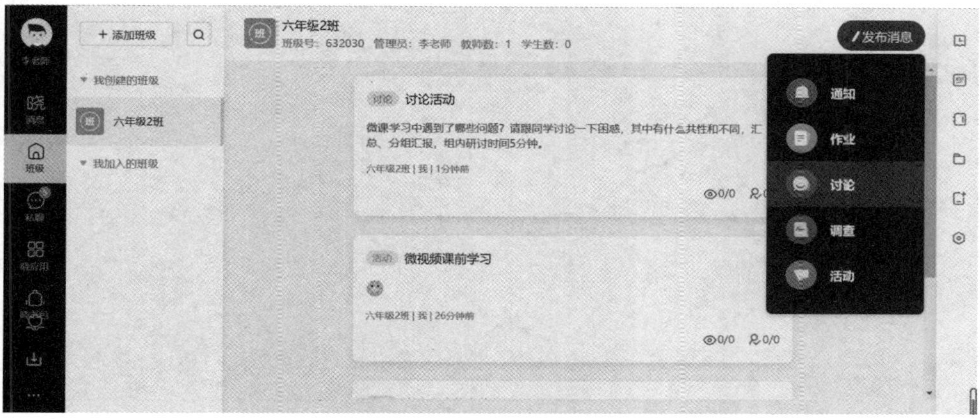

图 2-16　学习平台发布讨论任务</td></tr>
</table>

续表 2

<table>
<tr><td rowspan="4">问题解决
分享交流</td><td>教学设计</td></tr>
<tr><td>各组代表汇报展示组内共性结论，对独到见解补充分享。
关键问题：从分享中，能发现认识平行四边形性质的主要思想方法吗？</td></tr>
<tr><td>实现方式</td></tr>
<tr><td>学生在活动栏目进行组内讨论，结果分享并做展示。如图 2-17、图 2-18。
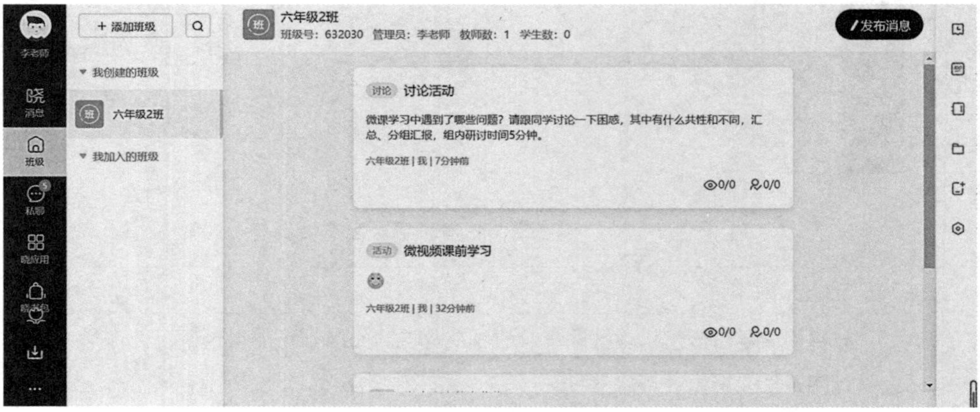

图 2-17　学习平台讨论结果展示与分享

图 2-18　教师平台点评讨论成果</td></tr>
<tr><td rowspan="2">教师点拨
能力拓展</td><td>教学设计</td></tr>
<tr><td>学生各自完成平行四边形定义及性质的问题解决，利用课堂互动系统大数据反馈，有针对性地点拨提升。
关键问题：平行四边形性质在证明中是如何发挥作用的？</td></tr>
</table>

续表 3

<table>
<tr><td rowspan="2">教师点拨

能力拓展</td><td>实现方式</td></tr>
<tr><td>教师根据活动成果进行点评评分，学生思考问题并在活动成果发布区完善本组的平行四边形定义及性质。如图 2-19。

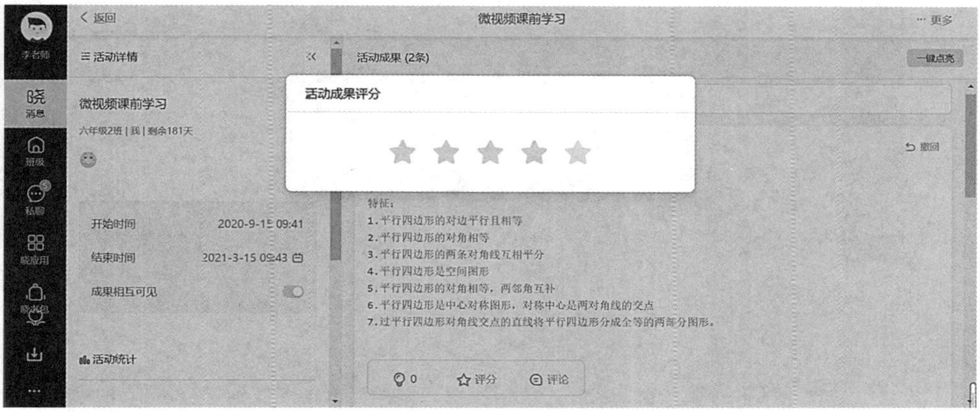

图 2-19　教师评价活动成果等级</td></tr>
<tr><td rowspan="4">实践训练

评测检验</td><td>教学设计</td></tr>
<tr><td>学生利用学习平台独立完成测试，教师根据数据反馈针对错题组织讲评。</td></tr>
<tr><td>实现方式</td></tr>
<tr><td>①教师可在班级发布消息中发布作业—选择作业类型：常规作业/题库作业。常规作业由教师主观出题，题库作业可按时段、学科添加题目。如图 2-20 和下页图 2-21。

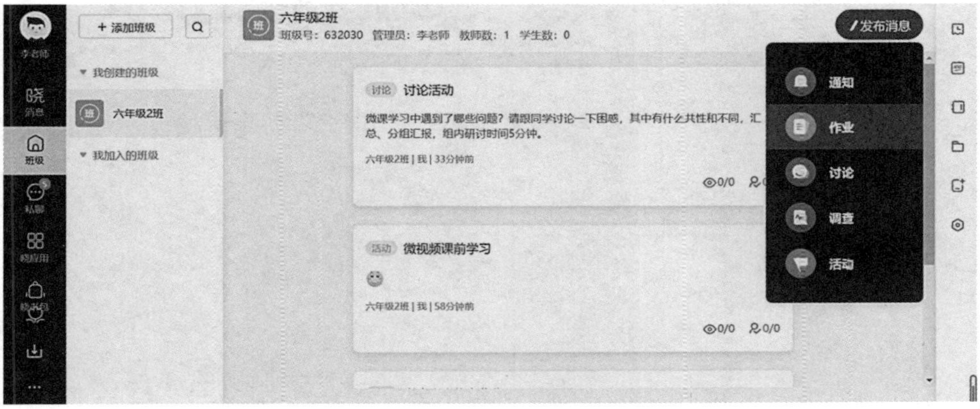

图 2-20　教师平台发布作业任务步骤一</td></tr>
</table>

续表 4

<table>
<tr>
<td>实践
训练

评测
检验</td>
<td>

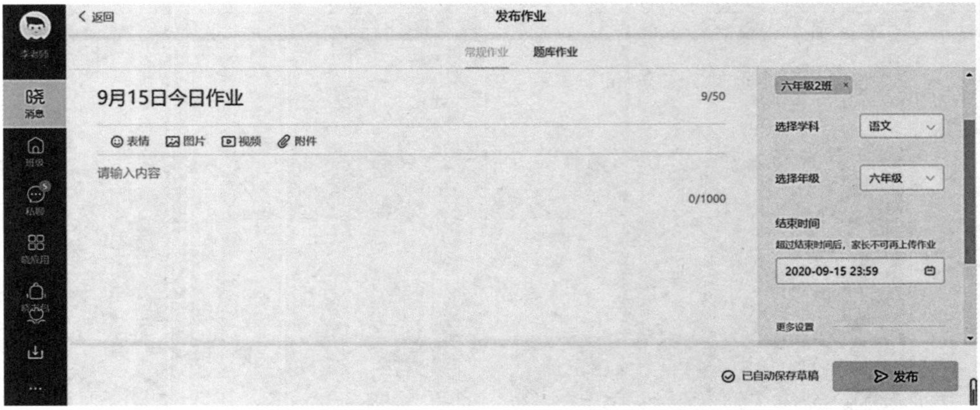

图 2-21　教师平台发布作业任务步骤二

②教师可根据教材题目找题，依据使用、作答及正确率找到符合本节课内容的题目进行测试。如图 2-22 和下页图 2-23。

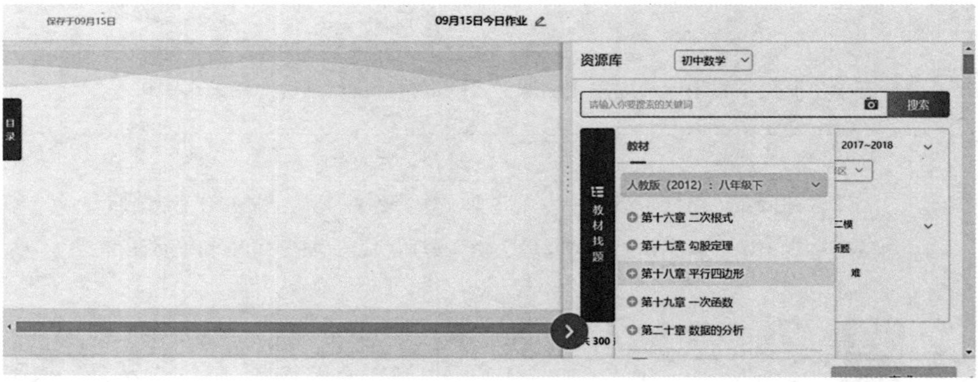

图 2-22　教师平台导入作业题目步骤一

</td>
</tr>
</table>

续表 5

<table>
<tr>
<td>实践训练
评测检验</td>
<td>

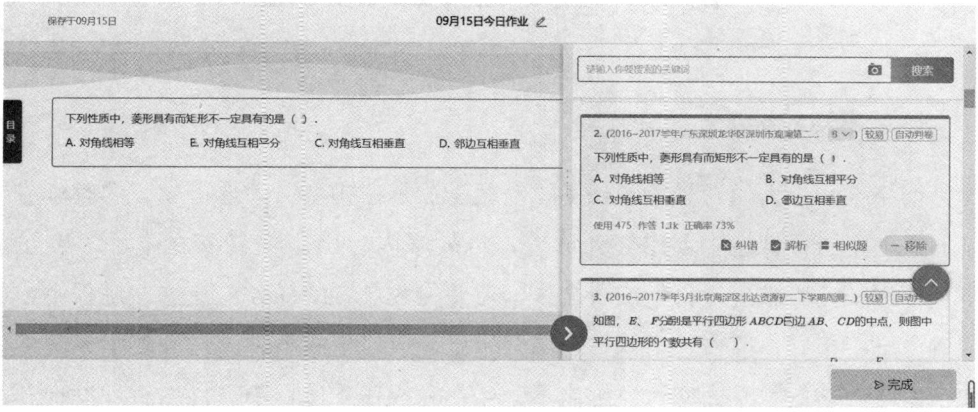

图 2-23　教师平台导入作业题目步骤二

③依据学生课上答题情况进行重点讲解，还可依据学生个人答题情况，个性化制定不同阶段学生的课后作业。如图 2-24。

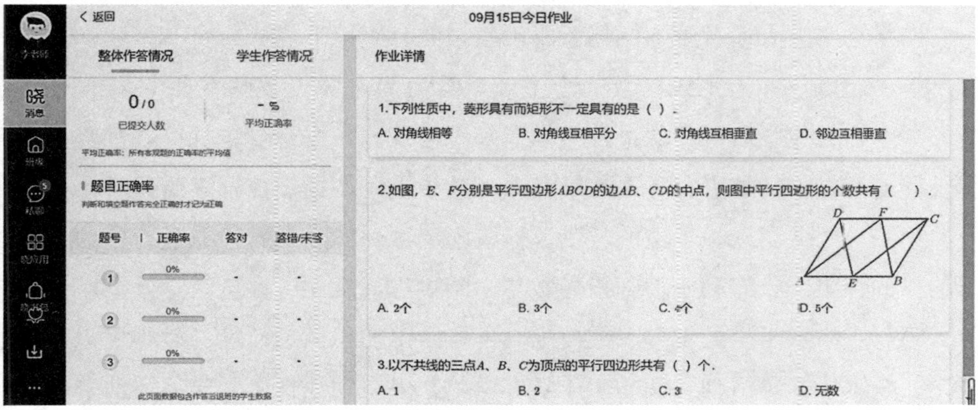

图 2-24　教师平台统计作业完成情况

</td>
</tr>
</table>

第四节 基于任务驱动教学法的教

一、任务驱动教学法

网络空间人人通背景下的任务驱动教学法是建构主义理论指导下的教学方法。它是通过在平台或课堂中创建任务情境，将教学内容设定在任务之中，学生在情境之中，根据任务要求进行自学或者合作学习并完成设置的任务。在这一过程中，教师扮演着激励、指导、监督、支持并评估学生已完成任务的角色。这种教学方法不仅能促使学生学习新的教学内容，还提高了学生在完成任务过程中进行创新、发现和解决问题的能力，并促进了学生的独立探索和合作学习能力。

任务驱动式教学方法体现了以任务为明线、以提高学生知识掌握与技能应用为暗线、教师为主导、学生为主体的基本特征。

二、任务驱动教学法的优势

网络空间人人通背景下的任务驱动教学法具有以下优势：

第一，以任务为主线，教师为主导，学生为主体。教师在相关教学平台设定任务，学生在完成学习任务的过程中掌握知识与技能，进行自主探究，独立思考，培养与人交流和合作的能力，并在教学实践活动中应用，提高综合素质。

第二，任务驱动教学法的教学目标清晰明了，学生带着任务进行学习会使学生学习的目的性更强，有利于教师指导教与学的过程，也便于评价教学效果。

第三，激发学生的学习兴趣，提高学生学习的积极主动性。教师可以在平台发起讨论、头脑风暴等活动，使学生乐学好学，积极主动地投入到学习活动中。

第四，做中学，学中做。改变了以往“教师讲，学生听”、以教定学的教学模式，创造了以学定教，学生主动参与、协作、探索创新的新型线上线下混合学习模式。

三、任务驱动教学法的基本环节

任务驱动教学法的关键在于教学任务的选择与分解。任务是教学的中心，教师通过任务来驱动课堂教学，依据任务进行教学，学生围绕任务进行知识的学习。

（一）创设情境，提出任务

网络空间人人通背景下的任务驱动教学法需要教师首先创设一定的任务情境。情境要尽可能真实，是学生在日常生活和学习中所接触过的。然后，老师提出任务的主题或目标，以激发学生学习兴趣和促进学生学习效果提升。这个环节既可以在线上进行，也可以在线下进行。比如在讲授《邮箱的使用》这一节知识点时，老师就可以创设"发送一封电子邮件给你最好的朋友"这样的情境，从而极大地拉近电子邮件与学生自身的距离，学生在接下来任务的完成过程中就会更加热情与充满信心。

（二）分析任务

在任务驱动教学法中，对教学任务的分析十分关键。它是指对教学目标进行分解，在学习总体目标的框架上，将总目标分解成为一个个小的目标，然后将细化的教学内容转换成为一个个容易掌握的任务，通过完成这些任务而实现教学总目标。这个环节可以在线下进行。对于一些学生经过思考可以探索出来的步骤，教师可以只提示学生解决问题的思路。任务分析这一环节可以由教师引导学生将总任务拆分成若干子任务，例如案例一《演示文稿的制作》；也可以由教师在课下将总任务分解成若干子任务，在课上让学生完成一个个子任务从而达到完成总任务的目标，例如，案例二《钠》的教学。

（三）自主学习，合作探究，完成任务

可以划分小组，让学生协作讨论，在合作与交流中解决问题，并注意针对学生情况，做必要的指导和解答。这个环节可以采用线上＋线下的形式进行。例如，以分组进行《神奇的互联网》这一章节的知识任务驱动课堂教学时，由于学生水平不同，所以更需要同学之间合作交流，学生可以在线上通过头脑风暴形式进行讨论，也可以在课堂中进行交流沟通。在完成任务的过程中，小组中基础扎实的同学可以帮助较弱的同学；遇到问题时，同学之间可互相协作交流，解决问题。

（四）评价任务

在任务驱动教学法中，任务的评价是非常重要的环节，它对于学生保持学习的热情、明确自身的不足和同伴的优点以及自我反思都有非常重要的作用。网络空间人人通背景下的教学评价更加直观、形象、具体和高效。评价环节可以采取线上＋线下形式，对于量化的测评，线上评价能够快速得到结果，具有及时和高效的特点，同时，线下可以进行自我评价。

要合理设计评价指标，充分体现评价的客观性与公平性；既要评价任务完成结果，又要评价任务的完成过程。以PPT动态效果制作章节为例，学生基于幻灯片制作情况，开展自我评价、小组同学之间的评价，最后由教师在线上进行形成性评价和总结性评价，确定学生的最终得分情况。教师应当注意尽量将激励作为主要评价方式，选择多样化的评价角度。

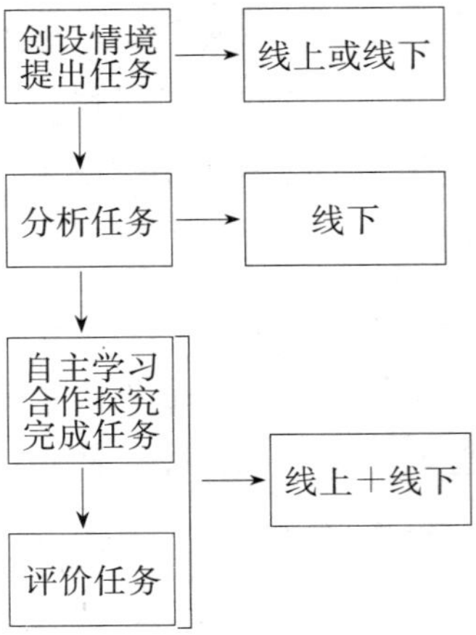

图 2-25 任务驱动教学法的基本环节

四、设计任务需要遵循的原则

（一）目标性原则

设计的任务必须紧紧围绕教学目标，既含有学生已有的知识和技能，又涵盖将要学习的新知识和新技能，更重要的是培养学生自主学习和协作能力。例如学习排版方法时，可设计一个创作板报的任务。

（二）可行性原则

设计的任务必须是可行的，要考虑任务的大小、任务完成需要的时间，要依据学生实际情况，把握任务的难易程度；要分散重点和难点，每个任务最好不要超过两个以上重难点，保证学生在有限的时间内经过自主和协作能够完成。例如，在学习用PowerPoint制幻灯片时，如果是第一课时，可要求独立创作一个自我介绍的幻灯片（1—2张）；如果进入综合运用阶段，则可以协作设计一组反映旅游风光、历史文化等方面的幻灯片。

（三）趣味性原则

兴趣是最好的老师，有趣的任务会大大激起学生的求知欲望。例如，学习鼠标的操作时，可设计益智性的游戏作为任务。

（四）实用性原则

设计的任务应与其他学科有机地整合，还应较多地联系生活、生产和科研实际。

例如，学习文字的修饰与排版时，可选一篇学生作文作为修饰与排版任务。

（五）真实性原则

任务应该是真实存在的，不是虚构的。例如制作一张明信片，要求插入新颖漂亮的图片，输入文字，设置成不同字体、不同颜色。这种具有实际意义的设计可以成为任务。然而为了考查学生文字输入、字符的设置，要求学生输入一首诗，要求每句诗设置成不同的字体、不同颜色，任何书都不会有这种排版，所以不能称之为任务。

（六）开放性原则

设计的任务要给学生“留白”，给学生充分创造和发展的空间，并使学生能举一反三、触类旁通，思维得到发展。例如，学习电子表格排序时，可设计一个处理班级百米测试成绩排序的任务，将多关键字排序及名次处理作为“留白”，实现任务的开放与延展。

五、教学案例

案例说明：任务分解这一环节可以由教师引导学生将总任务拆分成若干子任务，由学生通过自主学习、合作学习，共同完成任务。例如案例一。也可以由教师在课下将任务分解成若干任务，由学生之间共同探索，合作完成。例如案例二。

（一）案例一：演示文稿的制作

学习目标	知识目标	1. 学生能够在幻灯片中插入文本框、图片、声音、视频，并对插入对象进行属性设置。 2. 学会格式菜单中的版式、设计、背景的使用。 3. 能够对幻灯片中的各个对象设定自定义动画和建立超链接。
	能力目标	通过学习制作演示文稿，让学生熟悉多媒体作品的制作流程，学会整合图文声像和传达信息的方法。
	情感目标	1. 通过制作一个完整的演示文稿，让学生体验信息技术工具的强大表现力，通过完成作品充分发挥学生的想象力，激发学生的创作热情。 2. 培养学生的团队意识和合作能力。通过作品的评价，深化学生对祖国的认识和热爱，同时培养学生的审美能力。
重点	在幻灯片中插入文本框、图片、声音、视频并进行排版。	
难点	版式设计和设定自定义动画，动画的插入以及控件的使用和属性设置。	
教学策略	本课的教学对象是高中一年级学生，他们之前系统学习了软件及信息搜索相关知识。本课提出了制作一个“中国的钓鱼岛”的演示文稿的任务，通过该任务激发学生发现问题，思考分析问题，主动寻找各种学习资源进行学习，遇到难题无法解决主动寻求教师或同学的帮助等，由此形成自己的知识体系，最后完成演示文稿作品，体验学习带来的成就感。	

续表 1

<table>
<tr><td>教学准备</td><td colspan="2">给出两个图文声像并茂的演示文稿的作品，一个是中学的宣传幻灯片，另一个是关于个人简介的演示文稿；提供一些音频、视频素材，课堂学习导案，操作的部分要领；多媒体网络机房；每七人一组，每组一个组长，由组员推选出组长。</td></tr>
<tr><td colspan="3">教学过程</td></tr>
<tr><td>创设情境</td><td>师生活动</td><td>师：大家知道我们学校建校时间吗？你们对自己的学校的了解有多少呢？
生：建校时间和到现在有多少位校长不是很清楚了。
师：好的，下面给大家看一个演示文稿，看完之后是不是大家对我们学校有一个具体了解了呢？
（教师给学生播放，学生耐心观看。）
师：这个大家觉得做得怎么样？它的哪些信息表现形式使你很难忘？你是否通过这个对我们学校有了一个具体的了解？
生：用了文字、图片、影像、声音等多种方式来表达信息，还用了一些特效，页面的布局也很好看。观看后对我们学校的基本情况比较了解了。
师：这段时间很多新闻都在报道我国和日本的关系，大家知道是什么问题吗？
生：是钓鱼岛问题。
师：你们了解钓鱼岛吗？
师：钓鱼岛是我国的固有领土，而日本政府宣称是他们的。我们应该向全世界宣传介绍钓鱼岛的具体情况和历史。
生：那我们也可以像刚刚我们看到的学校宣传片那样，做一个关于钓鱼岛的详细介绍，让世界各国了解钓鱼岛。
师：好的，我国的很多老百姓对于钓鱼岛的具体情况也还不熟悉，那你们就做这样的一个演示文稿来向我国人民和全世界来介绍一下吧！</td></tr>
<tr><td>提出任务</td><td>具体操作</td><td>发布消息：教师自行制作 PPT 后可上传至学习平台。以蓝墨云班课为例，登陆教师账号—找到班级栏目—即可发布活动消息—可选择接收班级和课前、课中、课后。如图 2-26。
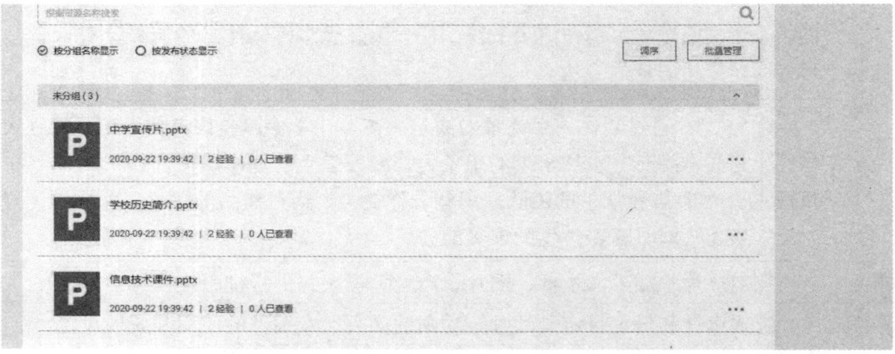

图 2-26　发布消息</td></tr>
</table>

续表 2

<table>
<tr>
<td rowspan="2">分析任务
明确目标</td>
<td>师生活动</td>
<td>师：要做好一个“中国的钓鱼岛”的演示文稿，其实并不简单．我们一定要知道怎样去完成它，需要哪些素材。
生：文字描述肯定是必需的，还要有丰富的图片，还可以加上一些视频片段和适当的背景音乐。
师：你们的想法很好，但是完成这个需要哪些步骤呢？
（生生之间进行头脑风暴，教师引导达成一致意见。
第一步：在网上寻找搜索有关钓鱼岛的文字、图片等素材，并筛选。
第二步：内容安排设计。
第三步：输入文字内容，插入图片。
第四步：插入视频和音频。
第五步：设定文字、图像的自定义动画。
第六步：组内评价讨论，修改并上交作品。
师：你们已经确定了以上六个步骤，而怎么样去完成，请回忆之前学过的知识，举一反三。对于第一步，我们之前已经学习过信息的获取，也知道了怎么用搜索引擎和下载素材．大家可以参照以前学过的去完成。当我们有了素材后，我们就要对之进行设计，例如前面几张幻灯片用文字和图像来描述，后几张用视频演示，或者交叉使用呈现信息，同时想好每一页面的布局。所以第二步就要求充分发挥你们的想象力。第三步插入文字图片时，你们也可以参考 Word 插入图片的方法。第四步和第五步中需要用到的相关操作方法，你们可以根据我给你们的学习导案和示范课件参考。第六步就是每位学生根据范例再次修改自己的作品。——做“任务”吧！有什么疑问可以举手提问。</td>
</tr>
<tr>
<td>具体操作</td>
<td>头脑风暴：选择活动—头脑风暴—编辑主题、标题—用途选择—点击确定。完成头脑风暴的创建，教师可以设置头脑风暴开始时间和结束时间，学生可在规定时间内在平台进行头脑风暴活动。如图 2-27。
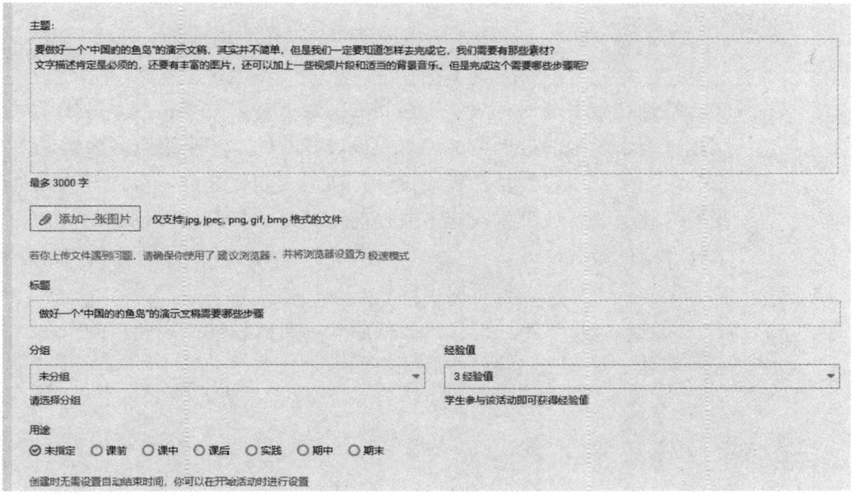

图 2-27 头脑风暴</td>
</tr>
</table>

续表 3

<table>
<tr><td rowspan="2">自主学习、合作学习完成任务</td><td>师生活动</td><td>第一步：教师在平台发布小组任务，搜索相关素材。搜索各类有关钓鱼岛的素材，筛选出具有代表性的素材。学生通过网页页面复制文本和通过搜索引擎或下载工具，自主学习寻找素材，并提出遇到的问题。</td></tr>
<tr><td>具体操作</td><td>发布小组任务：选择作业/小组任务—编辑任务、标题—用途选择—选择小组划分方式—评分方式—设置相应的权重—确定—创建。如图 2-28。
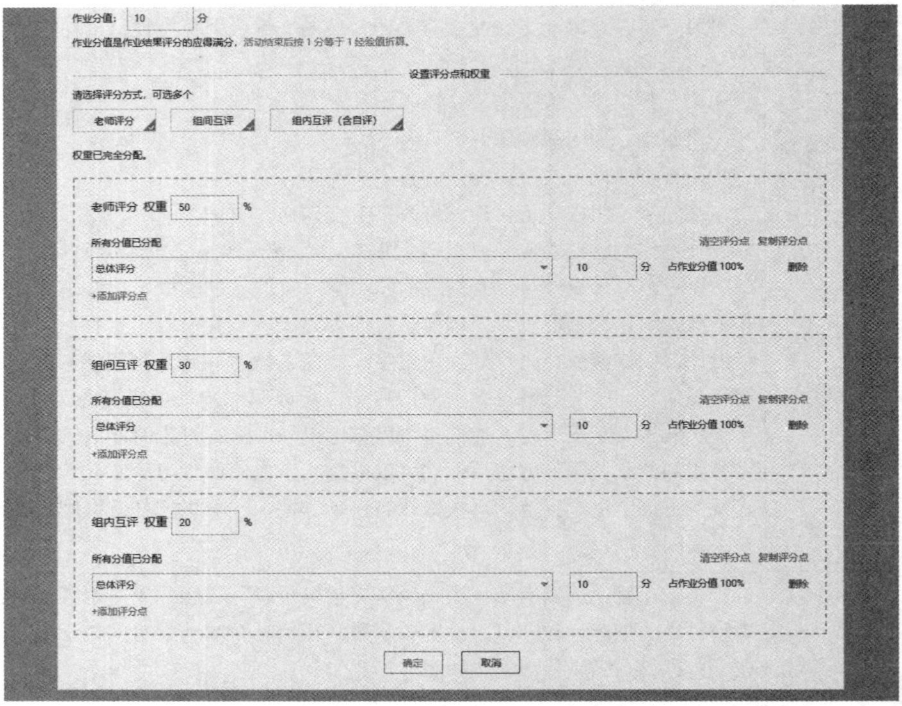

图 2-28 发布小组任务</td></tr>
<tr><td>自主学习、合作学习完成任务</td><td>师生活动</td><td>教师在教室巡回，对学生遇到的问题进行启发和指导，鼓励学生自己想办法解决问题。观察学生的进展情况，对完成较好的同学和小组点名表扬，激发其他小组。
第二步：内容安排及版式设计。在正式制作之前，设计好大致的内容安排，每一张幻灯片上要存放哪些内容需要提前计划好。打开软件创建幻灯片，为每一张幻灯片选择合适的版式。
学生自主探究，教师提出问题。
问题一：可否不用幻灯片上的版式，自己设计文字图片的布局？
问题二：怎么删除已有版式上的对象？</td></tr>
</table>

续表 4

<table>
<tr>
<td>自主学习、合作学习完成任务</td>
<td>具体操作</td>
<td>
创建头脑风暴活动：选择活动—头脑风暴—编辑主题、标题—用途选择—点击确定。完成头脑风暴的创建，教师可以设置头脑风暴开始时间和结束时间，学生可在规定时间内在平台进行头脑风暴活动。如图 2-29、图 2-30。
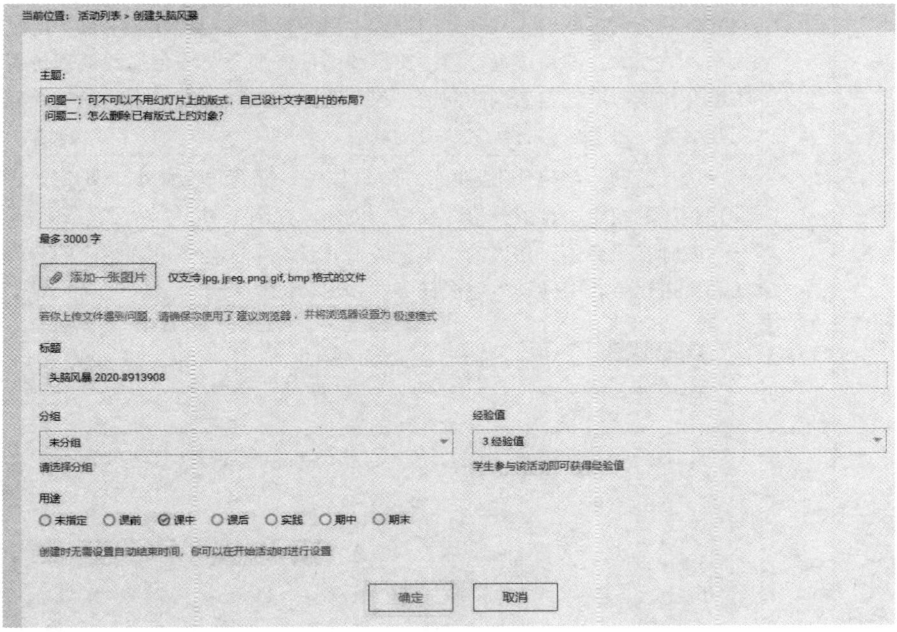

图 2-29　创建头脑风暴活动
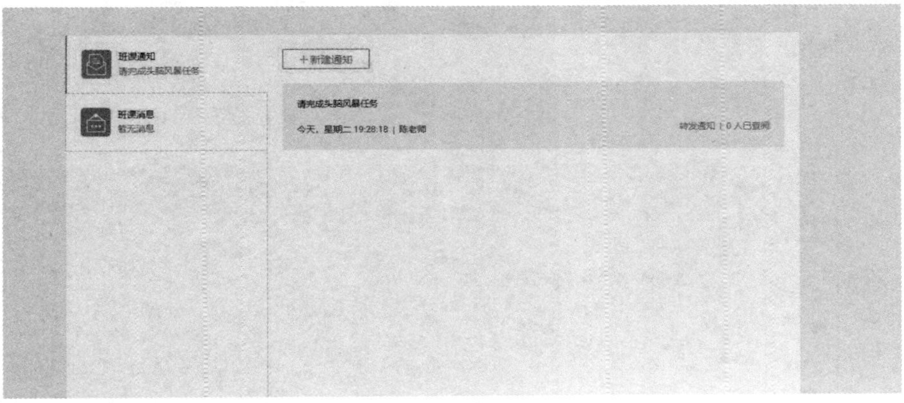

图 2-30　头脑风暴活动
</td>
</tr>
</table>

续表 5

<table>
<tr><td rowspan="2">自主学习、合作学习完成任务</td><td>师生活动</td><td>教师观察学生的讨论活动，记录各小组及成员的讨论情况，鼓励学生大胆思考，激发学生设计思维。对遇到问题的学生进行帮助指导，让学生自己动手解决他们自己发现的问题。
第三步：输入文字，插入图片。学生将第一步中搜索的文字和图片，根据第二步中的计划协调搭配输入到几张幻灯片上。要求每张幻灯片文字数不能过多，调节图片大小，适当放置图片位置，通过文字和图片详细介绍钓鱼岛的地理位置和历史。学生小组合作学习，提出遇到的问题。教师巡回指导，帮助学生快速解决问题，鼓励同学相互交流，思考更多方法来解决问题。</td></tr>
<tr><td>具体操作</td><td>选择活动—创建作业/小组—编辑任务、标题—选择小组划分方式—评分方式—设置相应的权重—设置分值—确定—创建。如图 2-31。
教师在平台创建相应的小组任务，并且对本次任务设置相应的分值，选择评价方式和所占比重，引导学生完成任务。如图 2-32。
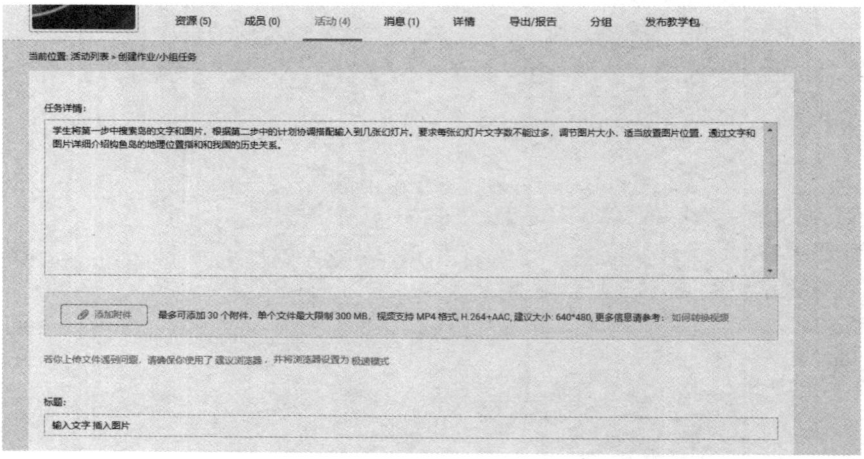

图 2-31　创建任务
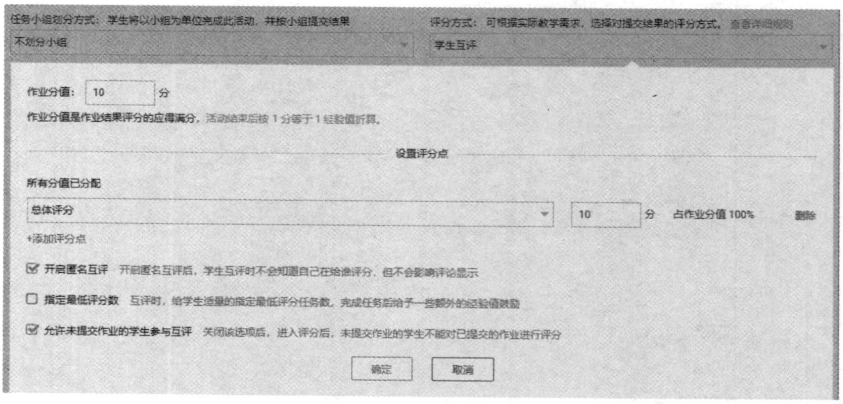

图 2-32　设置分值</td></tr>
</table>

续表 6

<table>
<tr>
<td rowspan="2">自主学习、合作学习完成任务</td>
<td>师生活动</td>
<td>第四步：插入视频和音频。这部分没有要求学生自己在网上搜索素材，是因为音频视频下载时间较长，会影响学习进度及学生的耐心，所以教师提前准备了相关的素材。当然也鼓励学生网上快速下载相关视音频。要求插入视频，调节画面大小并对视频做文字描述，插入背景音频，设置相关参数。
学生实践探索。</td>
</tr>
<tr>
<td>具体操作</td>
<td>创建小组活动：选择活动—创建作业/小组—编辑任务详情、标题—选择小组划分方式—评分方式—设置相应的权重—设置分值—确定—创建。如图 2-33、图 2-34。
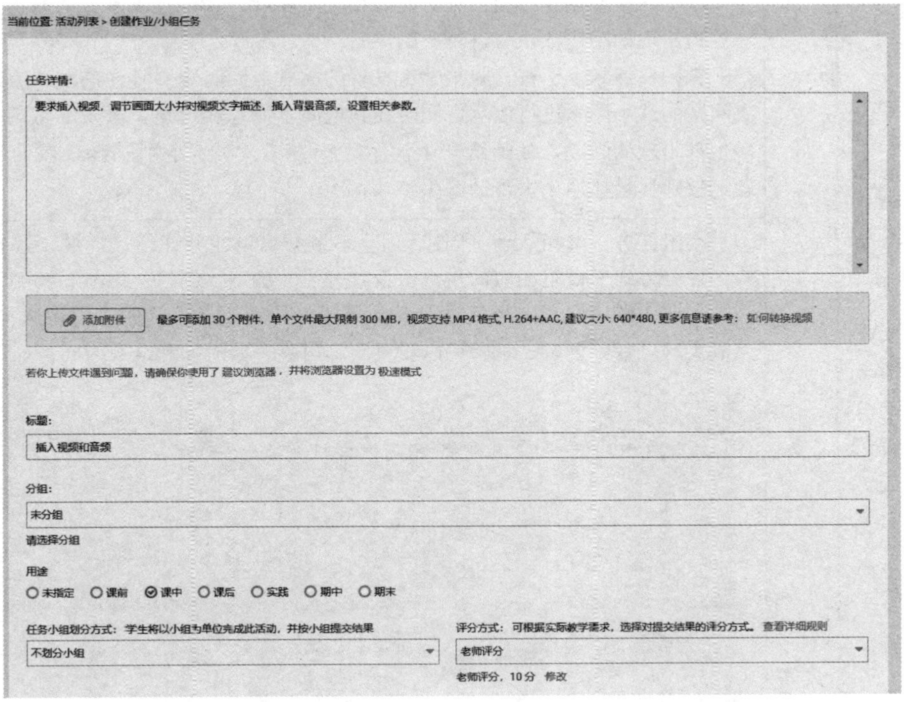
图 2-33　创建小组活动
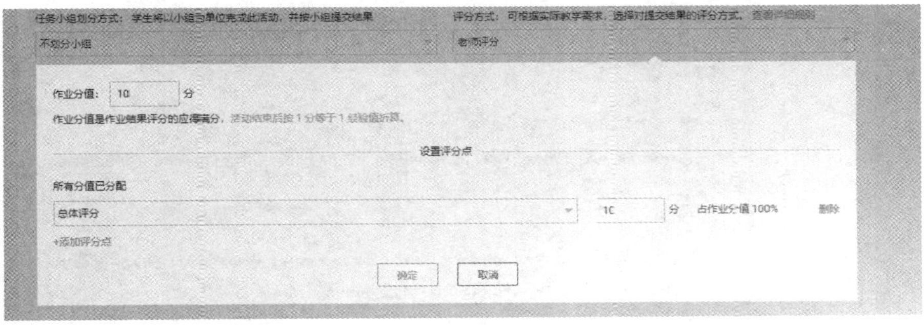
图 2-34　设置分值</td>
</tr>
</table>

续表 7

<table>
<tr>
<td rowspan="2">自主学习、合作学习完成任务</td>
<td>师生活动</td>
<td>第五步：自定义动画的设置。自定义动画是学习的重点和难点，要求学生对幻灯片上的对象会运用自定义动画，让学生根据范例来学习自定义动画的设置，学生自由地进行探索练习，能够为每张幻灯片的文字、图片添加动画效果，让他们在完成的过程中，讨论以下问题。
问题一：如何让同一幻灯片中的每个对象能按照一定的顺序依次自动出现？
问题二：如何给对象加入进入的声音？
问题三：如何让对象停留一段时间后自动消失？
问题四：如何去除动画效果？
教师在平台创建小组任务，设置相应的评价方式以及评价方式所占分值，并且针对容易出现的问题让学生进行头脑风暴。
教师在课堂上巡视，收集学生发现的问题，同时观察学生的解决方法，选能够解决问题的几个同学进行演示，同时让其他同学们互相讨论，激发学生的想法。对所有学生都出现的问题，教师给学生演示操作方法。对于个别基础较差的学生出现的问题，教师尽量让学生去帮助解决。</td>
</tr>
<tr>
<td>具体操作</td>
<td>小组任务：选择活动—创建作业/小组—编辑任务详情、标题—选择小组划分方式—评分方式—设置相应的权重—设置分值—确定—创建。如图 2-35 和下页图 2-36。
创建头脑风暴：选择活动—头脑风暴—编辑主题、标题—用途选择—点击确定。完成头脑风暴的创建，教师可以设置头脑风暴开始时间和结束时间。如下页图 2-37。
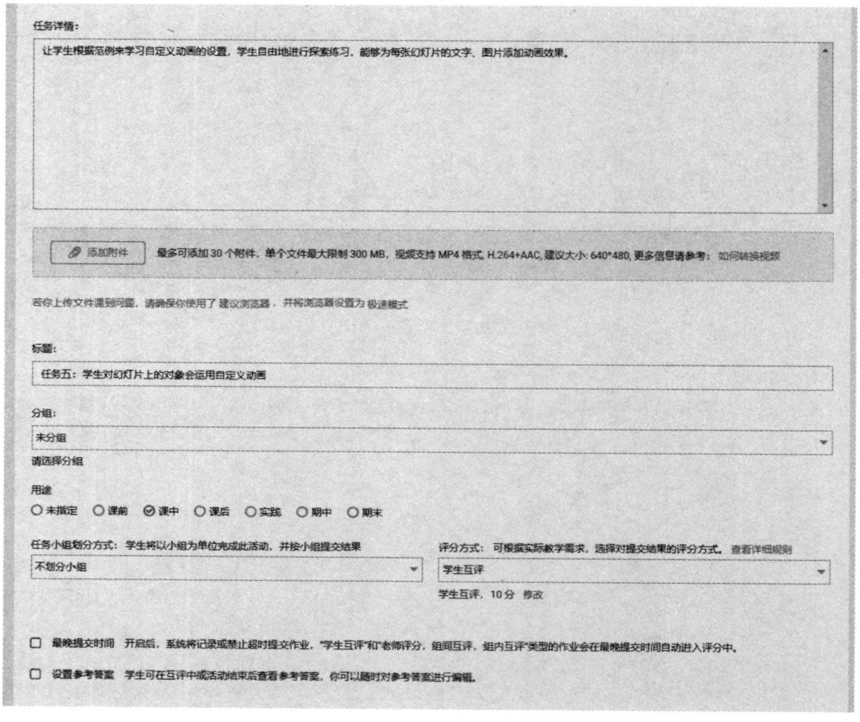

图 2-35 创建任务</td>
</tr>
</table>

续表 8

<table>
<tr>
<td>自主学习、合作学习完成任务</td>
<td>具体操作</td>
<td>
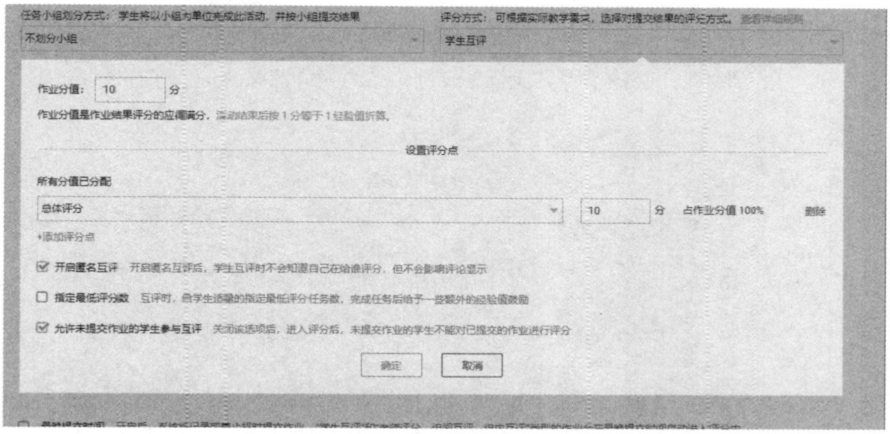

图 2-36　设置分值
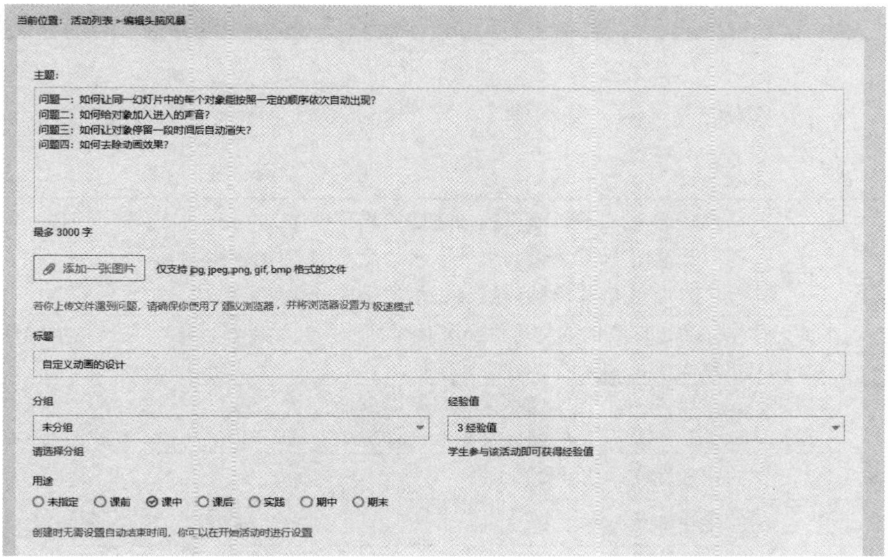

图 2-37　创建头脑风暴
</td>
</tr>
<tr>
<td>进行评价</td>
<td>师生活动</td>
<td>第六步：组内评价修改作品，小组汇总。
作品不仅要内容丰富，形式上也要漂亮美观，让人难忘，所以要求学生根据范例，再次对作品进行修改。学生积极讨论，互相展示作品，寻求建议，吸取别人的优点，修改并形成自己的最终作品。对最终完成的作品，每个小组先进行组内评价，组内每位成员认真填写学习评价表。
评价环节，教师可以让学生进行。最后教师做出综合性评价。</td>
</tr>
</table>

续表 9

进行评价	具体操作	同伴互评环节：课堂表现—小组评价。如图 2-38。 教师评价：六个任务教师都设置了相应的评价方式和所占分值。教师最后可以得到对学生在本节课完成任务以及作品的完成情况的一个综合性评价。 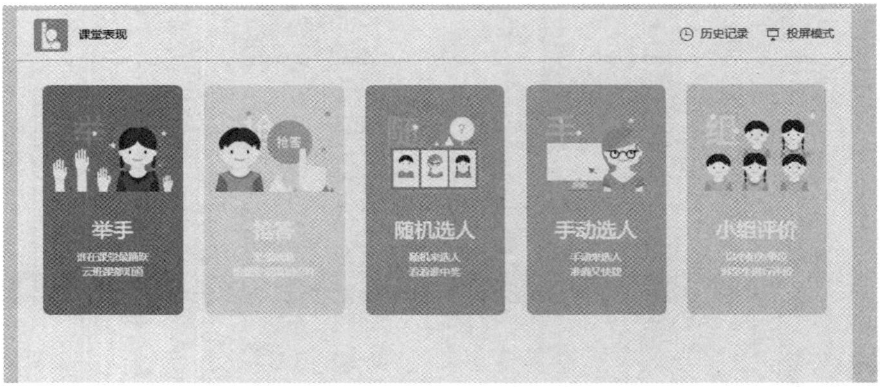 图 2-38　课堂表现—小组评价

（二）案例二：《钠》的教学

<table>
<tr><td rowspan="3">学生目标</td><td>知识目标</td><td>1. 通过实验，能正确描述钠的物理性质。
2. 能正确复述钠与氧气、水的反应的实验操作。
3. 能正确写出钠与氧气、水的反应的化学方程式。</td></tr>
<tr><td>能力目标</td><td>通过探究钠的物理性质和化学性质，让学生掌握钠与氧气、水的反应的化学过程和方程式，学会科学探究的方法。</td></tr>
<tr><td>情感目标</td><td>1. 培养学生严谨求实的科学态度。
2. 培养学生的团队意识和合作能力。</td></tr>
<tr><td>重点</td><td colspan="2">钠的物理性质、化学性质。</td></tr>
<tr><td>难点</td><td colspan="2">钠的化学性质。</td></tr>
<tr><td>教学目标分解</td><td colspan="2">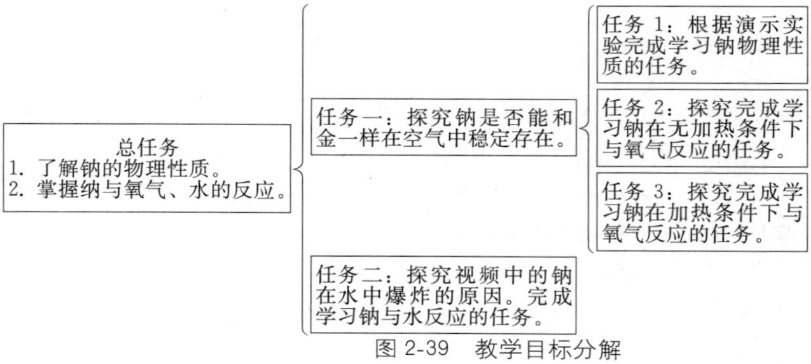
图 2-39　教学目标分解</td></tr>
</table>

续表 1

<table>
<tr>
<td>教学准备</td>
<td>教师上传有关导学案，发布通知，让学生提前对自己下节课所学内容有一个了解。</td>
</tr>
<tr>
<td>具体操作</td>
<td>

上传导学案：选择“资源”—选择“本地文件”—用途选择“课中”—编辑知识点和学习要求—选择文件—选择所需要的文件—上传文件—确定。如图 2-40、图 2-41 和下页图 2-42。

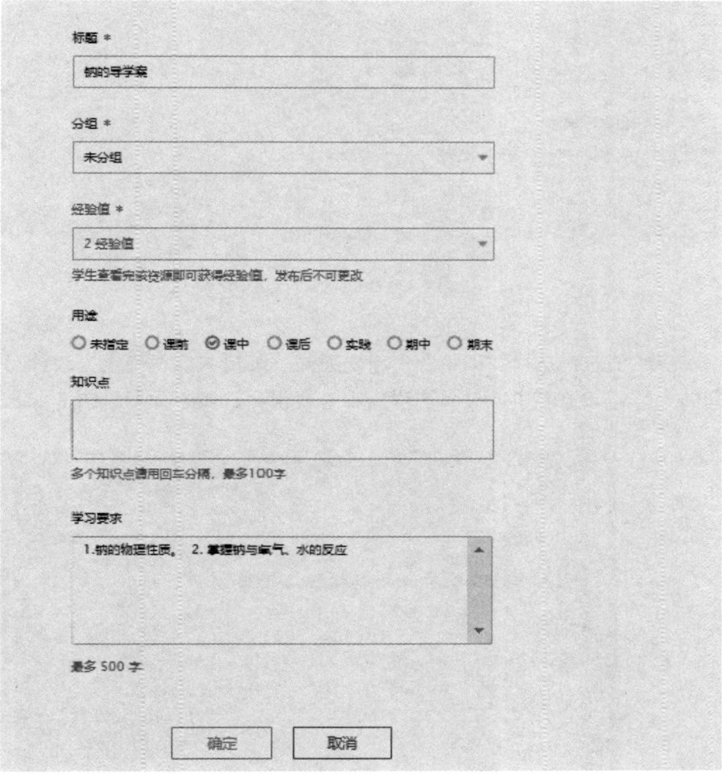

图 2-40　上传导学案

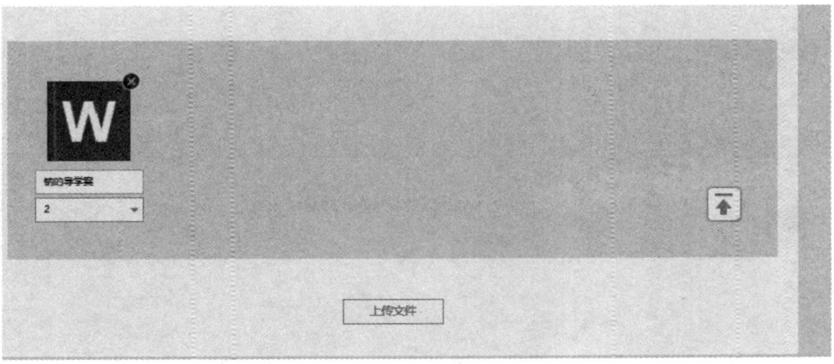

图 2-41　上传成功

</td>
</tr>
</table>

续表 2

具体操作

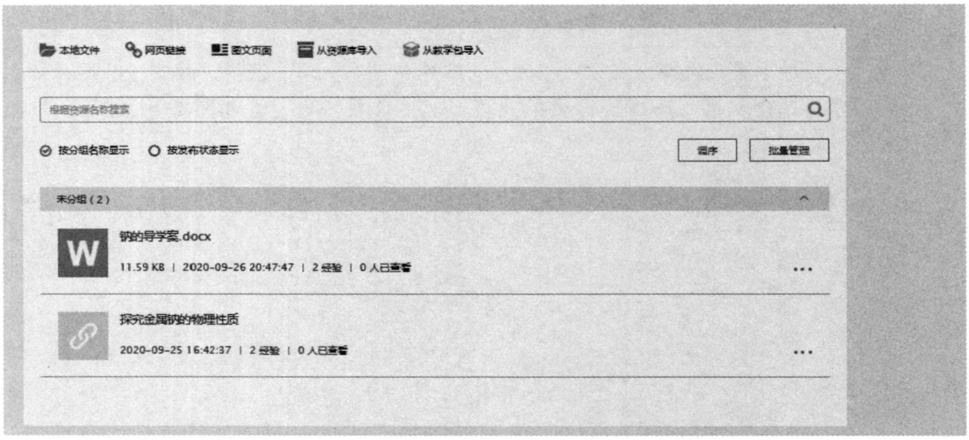

图 2-42 任务创建完成

发布班级消息：选择“消息”—新建通知—编辑内容—确定。教师可以了解到本班查看此通知的人数，知道多少人对新课程内容进行预习。如图 2-43、图 2-44。

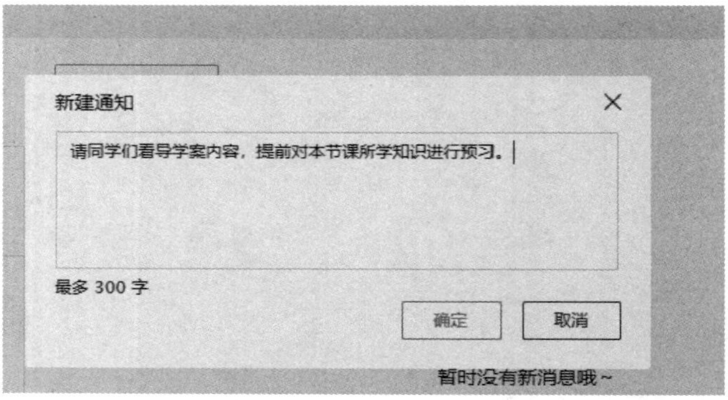

图 2-43 发布班级消息

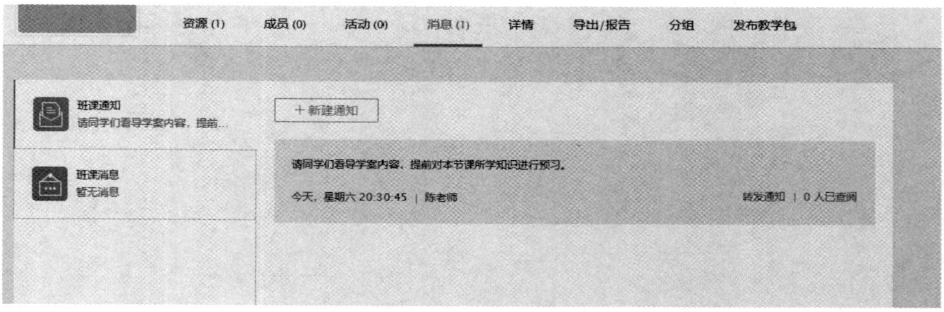

图 2-44 消息发布完成

续表 3

创设情境，提出任务一	师生活动	教师活动：真金不怕火炼，黄金、铁在生活中经常看见。那么同学们在生活中见过钠吗？ 由此提出任务一：探究钠能否和金一样在空气中稳定存在。
自主学习、合作学习完成任务	师生活动	教师提示：请同学们根据演示实验现象，总结钠的物理性质，完成学习钠物理性质的任务。 演示实验：用镊子夹取一块保存在煤油中的钠，用滤纸吸干钠表面的煤油，用小刀切一小块钠，置于玻璃片上。引导学生观察实验现象，对实验现象交流讨论，总结钠的物理性质。 教师提示：钠在空气中能稳定存在吗？为什么？ 学生交流讨论，完成导学案任务 2 中的表格。 教师提示：钠在常温就会与氧气发生反应生成白色氧化钠，请同学们写出金属钠与氧气的化学反应方程式。 教师引导学生根据氧化还原反应写出化学方程式。 教师提示：钠在空气中会与氧气反应生成氧化钠，加热会发生怎样的变化？也会生成白色的氧化钠吗？现象与在空气中自然氧化有何不同？ 提出任务 3：探究钠在加热条件下是否能与氧气反应。引导学生合作探究，进行实验并观察实验现象。 教师提示：生成的淡黄色固体为过氧化钠（Na_2O_2），请同学通过钠的化合价分析氧元素的化合价。化学中将 O_2^{2-} 称为过氧根离子。
	具体操作	教师选择“资源”—网页链接—编辑标题“探究金属钠的物理性质”—用途选择“课中”—添加知识点和相应的学习要求。如下页图 2-45、图 2-46。

续表 4

自主学习、合作学习完成任务	具体操作	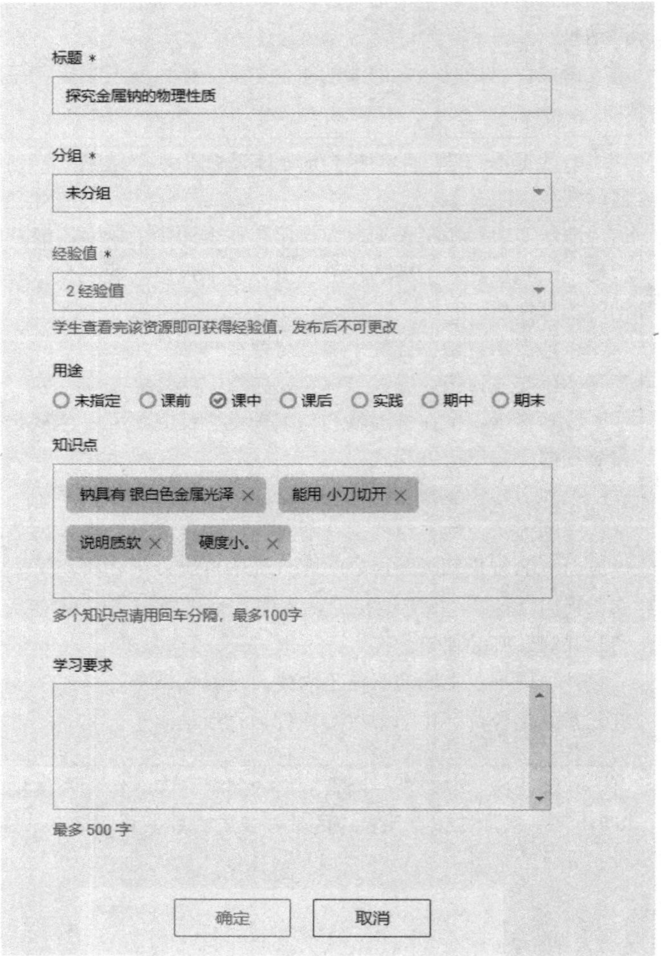 图 2-45　探究金属钠的性质  图 2-46　发布探究金属钠的物理性质

续表 5

评价任务	师生活动	教师提出让学生对完成的任务一进行总结，谈谈学习感受，引导学生思考：任务一说明了化学反应除了与反应物有关外，还与什么因素有关？
创设情境，提出任务二	师生活动	播放视频：1947 年，美国将二战时遗留下的金属钠装入桶中，倒入华盛顿的盐碱湖里，只见桶浮在水面上，不一会儿突然浓烟四起，轰隆一声爆炸响，桶内窜出明亮的黄色火焰，水花四溅。教师提出任务二：探究钠在水中爆炸的原因。
自主学习、合作探究，完成任务	师生活动	教师为学生提供所需仪器药品，引导学生注意钠的用量。 教师引导学生根据有气体生成判断此反应为氧化还原反应，钠为金属，具有还原性，水作氧化剂，因此钠离子需要与一个阴离子结合，猜测生成氢氧化钠并验证。 教师引导学生增加兴趣实验，稍微增加钠的用量以及做好安全措施。
评价任务	师生活动	1. 学生完成任务过程中出现问题，同学之间进行互评，教师及时引导并给予客观评价反馈。 2. 请同学们根据本节课所学内容完成导学案的当堂检测。
进行评价	具体操作	测试题目的编制：选择“活动”—测试活动—编辑标题—用途选择“课中”—对时间和重做次数进行设置—创建测试—手动输入或题库添加（以手动输入为例）—对题干、题型和选项进行编辑，并且可以设置正确选项—点击保存。如下列图示。 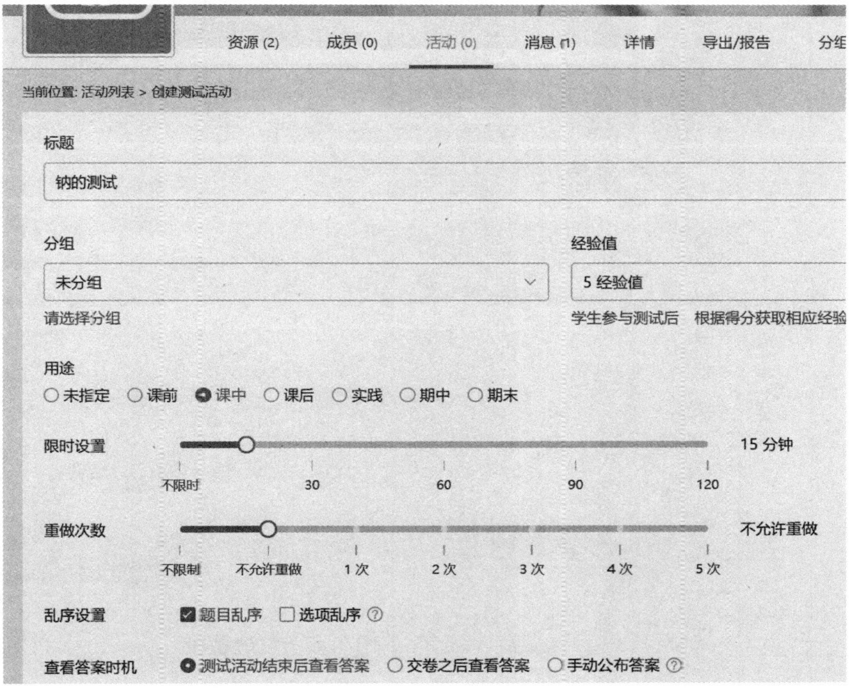 图 2-47　测试题目的编制

续表 6

<table>
<tr>
<td>进行评价</td>
<td>具体操作</td>
<td>
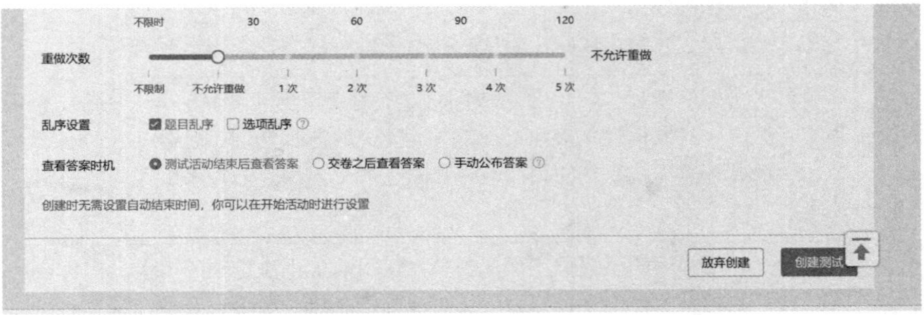

图 2-48 题目设置

图 2-49 创建测试活动

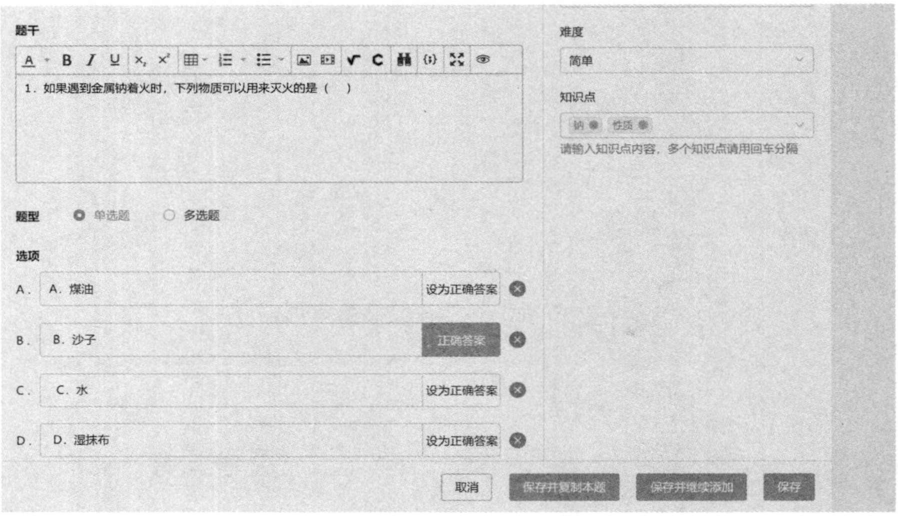

图 2-50 创建题目
</td>
</tr>
</table>

续表 7

进行评价	具体操作	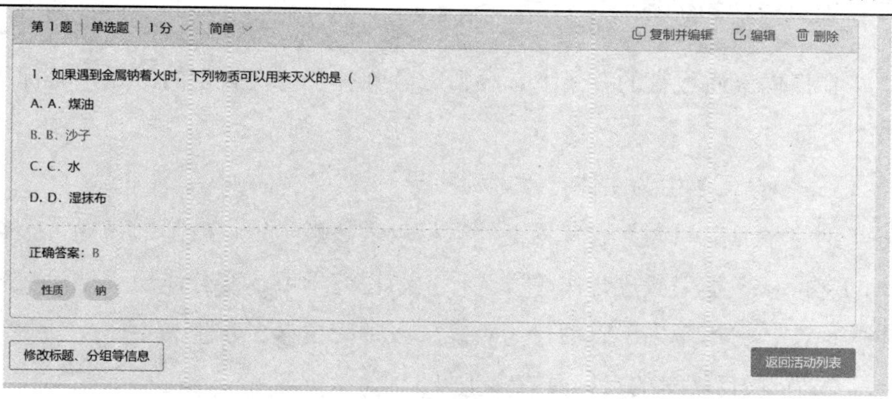 图 2-51　创建题目完成

以上案例只涉及网络平台人人通的部分功能，教师可依据实际教学情况和个人能力有选择地使用，以配合任务驱动教学法进行教学。

第五节　基于项目的教

一、什么是项目教学

（一）项目教学

项目教学也叫基于项目的学习、项目驱动的学习。项目教学理念是 20 世纪初美国基尔帕特里克首次提出。基尔帕特里克认为，项目学习就是让学生通过实际活动去学习，知识只有通过实践才能够获得。项目教学法自 20 世纪末被引入我国后，受到了广泛关注。一般认为，项目教学是学生运用所学知识，在小组共同合作完成项目的过程中发现问题、解决问题，从而达到教学目的、完成教学任务的新型教学模式。

（二）网络学习空间人人通背景下的项目教学

基于网络学习空间人人通背景下的项目教学，以项目作为主要的教学形式，以互联网为背景，以网络空间为支撑，使项目教学中的情境更加真实，项目的形式内容更加丰富多彩，提高了学生的学习兴趣，同时也缩短了学生、教师和家长之间的距离，使得教学过程更加合理，更加人性化。

二、项目教学的优势

在提倡素质教育的背景下，项目教学弥补了传统教学的不足，其优势主要体现在五个方面。

（一）保证学生为主体，教师为主导

网络学习空间人人通背景下的项目教学是指学生在教师的指导下，在相关网络工具的支持下，学生通过合作等方式，主动探究学习，充分体现了学生在教学活动中的主体地位，真正做到了以项目为主线、教师为主导、学生为主体。

（二）项目教学的目标具有多重性

项目教学的目标具有多重性，学生通过探索可以获得多方面的知识。学生通过自主的思考，为完成任务，可能会用到多学科的不同知识，便于学生把之前学习过的内容与现在所学的知识联系到一起，同时也有助于打破学科界限，帮助学生建立更加完整、清晰的知识体系。

（三）培养学生的合作意识

项目教学多以学生合作探究的形式进行，在一个项目小组中，不同的学生要完成不同的任务，扮演不同的角色。在完成任务的过程中，一个环节出现错误，就可能对结果产生影响，因而有助于增强学生的责任感。

（四）实现学科间的互联

基于网络背景的项目教学，有助于打破学科之间的界限，实现学科之间的互通互联。例如，信息技术教师在教学生如何制作课件时，就可以把语文学科当作教学发生的情境，以帮助语文老师制作大家喜欢的课件为项目进行教学设计。这是传统教学中很难实现的教学目标，但也是现代中小学生最需要的能力。

（五）丰富的学习资源

网络学习空间人人通背景下的项目教学，能够更好地实现多种教学资源共享，把更多更好更优质的教学资源提供给教师和学生。项目教学主要解决真实世界的问题，问题的探究对自己、学校、家庭、社区甚至世界是有意义的，学生意识到这一点，能更好地融入社会，承担自己的社会责任。

三、开展项目教学的注意事项

（一）项目任务设置合理

项目教学中，学生是围绕项目开展自主学习的，项目是整个教学过程的核心内

容。教师在进行项目教学设计时，要注意项目表述清晰、准确，任务布置符合逻辑、有条理性，要有很强的针对性。最重要的是任务的难度要符合学生的认知水平，确保学生可以通过自主探究完成该项目。项目应有一定的趣味性，符合中小学生的年龄特征。

（二）项目先小后大

项目教学所需的课时远多于任务教学，这就需要教师根据教学目标合理安排，做到课时数量适中，确保学生有充分时间完成项目，又不会有过多的空闲时间而产生懈怠心理。教师在尝试项目教学时，可以先设计一些小项目，让学生适应小项目学习之后再向大项目过渡，循序渐进。

（三）教师是引导者和助学者

在整个学习过程中，教师是引导者，为学生提供帮助，引导学生顺利完成项目。也可以说教师是学生整个学习过程中的助手。在整个教学过程中，教师往往把更多的精力放在协调各个小组，保障学习顺利进行。

（四）合作小组人员构成要合理

项目教学中通常采用小组合作探究的形式，教师要对小组成员进行合理的分配，尽量避免学生自由成组、小组成员职位固定不变等现象。教师要根据不同的项目进行人员的分配，一般 3—5 人最佳。在分组时需要注意的是学生的水平和能力，合理均匀分配，例如一个小组中要有一个能力稍强的学生，要有组织力稍强的学生，当然也应该有个人能力不突出甚至较差的学生，这样学生之间相互帮助，相互促进，互相约束，各司其职，共同完成任务。

（五）项目选取要有价值

项目教学更加注重培养学生从多个角度去发现问题、提出问题、分析问题和解决问题，通过项目的形式将知识与生活实际结合起来，并且促使学生以小组合作的形式融入学习活动。项目学习与学科教学不是对立关系，而是对学科教学起补充和促进作用。有价值的项目应有助于上述目标的实现。

四、如何使用项目教学法进行教学

项目教学一般按照以下五个教学阶段进行。

（一）确定项目内容，明确项目任务

项目教学是以真实的工作为基础挖掘课程资源，其主要内容是来自于真实工作情景中的典型任务，让学生有独立进行计划工作的机会，在一定时间范围内自行组织、安排自己的学习行为。项目通常由教师提出，然后与学生进行讨论，最终确定项目的目标和任务。

（二）制订计划

由学生制订项目工作计划，包括任务内容、分阶段完成内容与完成时间，确定工作步骤和程序，并最终得到教师的认可。项目工作计划要做得详细一些。如表 2-1 所示。

表 2-1　电子相册集项目制作计划安排表

日期	学习活动
2020-9-1 至 2020-10-31	1. 学生自己通过课本，或查找相关资料的方式，学习 PPT 的制作。 2. 掌握文字资源、图片资源和音频资源等资料的收集、处理和运用。
2020-11-1 至 2020-11-22	1. 各小组根据计划完成项目分工。 2. 小组成员按照分工查找相关资料。 3. 小组成员进行交流、补充和建议。
2020-11-23 至 2020-12-2	整理资料，完成项目制作。
2020-12-3 至 2020-12-5	1. 进行全班汇报展示和评价。 2. 根据评价意见，各组自行修改完善项目，归纳存档。

（三）实施计划

学生确定各自在小组中的分工以及小组成员合作的形式，然后按照既定的工作步骤和程序工作。学生自主独立学习、实践操作内容，培养学习能力、方法能力与独立解决问题的能力。在计划实施的过程中，学生应严格遵守计划安排，在规定的时间内完成规定的任务。各小组成员各司其职，共同完成项目。

（四）检查评估

先由学生对自己的工作结果进行自我评估，再由教师进行检查评分。师生共同讨论、评判项目工作中出现的问题、学生解决问题的方法以及学习行动的特征。通过对比师生评价结果，找出造成结果差异的原因。评价是教学的重要组成部分，以项目为中心的教学评价，不能单纯地围绕教学目标进行，而是应该关注整个项目活动是否达到意义建构这一核心目标。对整个教学的评价应该从教师和学生两个方面进行。如下页表 2-2 所示。

表 2-2　项目教学学生组内自评表

课程名称：　　　　班级：　　　　教师： 项目名称：　　　　完成时间： 项目组成员： 被评定人姓名：　　　　评定人姓名：				
评价内容	评价等级（A，B，C，D）			
项目学习中独立获得了多少资料				
个人承担的任务有无完整的记录				
参加项目活动是否主动积极有责任感				
项目活动中是否注意相互协作				
项目活动中是否学到新的技能和知识				
项目活动中是否提出有价值的建议				
个人承担部分完成质量				
体会： 评语： 总成绩：				

（五）归档及应用

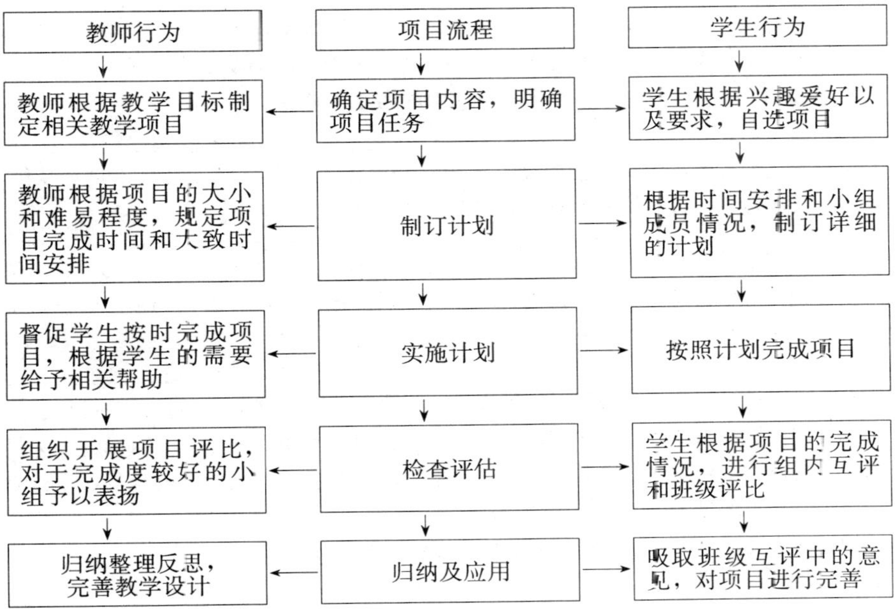

图 2-52　项目教学流程图

五、如何开展网络人人通背景下的项目教学

（一）案例一：文言文专题

案例说明：本案例以部编版语文八年级下册第三单元文言文教学为例，根据单元学习目标将第三单元的项目式学习命名为“自然山水之美”。此案例内容选自黎灵的《基于项目式学习的初中文言文教学探究》。笔者在原作者的设计基础之上，加以改造，使其更加适用于网络学习空间人人通背景下的教学环境。此次案例主要运用蓝墨云班课 APP 进行。

教学目标	知识与技能	通过本单元的学习，学生要掌握文言文的写作特点以及写作形式。掌握课文中重点字词句和通假字等。正确翻译课文，理解文意，体会作者想要表达的思想感情。通过拓展阅读加深对文章的理解，便于进一步探究文章主题。学会搜集整理学习所需资料，把握文章结构和语言，学习景物描写的方法。巩固所学知识，学会利用所学知识。
	过程与方法	在项目学习过程中，通过自主探究、合作学习的形式，完成教师布置的项目。能学会搜集信息的方法，并在完成项目的过程中，掌握科学的流程、方法，学会在过程评价中及时反思并进行调控。
	情感、态度与价值观	通过朗读课文的方式，感受文章结构和情感，培养语感；感受文中描写的景色之美，激发学生热爱自然景物的情感。从所学知识中寻找兴趣点进行再创作，培养学生创新意识。通过文章赏析，增加学生对祖国大好河山的热爱之情。
教学重点	引导学生通过研读课文，把握文章的语言和结构，学会用于其他课文的学习和写作。引导学生巩固所学，可以将相关文言文知识迁移运用。	
教学难点	通过对文章的赏析让学生学会自主独立感受景色之美，体会作者的情感。让学生学会从所学知识中寻找兴趣点，进行再创作，激发创新思维。以项目教学的形式开展，学生需要通过自主探究和小组合作的形式对文章主旨进行探究。	
教学策略	此次项目教学，主要针对初中二年级的学生进行。在此之前，学生已经进行过文言文学习，有相关知识基础。文言文相较于现代文章而言，不免有些枯燥、难懂，以项目教学的形式，改变传统的课堂授课方式，让学生根据教师和学生共同商定的计划，进行自主探究学习，有利于增强学生的学习兴趣。此外，合作学习有助于培养学生的合作意识。半开放性的教学形式，也有助于对学生创造性思维的培养与保护。	

续表 1

<table>
<tr><th colspan="2">教学过程</th></tr>
<tr><td>确定项目内容，明确项目任务</td><td>
教师设计：
教师根据单元学习目标，将第三单元的项目式学习命名为“自然山水之美”。在确定了主题之后，下面将进行第三单元项目式学习具体探究。将全班同学分为四个学习小组，每组人数适当，学习小组的成员语文平均成绩最高分与最低分差距不能太大。
具体操作：
教师在确定好主题后，登录云班课账号—选择所在班级—选择添加活动—选择小组任务选项。教师可以在这里给小组成员布置项目，设定分组情况、项目完成时间以及评价方法等。如图 2-53 所示。
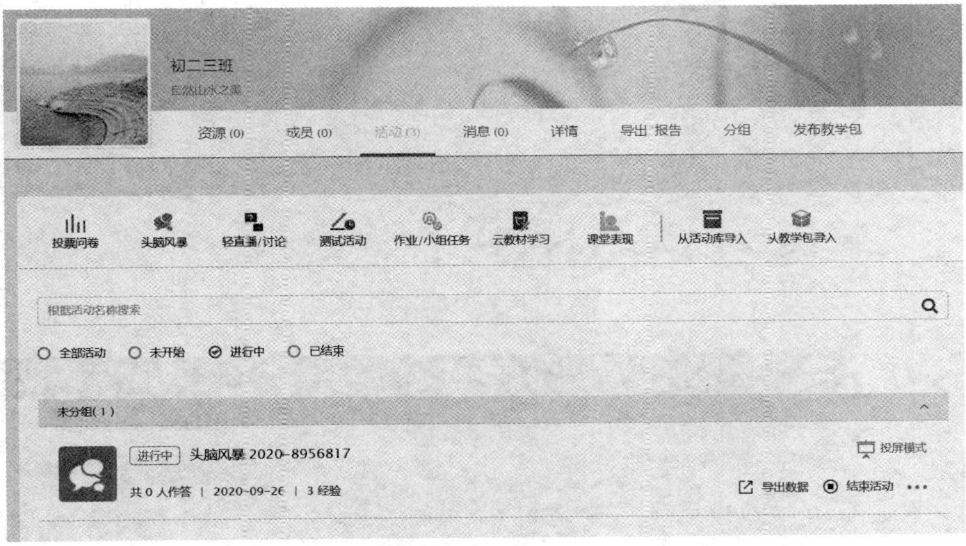

图 2-53　项目学习发布图
</td></tr>
<tr><td>制订计划</td><td>
教师设计：
教师结合大纲要求，帮助同学制订学习计划梗概，学生可以根据老师的要求，并结合小组内成员的具体情况，适当调整教师提供的计划。
具体操作：
教师和学生可以采用讨论的方式，共同思考、制订计划。如下页图 2-54、图 2-55 所示。
</td></tr>
</table>

续表 2

制订计划	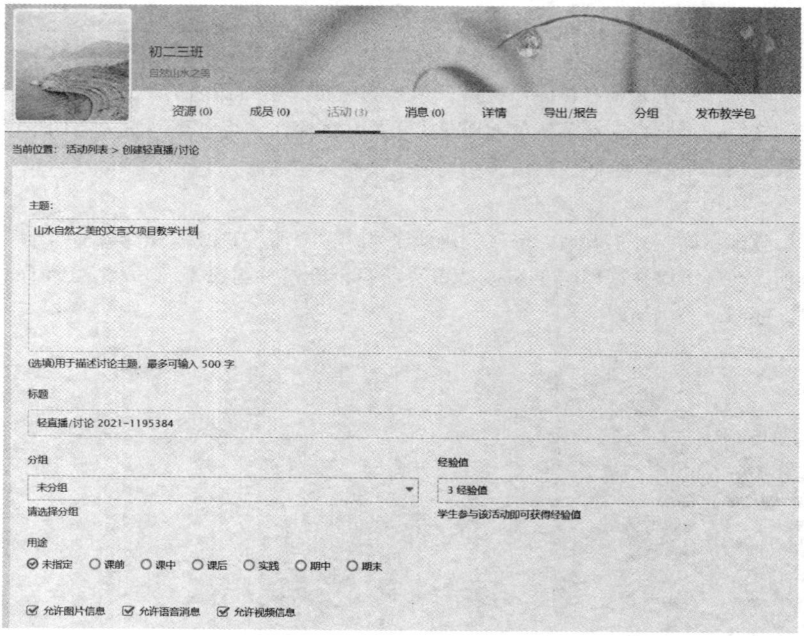 图 2-54　讨论创建图 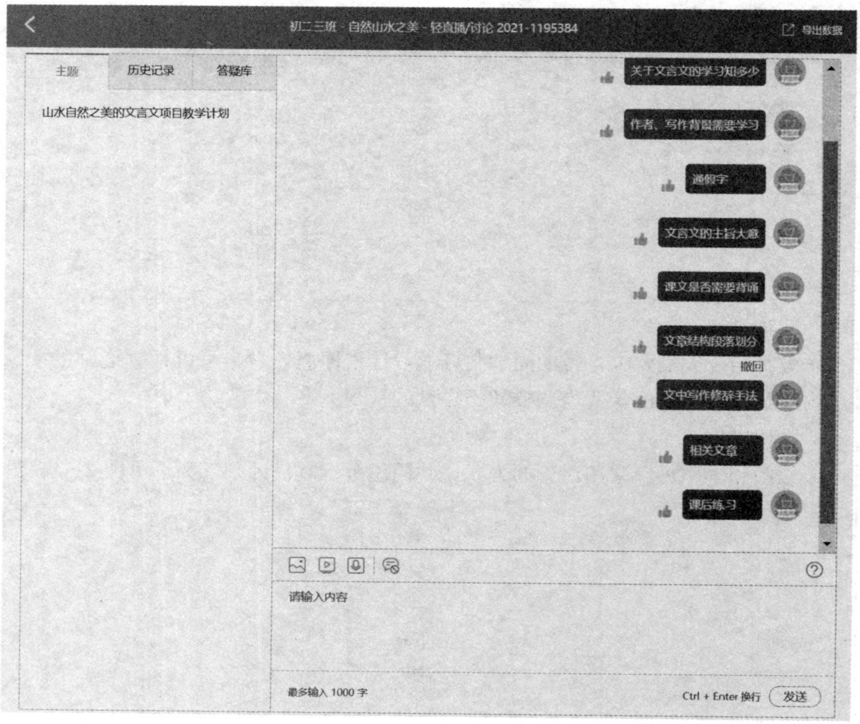 图 2-55　讨论进行图

续表 3

<table>
<tr>
<td>实施计划</td>
<td>

第一课段　初读课文，感知文章大意

教师设计：

这一课段，教师和学生一起泛读第三单元的四篇文言文误文，对这四篇课文进行初步感知，了解文章大意，掌握误文中重点字词句，正确翻译课文，理解文意。通过朗读课文的方式，感受文章结构和情感，培养语感，在第三单元第一课段的项目式学习中，教学重点主要是引导学生掌握课文中的重点字词句，理解文意。教学难点则是让学生学会自主独立搜集整理学习所需资料，将所学知识进行迁移。

具体操作：

教师可以根据所学的内容为学生提供相应的资源，也可以由学生自主查找相关资源，共享到云课堂中。资源的类型可以是视频、图片、文档和网站链接等。如图 2-56 所示。

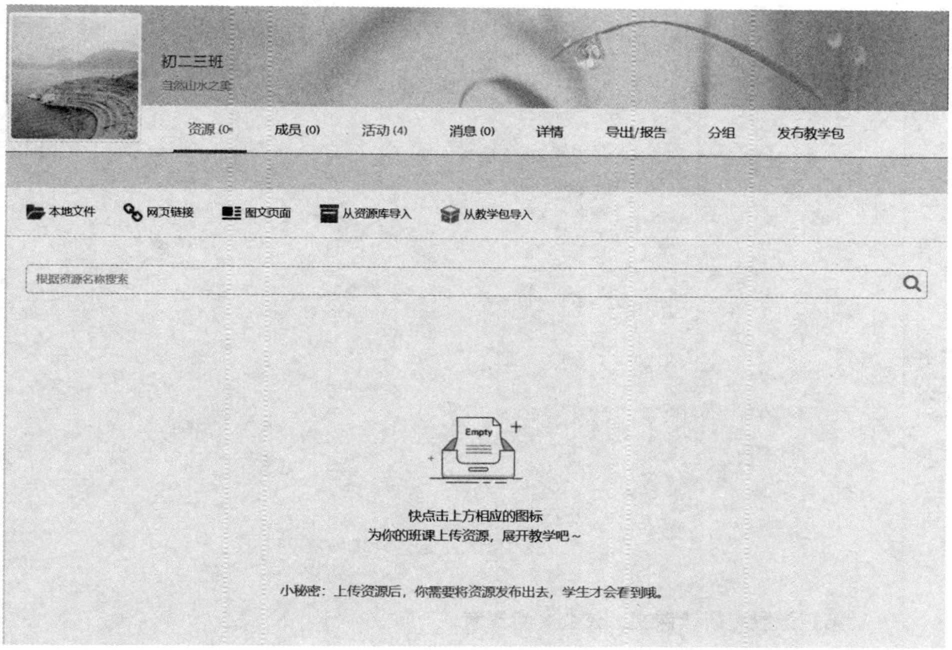

图 2-56　资源创建图

第二课段　再读课文，感知文章大意

教师设计：

在第二课段的项目教学中，学生要学会搜集整理学习所需资料，通过拓展阅读加深对文章的理解，以便进一步探究文章主题。引导学生通过拓展阅读拓宽学习视野，从多角度对文言文课文进行探究。让学生学会自主独立搜集整理学习所需资料，学会从拓展阅读的一系列材料中提取与教学相关的信息。

具体操作：

学生通过小组讨论等形式，对搜集到的内容进行整理，可以采用头脑风暴的形式，把各小组搜集到的内容在班里进行交流汇总。如下页图 2-57 所示。

</td>
</tr>
</table>

续表 4

<table>
<tr><td>课题</td><td>文言文专题</td><td>学科</td><td>初中语文</td></tr>
<tr><td>实施
计划</td><td colspan="3">

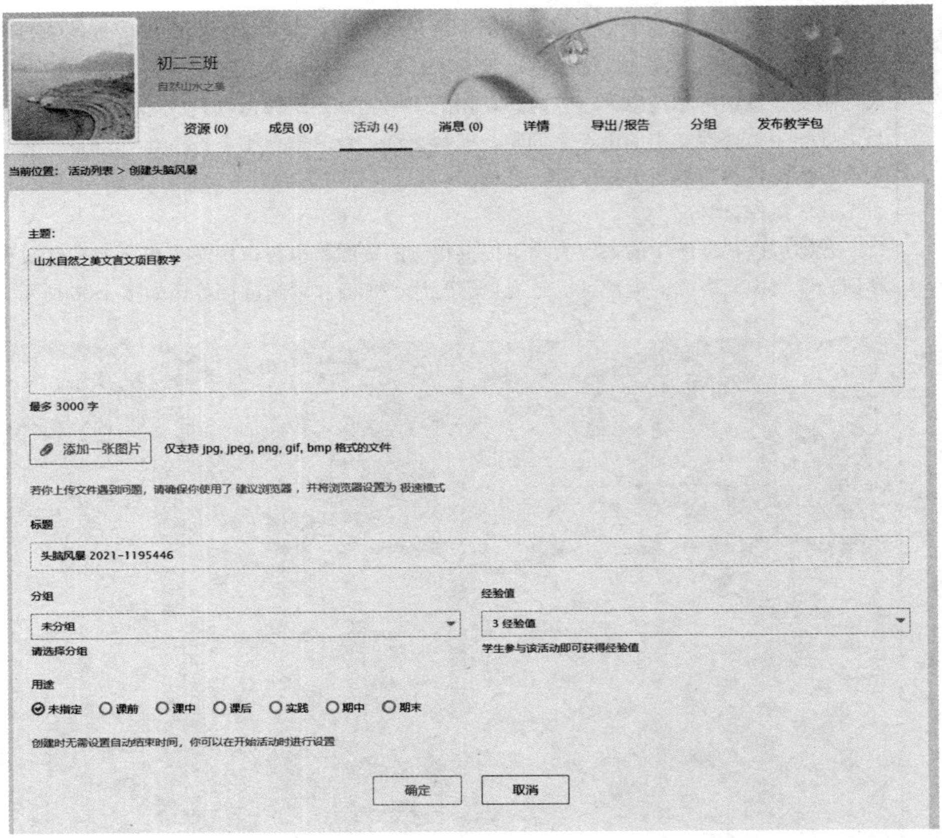

图 2-57　头脑风暴发布图

第三课段　研读课文，体会文章深意

教师设计：

第三课段的项目式教学中，教师要引导学生通过研读课文，把握文章的语言和结构，学会用于其他课文的学习和写作上。让学生学会自主独立感受文中景色之美，体会作者的情感。

具体操作：

教师可以采用上文中介绍的小组讨论或者头脑风暴的形式完善这一部分的教学。

第四课段　习读课文，内化文章知识

教师设计：

第四课段的项目式教学中，教师要引导学生巩固所学。可以将相关文言文知识迁移运用，让学生学会从所学知识中寻找兴趣点，进行再创作，激发学生创新思维。

具体操作：

教师可以结合教学资源中的相关视频、文档等内容帮助学生加深巩固。

</td></tr>
</table>

续表 5

检查评估

教师设计：

在学习探究完成之后，教师应当对学生在项目式学习过程中的课件、作文、文言文重点字词学习卡片进行汇总，制作项目式学习成果，并针对学习成果进行学生互评、师生互评，检验学习效率。

具体操作：

云课堂的活动评价功能包括教师评价、组内互评和小组评价三个选项，教师和学生可以根据实际情况进行打分评选，也可以采用投票问卷的方式邀请家长加入到教学评价中来。如图 2-58 和下页图 2-59 所示。

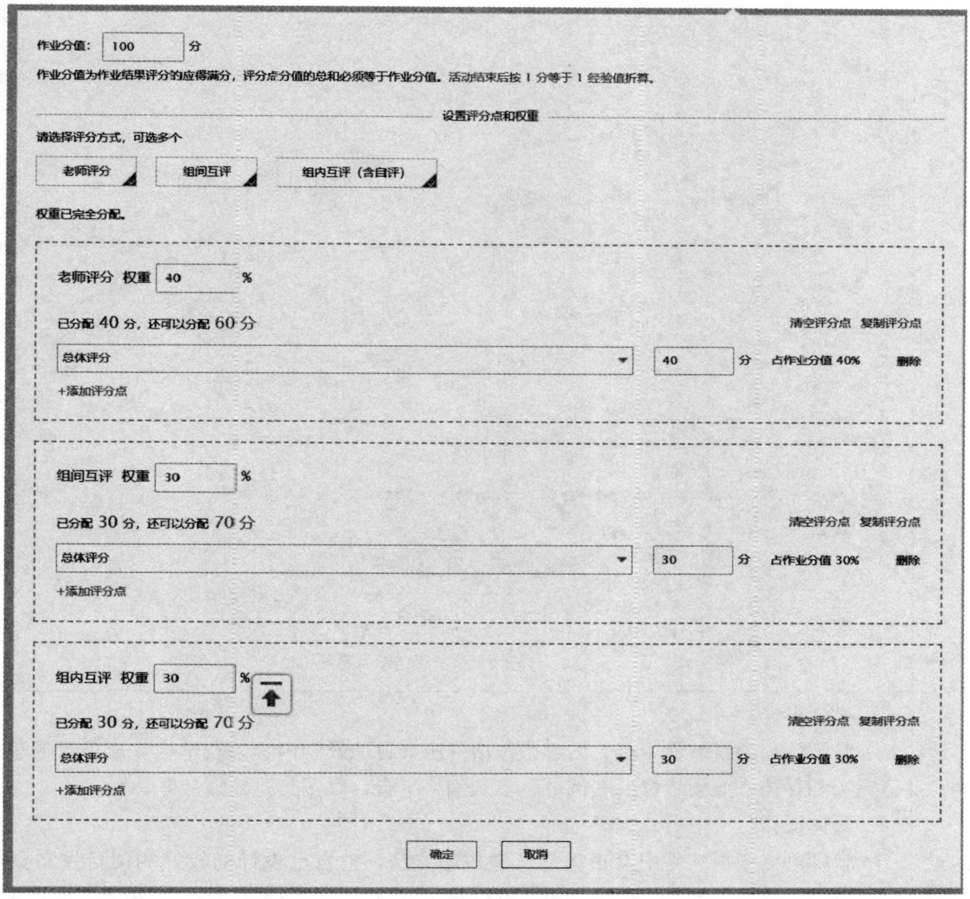

图 2-58 评价细则图

续表 6

<table>
<tr>
<td>检查评估</td>
<td>

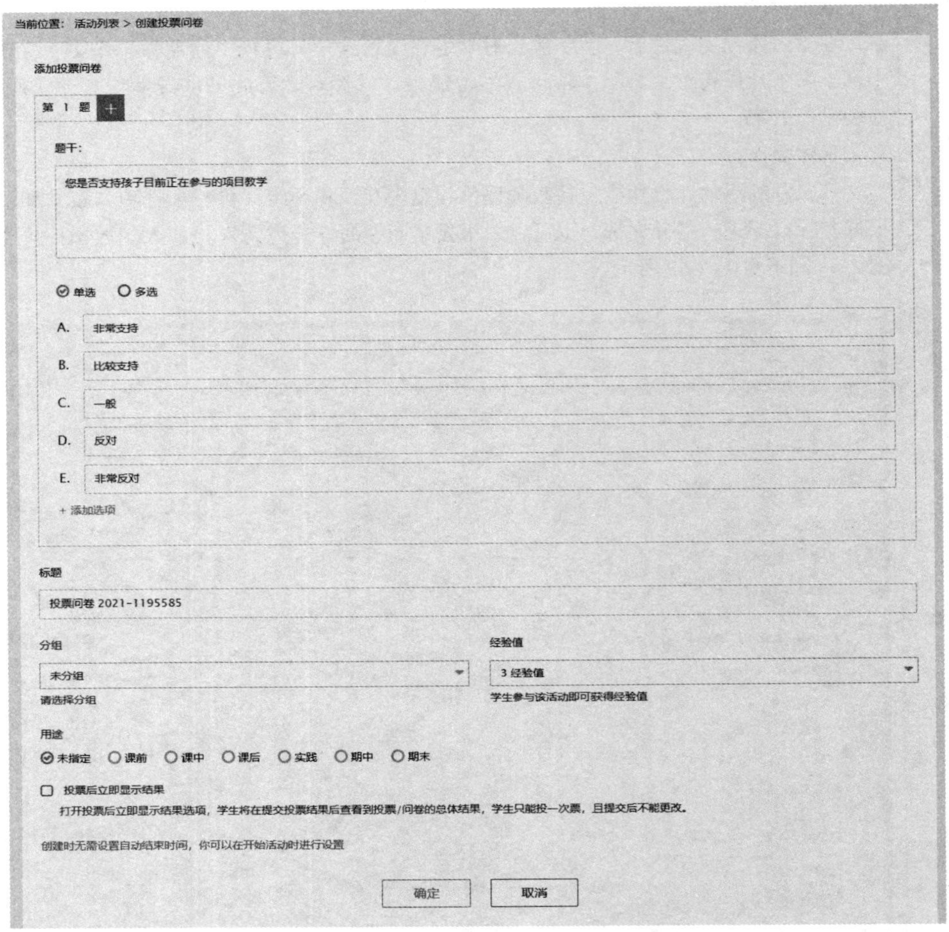

图 2-59　问卷调查图

</td>
</tr>
<tr>
<td>归档及应用</td>
<td>

教师设计：

教师整理项目教学中相关内容，包括资源素材、教学内容以及学生完成项目的记录，进行完善和存档。效果较好的案例可分享到网络平台，以便其他教师参考学习。

具体操作：

教师可以根据软件中发布教学资源包的方法，把自己设计的较好的项目发布到云班课上，以供其他老师参考。同样，教师可以通过资源包来获取其他教师的案例。如下页图 2-60 所示。

</td>
</tr>
</table>

续表 7

归档及应用

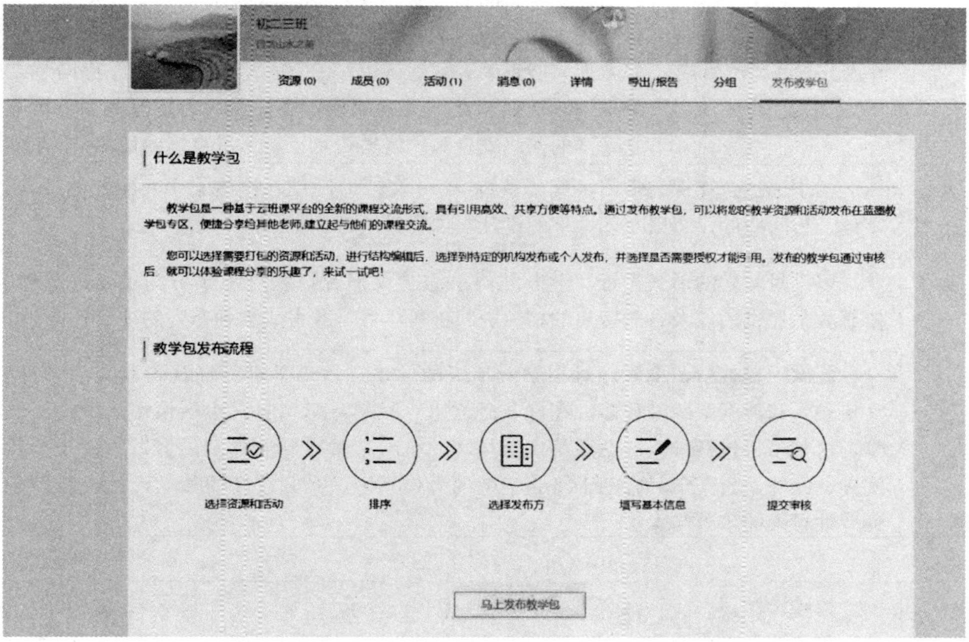

图 2-60　教学资源包发布图

（二）案例二：制作电子手抄报

本次教学主要是希望学生可以借助媒体资源，以小组合作探究的形式，完成江西师大版信息技术六年级上册前五章的学习。此案例内容选自王亚平的《项目学习在小学六年级信息技术课中的应用研究》，笔者略加改造，使其更加适用于网络学习空间人人通背景下的教学环境。此案例以钉钉 APP 为例。

教学目标	知识与技能	掌握 word2007 软件的文字与图片的处理方法：了解文字及图片素材的多种获取方法，能够在 word 软件中熟练插入、编辑、调整字体，掌握插入图片的各种方法，并能够在需要的情况下对图片和文字进行加工处理。掌握插入艺术字和自选图形的方法，会调整艺术字和自选图形制作出特殊效果。能够在 word 软件中插入表格并进行简单美化。能够给 word 页面插入边框，设置页面背景。能够在 word 页面插入页眉页脚、添加书签、设置超链接。掌握基本的排版技巧，能综合运用 word 软件制作电脑手抄报作品。
	过程与方法	在项目学习过程中，学会搜集信息的方法，并在完成作品的过程中，掌握科学的流程、方法，学会在过程评价中及时反思并进行调控。

续表 1

<table>
<tr><td>教学目标</td><td>情感、态度与价值观</td><td>在制作作品的过程中培养学生发现美、创造美的能力，激发学生热爱生活、积极向上的情感。培养学生勤于思考、乐于探究的良好习惯，能正确客观地认识信息技术，并积极地看待同学之间的竞争意识，认识到合作交流的重要性。在行为规范上面，培养学生树立基本的网络安全和网络道德意识，养成良好的使用计算机的习惯。</td></tr>
<tr><td>教学重点</td><td colspan="2">学生通过合作探究学习，充分掌握 word 文档的制作，包括文字、图片的插入，字号、字体、行间距的设置以及艺术字的设计、内容排版等。</td></tr>
<tr><td>教学难点</td><td colspan="2">以项目教学的形式进行，学生进行小组合作探究，以自主学习为主，按照相关计划，依靠教师提供的以及自己搜集的相关资料进行学习，并完成教师布置的项目任务。</td></tr>
<tr><td>教学策略</td><td colspan="2">此次项目教学，主要针对小学六年级的学生进行。学生已经具备相关的计算机操作、文字录入和搜索下载等技能。在此基础之上，教学从学生日常生活情境入手，开展项目教学，这些项目包括学生所熟悉的生活环境，也包括学生感兴趣的内容，以便于项目开展与实施。此外，合作学习有助于培养学生的合作意识，半开放性的教学形式也有助于对学生创造性思维的培养与保护。</td></tr>
<tr><td colspan="3">教学过程</td></tr>
<tr><td>确定项目内容，明确项目任务</td><td colspan="2">教师设计：
教师结合本册书的特色，根据自己班的人数把前五章的内容分别综合到 10 个项目活动中，让学生根据自己的兴趣进行选择。选择相同主题的同学自动成为一个临时项目小组。小组人数为 3—5 人。
具体操作：
教师在确定好主题后，登录钉钉账号—找到“投票”—编辑相关选项。教师可以通过后台查看学生的投票结果，也可以规定投票时间，要求学生在规定的时间内完成。如图2-61 和下页图 2-62 所示。

图 2-61　项目投票分组创建图</td></tr>
</table>

续表 2

确定项目内容，明确项目任务	 图 2-62　项目分组投票进行图
制订计划	教师设计： 教师根据教学目标和课时安排给学生列出完成项目的参考时间。由小组成员商讨制订具体的计划以及相关任务分配。 具体操作： 教师可以使用钉钉群公告的功能发布任务相关要求。如下页图 2-63 所示。

续表 3

制订计划	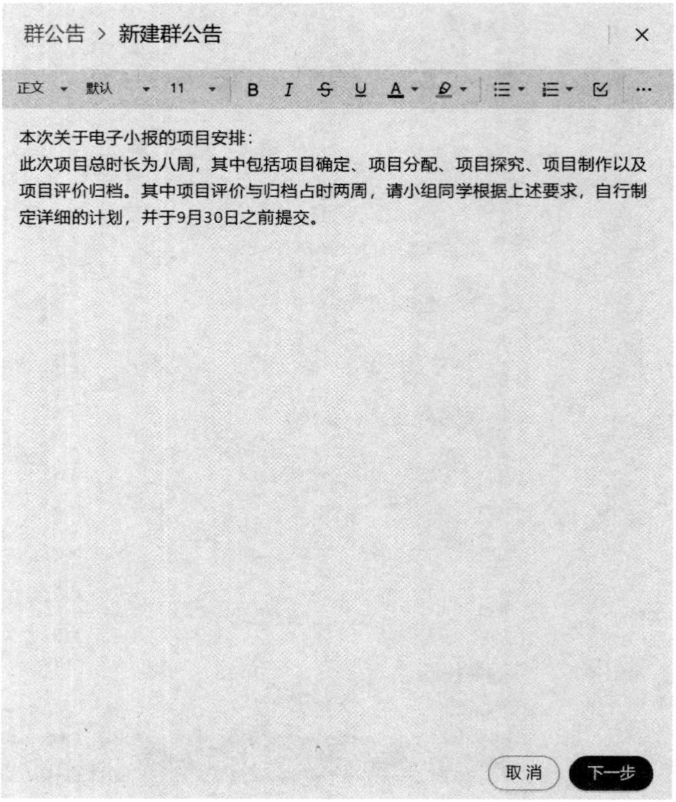 图 2-63　项目任务发布图
实施计划	1. 教学情境设计 计划是整个项目教学的主体部分，本案例中教师主要对学生的学习情境和学习资源进行了设计。 教师设计： （1）基础类： ①南昌特色篇。我们大部分同学从小就生活在南昌，对南昌的一景一物都非常熟悉。如果让你做南昌的导游，给外地的游客介绍南昌，你会介绍哪些景点呢？这些景点都有什么特色，包含什么历史故事？我们南昌是一个历史悠久并且有着光荣革命传统的城市，还有不少特色景点是其他城市没有的，请你针对以上问题抓住南昌特色景点，搜集景点材料，给游客们介绍一下哪些地方值得游玩。游客们逛完景点后肯定又累又饿，作为南昌的小主人，你要介绍什么南昌特色美食给大家品尝呢？南昌美食都有哪些特点呢？请你作为南昌的小主人，给游客们搜索下南昌美食吧，对于这种事情，肯定很有自豪感。 ②“悠悠茶话”主题。“悠悠茶话”是咱们的校本课程，同学在学习过程中了解到不少关于茶的知识，受家庭和学校的熏陶，有些同学还非常爱品茶，那能否做一个精美的茶话小报，吸引更多的人来了解咱中国博大精深的茶文化，与茶相伴，爱生活，爱品茶？

续表 4

实施计划	③文学或阅读主题。很多同学一看小说就停不下来，能否把你喜欢的书给大家分享一下？喜欢读书的你愿意尝试当一回文学编辑吗？自己设计版面和美化，做好一份阅读报，体验一回自己做编辑的感觉，赶紧行动起来吧。 （2）提高类： 这个年龄段的学生对漫画和游戏都非常喜爱，做自己喜欢的事，学生们会更加投入。具体情境如下： ①漫画主题小报。漫画书可是经久不衰，陪伴了一代又一代人。你是不是经常背着父母偷偷看喜欢的漫画书？你有自己喜欢的漫画人物，也喜欢经常画漫画，那么你了解漫画的发展历史吗？你知道每种漫画的特色吗？既然喜欢漫画，就好好调查研究一番吧！ ②手机游戏主题报。随着智能手机的普及，今天的小学生对手机游戏无师自通，经典游戏手到擒来。但是你知道手机游戏是怎样设计出来的，各款手机游戏的特点吗？还有小学生玩手机游戏有哪些益处和坏处？请就以上问题做个调查，收集资料给大家介绍一下吧！ ③宠物或动物主题。生活中各种有趣的宠物特别让孩子喜欢，很多小学生喜欢看动物世界，经常参观动物园，喜欢养宠物。对你喜欢的动物或宠物调查研究一下吧，看看它们的生活习性是什么，要图文并茂地展示出来。 （3）拓展类： 环保主题的设计在于培养学生的环保意识，呼吁孩子爱护环境、爱护地球。 ①现在世界各地都在讲低碳生活，作为小学生，节碳环保这类的话题似乎离我们很远，其实不然，低碳就在我们身边。对小学生来说，每天上课、吃饭、出行等都与低碳相关，请以低碳环保为主题，跟身边的父母、老师了解情况，做个研究。 ②水资源净化主题。水与我们的生活息息相关，请就水资源是怎样净化的做个调查吧。 ③雾霾控制主题。 雾霾相信大家都不陌生，会经常听大人说到，你知道它的形成原因和危害吗？可以采取哪些措施控制它？爱护环境，从我做起。教师指导学生从生活中自身感兴趣的话题入手，上网查找资料，向身边的人了解情况，了解大家关心的热点问题，了解别人是怎么做的。 具体操作： 教师可以采用钉钉中新建项目选项，把具体的项目内容发布到钉钉群中。方便学生随时查看。如下页图 2-64 所示。

续表 5

实施计划	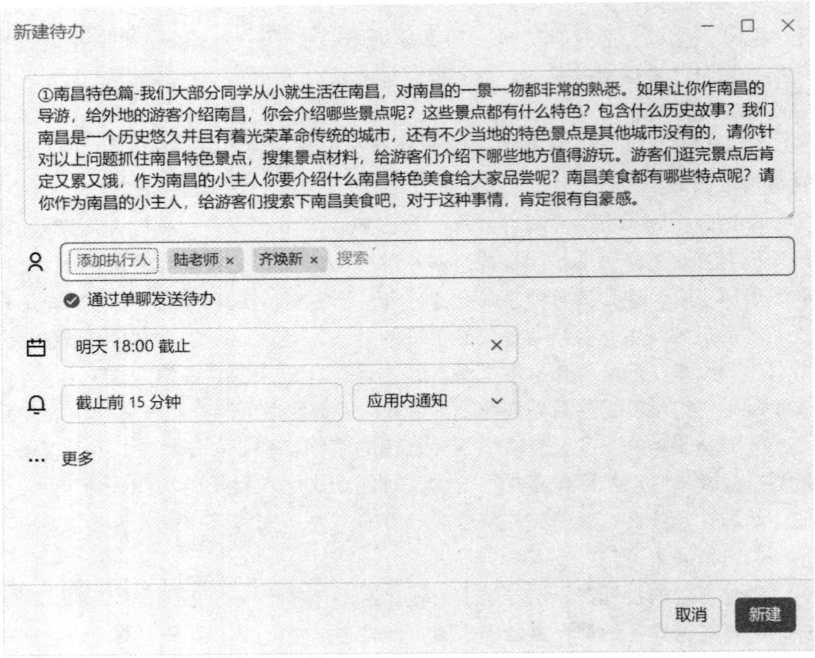 图 2-64　新建项目任务图 2. 学习资源设计 教师设计： 学习资源包括文本、图片、视频、动画等以及能从网络上查找到的各种资源，这些资源能促进任务解决。本案例资源设计包括： ①网络资源。教师提供查找信息的官方网站，学生通过登录网站或者搜索获得信息资源。 ②视频、文本和图片资源。教师提供微课视频或文字材料供学生自主学习。 ③生活资源。学生通过对日常生活观察、对家人和社区人员咨询获得一些信息。在此过程中，教师需要对学生的活动进行引导、监督和组织，必要时展示一些优秀作品供学生观摩。学生按照计划展开学习活动，并注意记录学习中遇到的问题和有关事项，对收集到的资料进行整理和归纳；记录项目日志，说明自己的项目完成情况、心得体会。 具体操作： 教师可以通过钉钉上传相关微课资料，包括视频、文档、PPT 等多种形式。如下页图 2-65 所示。

续表 6

实施计划	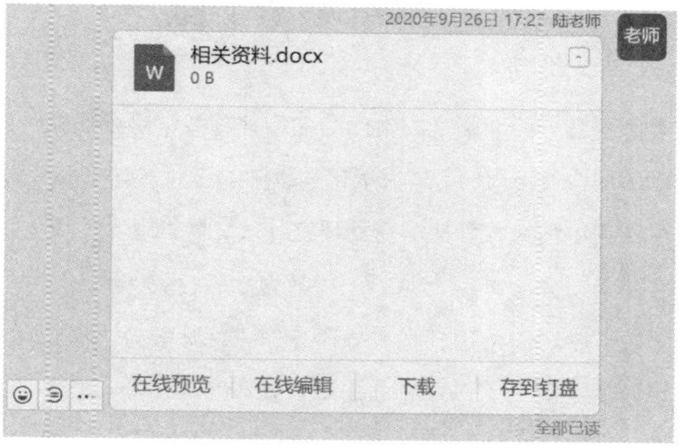 图 2-65　资源发布图 3. 项目制作 教师设计： 制作作品是项目学习口的又一大重点，这一阶段学生将应用所学知识和技能，利用收集到的资料进行创作，完成作品。作品检验着学生的知识综合应用能力。这一阶段需要教师对学生进行帮助和指导，完成作品制作。在制作作品前，教师需要检查学生的计划，并提醒学生根据计划明确自己的任务，知道自己任务的着手点，明确任务思路，知道如何让小组成员来帮助自己，同时注意保存制作中的作品。学生根据教师的指导和自己掌握的技能来完成作品，注意和小组内成员做好沟通交流，能够接受教师的指导并修改作品。 具体操作： 教师可以通过上述介绍到的发送文件、新建任务、发布群消息等内容给学生提供相关的指导。教师可以根据实际情况，自行选择。
检查评估	教师设计： 作品完成以后，各个小组要准备展示作品，进行积极的交流，教师活动如下： ①教师组织小组展示作品，欣赏每组作品，选出优秀作品，组织学生讨论交流学习体会和学习经验，对不好的作品提出修改建议，让学生对作品进行修改。 ②收集学生的反馈意见。 学生活动如下： ①选出一人展示自己小组的作品。 ②小组自评本组作品的优点和缺点。 ③小组之间互相评价作品，并给作品打分。 具体操作： 教师通过接受学生提交的文件进行展示，并采用教师评价、学生自评、小组互评和家长投票等方式对学生作品进行评价，选出制作最好的电子小报。教师可以通过文件给学生发放小组自评表和组内互评表。家长可以运用投票的功能对学生作品进行投票。
归档及应用	教师整理资源素材、教学内容以及学生完成项目的记录，进行完善和存档。对于一些效果较好的案例，教师可分享到网络平台上，以便其他教师参考学习。

本章参考文献

[1] 翟金鑫. 基于“三通两平台”的网络学习空间与初中地理教学融合研究 [D]. 湖南师范大学，2017.

[2] 梁淑仪. 让化学课堂结尾余音绕梁 [J]. 中学化学教学参考，2010 (08).

[3] 郑杰. 高中信息技术课程中情境教学法的应用研究 [D]. 陕西师范大学，2012.

[4] 李吉林. 情境教学实验与研究 [M]. 北京：人民教育出版社，2006.

[5] 李吉林. 小学语文情境教学——情境教育 [M]. 南京：江苏教育出版社，1996.

[6] 李秀伟，韩吟. 情境教学 [M]. 青岛：青岛出版社，2006.

[7] 何克抗. 建构主义——革新传统教学的理论基础（上）[J]. 电化教育研究，1997 (03).

[8] 杨炳华. 让学习者提出问题 [J]. 教学月刊（中学版），2002 (07).

[9] 王诗婷. 数学课堂教学中教师如何引导学生问题提出的策略 [J]. 亚太教育，2015 (06).

[10] 曹雅婷，江少佳. 问题驱动的初中数学“翻转课堂”[J]. 中国信息技术教育，2020 (10).

[11] 郭绍青. 任务驱动教学法的内涵 [J]. 中国电化教育，2006 (07).

[12] James P C，Gido Jack. 成功的项目管理（英文版）[M]. 北京：机械工业出版社，2005.

[13] Kilpatrick，W. H.：The ProjectMethod [M]. German Tran-solation. In：Petersen，P.：Der Project plan Gru-ndlage und-Praxis. Weimar 1935：161.

[14] Kilpatrick，W. H. The ProjectMethod [Z]. Teacher CollegeRecord，1918 (19).

[15] Kilpatrick，W. H. Foundations of Method：Informal Talk inTeaching [Z]. New York：Macmillan，1925.

[16] Hasni A，Bousadra F，Belletete V，et al. Trends in research on project-based science and technology teaching and learning at K-12 levels：a systematicreview [J]. Studies In Science Education，2016 (02).

[17] 徐苏燕. 基于项目教学视角下的“小学英语教学法”课程设计 [J]. 教育与教学研究，2013 (12).

[18] 王亚平. 项目学习在小学六年级信息技术课中的应用研究 [D]. 南昌大学，2018.

[19] 赵月. STEM 理念下小学科学项目式活动的设计与实践研究 [D]. 河北大学，2018.

[20] 黎灵. 基于项目式学习的初中文言文教学探究 [D]. 云南师范大学，2018.

[21] 钟小玉. 项目教学模式发展小学生设计思维的研究 [D]. 山东师范大学，2019.

[22] 赵佳. 高职语文项目教学模式的实践研究 [D]. 洛阳师范学院，2020.

[23] 冷淑君. 以项目为中心构建新型教学模式的实践与思考 [J]. 中国电化教育，2008 (07).

[24] 姜浪. 新课标下信息技术项目式教学教案设计思路 [J]. 中国现代教育装备，2020 (02).

第三章　网络学习空间与学习

第一节　网络学习空间人人通下的学习

随着云计算、大数据、物联网、移动计算、3D 打印等新技术的不断涌现以及“互联网＋”行动计划等有关政策的密集出台，信息化已成为国家战略。《教育信息化“十三五”规划》明确指出，要大力推进网络学习空间人人通，融合网络学习空间创新教学模式、学习模式、教研模式等，拓展教育信息化应用的广度与深度。可见，网络学习空间的深化应用与融合创新已然成为“互联网＋”时代的新诉求。

网络学习空间作为一种学习支撑服务平台，为每个学习者提供私有的和个性化的个人学习空间以及承担公共服务功能的公共学习空间。网络学习空间人人通背景下可以开展多种类型的学习活动，如个性化学习、项目式学习、探究性学习等，可以满足不同程度学习者的需要。因此，合理、有效地开展网络学习空间人人通下的学习设计，对于促进学习者的学习尤为重要。

一、人人通背景下学习设计的重要性

1. 有利于新兴技术的应用与创新

网络学习空间的设计要充分吸收新兴技术的优势，如增强现实技术、学习分析技术等，同时将其应用于学习空间中，为学生的学习提供认知、交流或辅助工具以及各种学习支持服务，提升学习者的学习绩效和自我效能。

2. 充分尊重学习者的个体差异

人人通下的学习设计的一个重要特征是充分考虑并尊重学习者的个性化差异，网络学习空间的构建与设计应具有良好的适应性和包容性，使个性需求不同、学习风格迥异的学习者都能够较好地融入学习空间，并能利用空间提供的各种资源、工具和支持服务完成预期的学习目标。

3. 有效运用科学的教学理论

教学设计理论、智慧教育理念、泛在学习理念、全纳教育理念等，这些科学理论的指导可提高构建网络学习空间的科学性和教育性，避免走上唯技术主义之路。

二、人人通环境下学习设计的特点

网络学习空间的学习具有社会化、碎片化、关联性和认知分布性、个性化等特征。

1. 学习的社会化

社会建构主义理论认为，学习是基于一定的社会文化背景，在他人（老师或同伴）的帮助下，通过社会性参与和互动完成的意义建构。社会建构主义强调学习的社会性中介作用和社会性本质，认为人的发展是个体与社会相互作用的结果。因此，有效的学习环境应该促进学习者之间的社会性参与和互动，通过构筑学习共同体促进知识的社会建构，让学生在一定的认知支架帮助下，共同跨越最近发展区，顺利进入认知发展的新阶段。

2. 学习的碎片化

随着网络信息的快速增长和后现代主义思想的发展，网络资源呈现碎片化趋势，学习开始出现碎片化，进而带来了知识、时间、空间、媒体、关系、思维和体验等的碎片化，我们开始进入碎片化时代。学习者能够获取和利用这些多元、碎片化信息，但并不意味着这些信息能够自动转化为学习者的知识。

3. 学习的关联性和认知的分布性

关联主义学习理论认为知道知识在哪里比知道知识本身更重要，学习就是创建知识网络的过程。学习就是在知识网络结构中进行关系和节点的重构和建立。知识不仅存在于我们的大脑中，更多存在于认知网络中。我们的“内存”（大脑）是有限的，而外存（分布式网络）是无限的。所以，网络学习空间的知识学习不仅要进行大脑内部的关联，通过大脑对知识的同化与吸收形成个人的认知结构，还要大脑在不同个体之间、资源之间进行分布式关联，以完成知识的分布式认知与加工。

4. 学习的个性化

个性化学习就是根据学习者的个人才能、学习风格、个性特征、动机和需求进行因材施教式的学习。它是以学习者为中心的。个性化学习不仅要针对学习者制定不同的学习策略，还要在学习过程中进行个性化指导；既要给学习者提供学习资源汇聚的个性化学习空间，又要根据学习者个性特征推荐符合其偏好的个性化学习资源，促进学习者与内容以及学习者之间有意义的互动。

第二节 网络学习空间人人通支持下的个性化学习

一、个性化学习的定义

个性化学习是一种基于反映学生个性差异，旨在促进学生个性发展的学习范式。它通过对具体学习者的综合评价，发现和解决他们存在的学习问题，为不同的学习者量身定制学习策略和学习方法，使之能够有效地学习。

二、个性化学习的特点

第一，个性化学习是指针对学生个性特点和发展潜能而采取恰当的方法、手段、内容、起点、进程、评价方式，促进学生各方面获得充分、自由、和谐的发展过程。

第二，个性化学习强调学习过程既是个性的展现和养成过程，也是自我实现和追求个性化的过程。

学生个性化学习，是指学生在课堂环境中以个性特征为基础，以内心需求为核心，自主选择适当的学习内容和学习方式，促进学生个性发展，其根本特点仍是充分发挥学生的主体地位，让学生做自己学习的主人。

三、个性化学习的优势发展

1. 基于优势智能的发展

多元智能理论认为，人类具有不同方面的智能，而且每个人在每种智能的表现具有一定的差异。我们应引导学生逐渐发现自己的优势智能所在，理性选择优势智能相关的课程与内容，更好地促进其优势发展。

2. 基于优势学习方式的发展

每个人具有独特的学习方式，有自己常用的处理信息方式，有自己记忆、思考和解决问题时惯用的思维方式，这种更适合自己的思维和学习方式，是其优势学习方式。合理运用自己优势学习方式开展学习，可有效提高学习效率和品质。

3. 基于优势学习时间的发展

人的身心和认知发展是有规律的，人的学习关键期和生命节律对学习具有影响。每个人在不同阶段、对不同知识的学习具有差异性。不同学习内容最适合自己的学习时间，就是优势学习时间。学生科学运用自己的优势学习时间有效提高学习效率和质量，可更好地促进其优势发展。

4. 基于优势学习空间的发展

学生对于学习空间同样具有不同的偏好，甚至同一学生针对不同的学习内容、学习方式和学习时间都具有不同学习空间的喜好。学生在开展某一特定学习过程中所偏好的学习空间，可称为优势学习空间。学生将自己置身于优势学习空间开展学习，可改善学习心理和状态并提升效率，形成优势发展。

四、个性化学习的实现方法

《基础教育课程改革纲要（试行）》中提出，教师在教学过程中应与学生积极互动、共同发展，要处理好传授知识与培养能力的关系，注重培养学生的独立性和自主性，引导学生质疑、调查、探究，并在实践中学习，促进学生在教师指导下主动而富有个性地学习。这就要求教师在教学过程中，不仅要培养学生的独立性和自主性，还要培养学生自主而富有个性地学习。

1. 营造和谐环境、激发学生主动学习的欲望

学起于思，一种能让学生积极思考、主动交流的氛围就是和谐的环境。现代教学模式论认为“教学就是环境的创造”，环境的创造主要指物化环境和心理环境的创造，物化环境就是为学生设计自主学习的课堂情景，如让学生自学、分组学习、发放导学单、布置探究式实践活动等都是让学生自主学习的好形式。心理环境的创造，就是要融洽教师和学生的关系，给予学生心理安全感和愉悦感。在这种环境下，“教”为“学”服务，“主导”为“主体”服务，教师在课堂教学的各个环节应该理解、尊重、热爱学生，使学生学得开心、有意义。因此，培养学生学习个性化，首先要为学生营造宽松的环境，让学生始终被一种愉悦、和谐的氛围所感染，鼓励学生发表与众不同的意见，敢于打破常规。

2. 改进学习方式，提供学生个性化学习条件

《基础教育课程改革纲要（试行）》提倡自主学习、合作学习、探究学习的学习方式，让学习变成学生亲自参与的活动，从而促进学生自主发展，促进学生个性化学习，其做法一般有：

（1）浅显知识自己学。随着学生知识、经验的逐步积累，学习能力逐渐提高，对于一些知识性学习的内容，教师应让学生自学（如认识图形、认识负数、确定位置、四则运算等）。先自学，然后操练，遇到不懂的再进行指导，这样不仅要比教师先讲

印象深刻，而且学生能体会学习的成就感，增强学习信心。

（2）生长知识探究学。很多知识都是在已有的知识和经验基础上生长而来的。如数学形体知识和技能：平行四边形的面积公式推导要借用长方形面积公式来推导，三角形、梯形的面积公式在平行四边形面积公式基础上推导，圆柱体体积公式在长方体体积公式基础上推导等。在传统教学中，这些内容的学习最早是教师讲解传授给学生听的，后来改为教师边演示和边讲给学生听，而课程标准要求学生参与获得知识与技能的全过程——探究学习，即先让学生自己制作学具，通过裁（剪）、移、拼的操作，让学生在转化过程中通过观察、比较、推理和概括获得新知与技能，这种学习方法与传统的教学方法相比，学生兴趣较浓，印象深，易形成正确的价值观，实现“四基”协同发展。

（3）关联知识对比学。建构主义者认为，学生一旦掌握一个新知，就应该与相近的旧知建立起联系，以重构自己的知识体系，拓展知识面。如小学数学中“商不变性质”“分数的基本性质”“比的基本性质”，概念不同，应用也不同，但原理是相通的，教学中应让学生建立网络图，比较其相似性，使学生的知识向着正迁移方向发展，形成新的、全面的知识体系。

（4）态势不同变换学。例如在小学课堂教学中，学生学习一般呈现出四种不同的学习态势：

①需求注意者。这类学生用许多时间等待教师的注意。

②间断性学习者。这类学生有意注意时间不长，易分心。

③独立学习者。这类学生倾向于单独学习，不愿与他人合作。

④甘当合作者。这类学生喜欢与同学合作学习，但缺少独立思考的能力。

面对学生不同的学习态势，首先要充分尊重学生的个性特点，理解各自的学习风格，更重要的是改革我们的传统教学，不断变换学习的方式，尽量让各种学习个性都得到体现，这样的课堂也就不再沉闷，不再是我讲你听、我问你答，而是充满生气的课堂。

五、个性化学习设计——以网络学习空间人人通为例

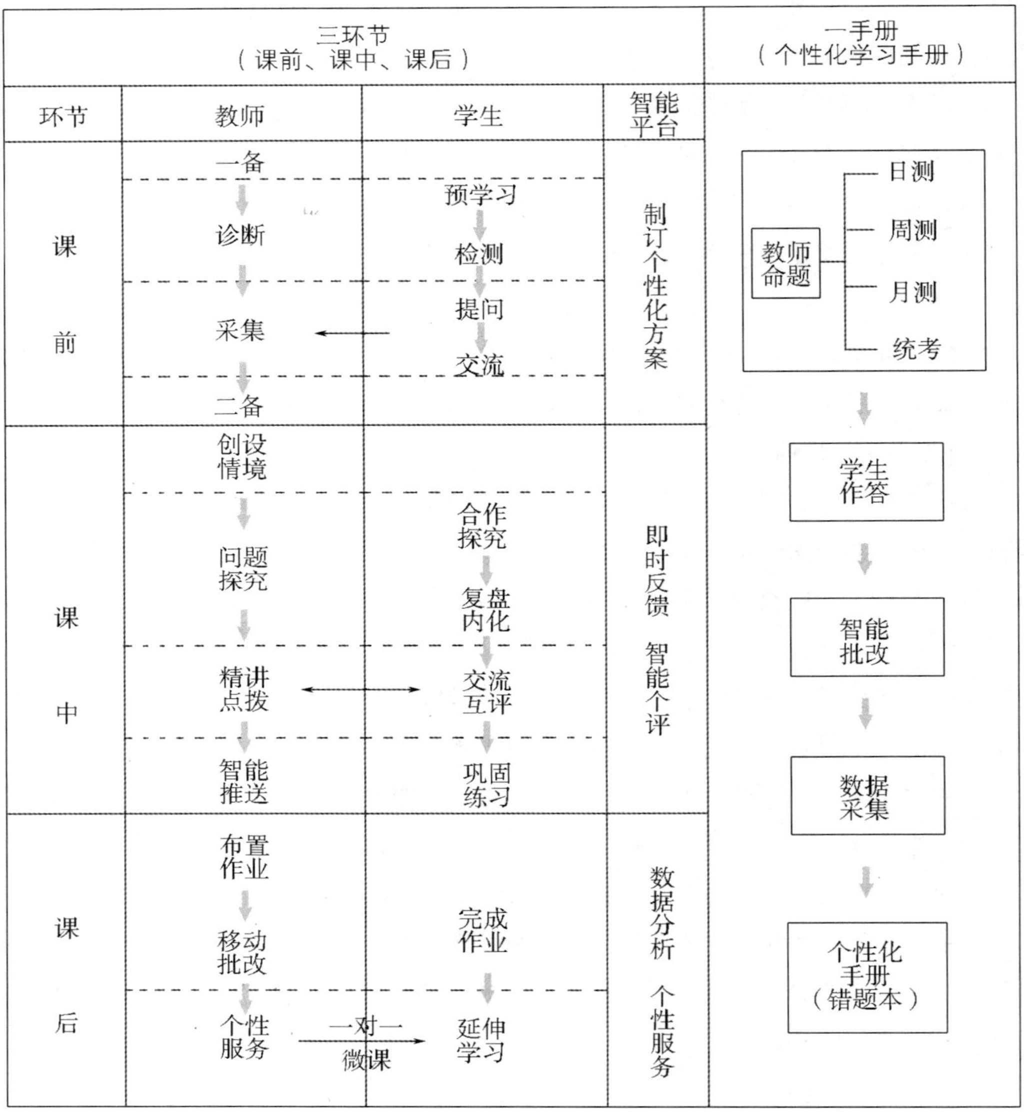

图 3-1 三个环节的整合实现定制式的个性化服务

1. 课前预学，精准诊断

具体包括：

（1）根据实际情况第一次备课。教师利用大数据掌握的学生的实际情况和实现教

学目标的程度，首次备课。

（2）个性化推送预学习资料。教师从学校的资源网站或资源库中选择微课和导学计划，并推送给学生进行课前预习和测试。

（3）学生课前学习和测试。学生可以利用学习终端PAD对教师推送的个性化微课进行课前预习，完成相关试题，最后利用智能课堂系统向教师提交试题答案。

（4）利用平台进行课前讨论。学生利用智能课堂系统在平台上发布预学习中遇到的问题，并相互讨论。

（5）教师分析学情，解决问题。教师对学生预学习中遇到的疑惑和测试内容反馈数据进行综合分析，利用课堂系统为学生在线答疑，更深入地掌握学习情况，做出准确诊断。

（6）第二次精准备课。教师基于测试、怀疑或命题等大数据，了解学生对新知识的掌握情况，据此进行第二次备课，确保备课定位准确。

2. 课中交互，立体即时

基于人工智能技术和教与学下的双向一体化教学课堂生态，不仅实现了教师与学生之间的移动教学和纵向交流互动，而且可以使教师了解学生的学习效果，有针对性地推送个性化资源和调整教学方向，精确教学，实现个性化学习。同时，通过智慧课堂系统平台收集大数据，可以为教师课后进行个人推送提供参考，帮助教师分析课程，改进教学，也方便学生复习。

（1）导入新课。教师根据前期学习、测试等统计分析的反馈，通过创设情境导入新课，提示或阐述前期学习中存在的主要问题。

（2）新任务。以问题为导向，教师在项目完成后，在课堂系统平台上向每个学生推送新的研究项目、要求和课堂测试问题等材料。

（3）交流和提问。学生在小组内交流讨论老师布置的任务，质疑辩论。这一过程也是新知识的重复和内化。

（4）响应和相互评价。学生及时提交合作探究的学习成果和课内测试实践成果。系统平台及时向师生反馈相关大数据，并根据答题结果进行互评。

（5）解释和评论。教师在大数据分析的基础上，从系统平台给出反馈，讲解知识点中存在的常见问题，辨析重点问题，通过多种形式的三维互动解决学生在新任务中遇到的问题。

（6）应用和巩固。根据大数据分析结果，智能推送个性化的巩固练习。

3. 课后延伸，个性服务

教师从学生的课前预学习及课中的复盘、探究等大数据中能了解每位学生的学习状态，精准了解每位学生对知识点的掌握情况，为每位学生定制符合他本人的服务策略、方案，比如制作微课或其他资料让学生课后在线学习，或者是面对面辅导等，实现以学生为主体的一对一精准服务。

（1）发布个性化的课后作业。教师根据学生的课前预学习及课中的复盘、探究等大数据，为他们定制并推送个性化的课后作业。

（2）完成作业及时提交反馈。学生完成课后作业并及时在课堂系统平台上提交，系统可智能化批改客观题，并呈现答题结果。

（3）智能化的系统分析。教师利用智能终端机可以非常方便地、不受时空限制地批改主观题并把批改结果提交到智能系统平台。智能系统对本节课学情、测评等数据进行计算和分析，并将结果反馈给师生。

（4）制作个性化的学习微课。教师根据系统分析出来的关于每位学生学习的大数据，有针对性地为他们定制属于私人的学习微课。

（5）开展个性化的辅导服务。教师在推送个性化学习微课及资料的同时，还可以有针对性地对学生开展一对一的线上或线下辅导服务。

第三节　网络学习空间人人通支持下的项目式学习

一、项目式学习的含义

在教育学领域，项目是指能使学生有兴趣深入探究、学习到高阶知识并且可以培养学科核心素养的活动。一个项目可以由班级、小组或个人来完成。项目式学习模式起源于杜威等教育家提出的“做中学”、体验式学习、发现式学习等教育思想，是基于建构主义的一种学习方式。对于项目式学习的概念，学者们的定义不一，致力于推广项目式学习 30 余年的美国巴克教育研究所对项目式学习的定义应用最为广泛，它把以课程标准为核心的项目式学习定义为一套系统的教学方法，它是对复杂、真实问题的探究过程，也是精心设计项目作品、规划和实施项目任务的过程，在这个过程中，学生能够掌握所需的知识和技能。

网络学习空间人人通背景下的项目式学习作为一种新型的学习形式，打破了传统学习中实践与理论分割的状况，学生在相关的情境中，通过自主探究学习完成教师设定的项目，进而完成学习任务。网络学习空间人人通为广大教师和学生创设了一种非常有效的数字化教学环境，使项目式学习中的情境更加真实，项目的形式内容更加丰富多彩，提高学生的学习兴趣，同时也缩短了学生、教师和家长之间的距离，使得教学过程更加合理，更加人性化。

二、项目式学习的优势

与传统教学相比，项目式学习的优势十分明显，它有助于培养现实世界的问题解决者、思考者和实干家，而不是规则追随者。具体体现在四个方面。

第一，在项目式学习中，学生的参与度更高，学习态度更积极，学习效果更佳。与传统教学中的学习任务相比，项目式学习的实践特征更明显，涉及的情境更具挑战性和真实性，学生作为实践主体，需要不断与其他师生及事物互动，才能实现最终的产品或成果，这都有助于激发学生学习的积极性和主动性。

第二，项目式学习有助于培养自主学习的能力。项目式学习中，教师作为活动的引导者一般只出现在关键时刻，整个项目的规划、设计、实施都要靠学生自行决策和安排，因而学生需要主动地深挖学习资源并自主消化吸收，通过有效的时间管理和决策，统筹安排整个项目的推进与落实。

第三，项目式学习有助于锻炼高阶思维能力。项目式学习以解决问题为核心，学生在构思方案、自主探究、做出决策以寻求问题解决的过程中，决策、创造、系统推理分析等高阶思维能力会得到充分锻炼；而且不同的学生对待同一问题会得到多种解决方案，这促使学生多角度思考、综合考量或逆向思考。

第四，项目式学习有助于培养团队协作能力和沟通能力。项目式学习往往以小组形式开展，在项目进行的过程中，学生需要与组员进行有效沟通、合理分工；在成果展示环节，书面表达或口头表达能力也会得到锻炼。

三、项目式学习的开展

项目式学习的教学形式主要包括选定项目、设计项目、作品制作、成果展示与评价。在此过程中，学生是学习的主体，教师需要做好有效的引导，充分调动学生参与的积极性，使学生实现有效的课程学习和知识掌握。

1. 选定项目

项目确定是整个学习过程的开端，教师要把握学生的实际情况和个人能力，选定具有科学性、合理性、有效的项目，同时要充分尊重学生的意见和要求，在具体实践操作中发挥学生的自主创造优势。同时，教师要引导学生自由分组，通过民主选举来确定组长，使项目操作过程实现清晰明了的分工和规划。

2. 设计项目

项目设计需要充分体现生活实际，让学生在兴趣的引导下展开有效的学习和实践。因此，教师要充分把握学生的知识技能和个人思维，进行复合教学目标的项目设计，以此保障整个项目顺利完成。学生需要对项目时间和活动计划进行合理安排，使项目进度得到有效控制。

3. 作品制作

学生在作品制作过程中要分组合作，重点把握学习任务和要求，实现对前期问题的研究和解决，从而在主动意识的驱使下产生学习的强大动力。教师可以让学生通过网页软件、演示文稿、研究报告等形式总结作品制作过程和成果，从而准确掌握学生的知识技能应用状况，进行指导和监督。

4. 成果展示

作品制作完成后，教师可以引导学生积极展示作品，在分享的过程中提高学习成就感，增强学生学习的积极性和主动性。同时，教师要适时点评，把握学生项目完成的具体思路和技巧并进行总结、指导，让学生在作品交流和沟通的过程中学众人之长。

5. 评价

项目学习评价机制是关键环节。形成性评价和总结性评价能够帮助学生提高学习热情。教师要有效把握学生表现、实践情况、合作能力等，使学生能够提高学习的自信心和积极性。此外，教师在进行评价的过程中，需要丰富具体形式，通过有效的教师评价、学生互评、自我评价提高评价体系的客观性和综合性，不断增强学生的应用意识和实践能力。

四、开展项目式学习的注意事项

1. 项目式学习要具有真实性

真实的学习内容可以提高学生学习的积极性和学习效果。项目式学习的真实性体现在学习内容与真实世界的联系上，具体包括：

（1）真实的情境。项目式学习旨在通过解决一个复杂的、具有挑战性的问题来学习相关的知识和技能，而这个问题必须是生产生活中的实际问题。因此，在进行项目式学习时，教师首先要为学生创设一个真实的情境。

（2）真实的流程、任务、评价。项目中涉及的流程、任务、评价应该是学习过程中学生真实地参与了的，并且有实实在在的项目成果。

（3）真实的影响。学生学习完一个项目以后，应该有关于项目问题的解决措施，并且这个解决措施能对生产生活有一定的影响。

（4）真实的表达。项目所涉及的问题应该是学生关心的问题。只有当学生真正关心项目所需要解决的问题时，学生才会表达出自己真实的想法，教师才会知道学生真正的需求，从而优化项目计划。

2. 项目式学习要以学生为中心

学生是项目学习的绝对主体，在设计项目时，教师要充分了解学生的兴趣所在，尽量将项目置于学生感兴趣的、贴近学生生活的情境中。在实施项目时，教师应充分尊重学生的意见与计划，放手让学生去做，在失败中寻找经验，根据经验对自己的方案进行优化改进，以达到深度学习的目标。在项目评价时，教师应设计多样化的评价方式，其中学生自评和互评应作为主要的评价方式，将项目评价交给学生，教师评价只起辅助作用。总之，在项目式学习中，学生的意见和活动应占据主要地位。同时，项目式学习要求每一个学生都能得到发展，因此教师在设计项目任务时，需要考虑整体性，也要考虑差异性。对全体学生提出相同的项目要求，但设计的任务可以根据不同学生的差异而有所不同，项目成果也可以根据学生在完成项目任务过程中自身的经历不同、看法不同、条件不同等制作出不同的产品。

3. 项目式学习要注重知识与实践相结合

教师在设计基于项目式学习的教学时，要将学科知识融入项目中，可以以知识课堂、微课等方式进行知识的学习。学生再根据学习到的知识进行项目任务的完成和项目作品的制作。

4. 项目式学习要具有可评估性

可评估性是指关于项目任务、项目成果都是可以通过一定方法进行评价的。项目式学习要求学生在一个项目中完成项目任务，每次任务的完成需要对学生在过程中进行评价；结束后有一个项目成果，可以是一份研究报告、一次演讲汇报、一个实际制作出的物体等，这些项目成果在最后都需要借助自评、互评或教师评价进行评价。因此，在设计项目计划时，要充分考虑到项目任务与项目成果的可评估性。

五、网络学习空间人人通背景下项目式学习的开展

案例：探讨信息技术对社会发展的影响——认识信息社会

<table>
<tr><td>学科核心素养</td><td>1. 能够根据解决问题的需要，自觉、主动地寻求恰当的方式获取与处理信息。
2. 针对给定的学习任务，运用一定的策略管理学习过程与资源，完成任务，创作作品。
3. 认识信息技术发展对社会进步和人们生活带来的影响。</td></tr>
<tr><td>项目学习目标</td><td>1. 描述信息社会特征。
2. 探讨信息技术对社会发展、科技进步及人们生活、工作与学习的影响。
3. 能介绍信息技术未来的发展趋势。</td></tr>
<tr><td>学习重点和难点</td><td>重点是探讨信息技术对社会发展、科技进步以及人们生活、工作与学习的影响。
难点是使用网络工具快速搜索，获取和甄别学习资源。</td></tr>
<tr><td>学习活动过程</td><td>

课前导学：通过网络学习空间人人通平台为学生提供学习资源，如图 3-2 所示。

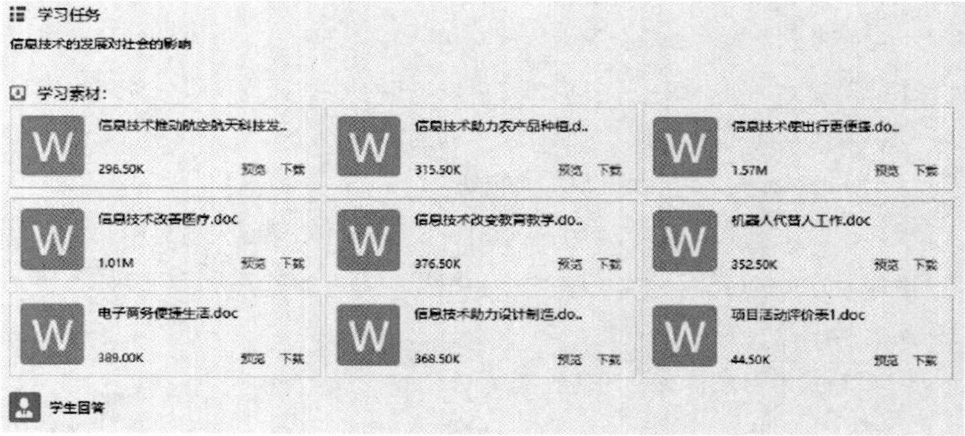

图 3-2　导学资源

活动一：了解信息社会四大特征，引出项目学习活动。按照提出问题、规划设计、解决问题、评价反思等环节推进，即选题、规划、实施、评价。

活动二：引导学生根据小组成员的具体情况确定探究的主题，制订相应的探究方案。要求能够根据解决问题的具体实际需要，通过恰当可行的方式来获取与加工信息。可选项目如下页图 3-3 所示。

</td></tr>
</table>

续表

<table>
<tr>
<td>学习
活动
过程</td>
<td>
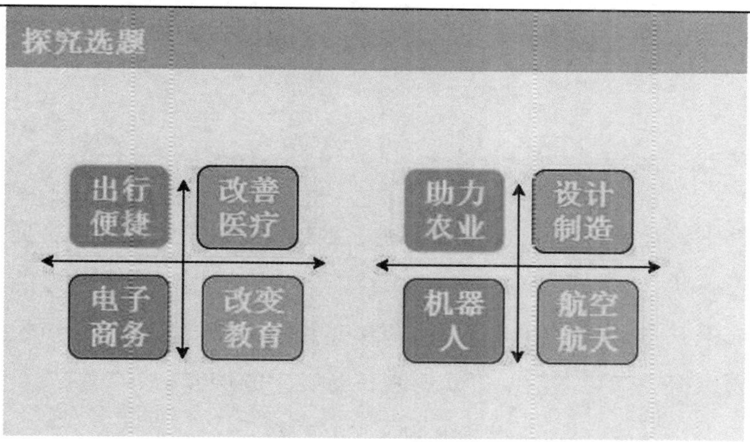

图 3-3　项目选题

活动三：探究信息技术对社会发展、科技进步以及人们生活、工作与学习的影响，并展示结果。如图 3-4 所示。

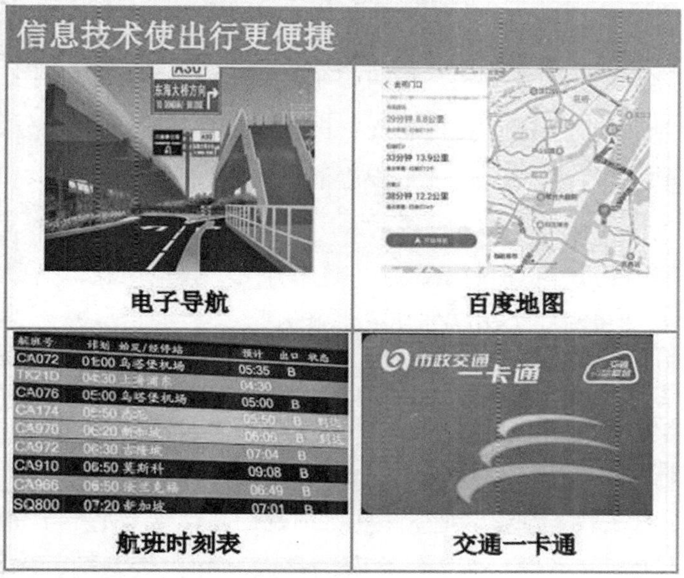

图 3-4　项目展示

活动四：进行项目评价，收集小组活动评价表。
活动五：通过网络学习空间人人通进行在线测试并批阅。
活动六：完成作业。课后了解信息技术发展趋势，如物联网、大数据、云计算、人工智能等。通过网络学习空间人人通上交课后作业。
</td>
</tr>
</table>

第四节　网络学习空间人人通支持下的探究性学习

一、探究性学习的定义

探究性学习是通过学生尝试对问题解决的过程，来获取知识、提升能力、形成价值观的学习方式，它强调对所学知识、技能的实际运用，注重学习的过程和学生的实践与体验。但并不是所有的问题都适合探究性学习模式，我们应该根据学生的认知基础选择是否用探究学习方法，以实现真正意义上的探究。

二、探究性学习与传统学习的区别

探究性学习是学习方式的根本改变，学生由过去主要听教师讲授，从学科的概念、规律开始学习变为通过事实来发现概念和规律。这种学习方式的中心是针对问题的探究活动，当学生面临让他们困惑的问题的时候，他就要做出猜测，设法寻找答案。在解决问题的时候，学生要对问题进行推理、分析，找出解决问题的方向，然后通过观察、实验来收集事实，也可以通过其他方式（如查阅文献资料、检索等）得到第二手的资料，通过对获得的资料进行归纳、比较、统计分析，形成对问题的解释。最后通过讨论和交流，进一步澄清事实、发现新的问题，对问题进行更深入的研究。

探究性学习的过程包括确定课题、组织分工、收集信息、整理分析信息、创建答案/解决方案、评价与展示作品等几个步骤。

三、探究性学习模式的特点

1. 主动性

探究性学习在教学过程中把学生作为活动的主体，立足于学生的学，以学生的主体活动为中心来展开教学。学生以自己的经验和知识为基础，经过积极的探索和发现、亲身的体验与实践，以自己的方式将知识纳入到自己的认知结构中，并尝试用学过的知识解决新问题。教师在这个过程中只是一个组织者、指导者和参与者。探究性学习方式有利于学生主体意识和主体能力的形成和发展，有利于塑造学生独立的人格品质，有利于培养学生的主动性。

2. 实践性

探究性学习是以学生的主体实践活动为主线展开教学的。学生在做中学，实践活动贯穿于学习活动的始终。探究性学习特别强调学生的感知、操作和语言等外部的实践活动，强调学生的直接经验和间接经验的交融、统一，使认知活动建立在实践活动的基础之上，用学习主体的实践活动促进学习者的发展。

3. 过程性

探究性学习更加关注学习的过程，注重学习过程中潜在的教育因素，它强调尽可能地让学生经历一个完整的知识的发现、形成、应用和发展的过程，让学生尽可能地像科学家那样，发现问题、解决问题，经历一个完整的科学研究过程，体验发现知识、再创知识的创新过程。

4. 开放性

探究性学习的目标是很灵活的，没有像知识目标那样明确具体的要求。探究性学习在内容上和在探究结果的要求上是开放的。探究性学习打破了传统教学在统一规定下的教学模式，为学生提供了大胆创新、实现自我超越的学习环境。学生在探究学习的过程中，能够大胆地怀疑，提出问题，探讨解决问题的方案，对不同的结果进行分析，培养创新意识和创造能力。

四、探究性学习的基本模式

1. “做中学”学习模式

“做中学”的特点是教师设置适当的活动和任务，学生在亲自动手操作的实践过程中学习知识、掌握科学的思维方法，培养对科学的积极态度。“做中学”强调通过做科学来学习科学。这种模式的基本程序是：提出问题—动手做实验—观察记录—解释讨论—得出结论—表达陈述。

2. 情境探索学习模式

情境探索学习模式的核心思想是为不同类型学习者设置适合于他们知识水平和心理特点的特定情境，引导他们进行积极的探索，并在探索过程中自主地选择适当的辅导内容和辅导方式。通过在一系列精心设计的情境中进行探索，学习者不仅获得基本知识和基本技能，而且掌握有效学习的方法，发展创新意识和实践能力。

五、实现探究性学习的基本策略

1. 力求展示科学家的探究过程，潜移默化地引导学生掌握探究的基本方法

结合相关教育内容，强调知识发生的过程，及时剖析科学探究的规范过程，挖掘其中的探究要素，潜移默化地引导学生开展探究活动，使学生在探究的过程中掌握探究的基本方法。

2. 创设科学探究的情境，让学生参与探究全过程

创设科学探究的情境，让学生发现并提出问题。探究以问题为导向，问题的提出源于仔细的观察，学生可以是课外随意的观察，也可以是对教师提供的背景材料的观察。

学生作为探究过程的主体，其主体性贯穿于发现并提出问题、提出假说并预期结果、实验证实或证伪、解读数据并交流成果的探究全过程；体现在主动参与概念的形成、原理的建立、问题的解决和知识结构的建构等知识发生的全过程。探究的主过程要明确体现科学方法这一主线。

3. 精心构思，把思维品质的提升作为重中之重

探究性学习过程中的思维品质极为重要。引导探究过程时，应针对探究的每一过程，对思维品质的不同层面进行针对性培养。

（1）抓“发现问题”环节，突出思维的敏锐性。探究从问题开始。发现问题的能力与个人知识积淀有关，更取决于思维的敏锐性。为提高学生思维的敏锐性，除创设引入探究时的问题情境外，还可以利用探究过程中出现的意外现象进行原因分析和反复实验查证，或利用课文中涉及的内容，不失时机地补充一些课外知识。鼓励学生提出多种假说，培养思维的批判性和创造性。

（2）指导实验设计，培养思维的启发性和创造性。在实验设计的环节上，最需要培养思维的启发性和创造性。实验设计能力的提高不是一蹴而就的，应循序渐进。以教材中的学生实验为依托，分析实验设计的基本过程，对学生的思维过程具有启发性。

（3）强调运用思维的概括性去总结规律。探究式学习过程中，教师应尽量提供不同的实验材料让学生由此及彼、由特殊到一般地总结规律。

六、案例：高中化学探究性学习模式

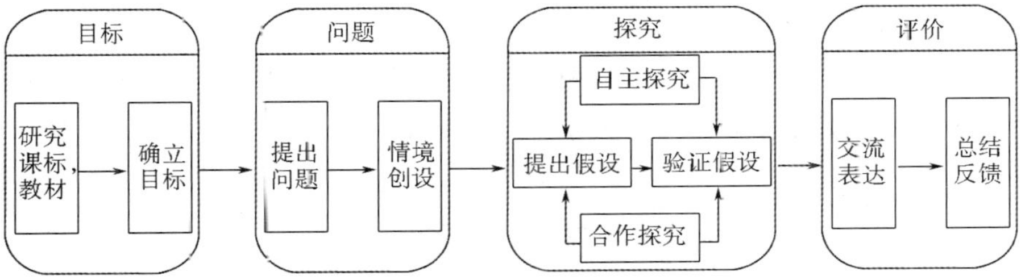

图 3-5　高中化学探究性学习模式

该模式总体上来讲，分成如下几个层面：

1. 情境创设，提出问题，确立目标，猜想假设

问题是探究的前提，在实际教学中，教师要学会通过生活现象、历史小故事、社会热点、学习困惑、实验现象、科学史话等创设问题情境，引导学生在情境中提出问题，激发学生探究的欲望，并通过这一过程锻炼学生提出问题的能力。

问题提出后，要鼓励学生大胆猜想、假设，确定探究目标，搞清楚要干什么。例如，在研究盐的水解过程中，盐溶液的酸碱性如何？如何检测溶液的酸碱性呢？在这样的问题指引之下，学生必将产生探究盐溶液的酸碱性的愿望。学生围绕盐溶液的酸碱性问题先提出大胆的假设。这一过程可以训练学生的质疑能力。

2. 小组讨论，设计实验，动手操作，实验验证

围绕假设展开小组内的交流讨论，提出验证猜想和假设的可能途径，设计实验方案，将可能的实验方案整理出来，论证有效的实验方案。教师要对学生提出的猜想和假设给出自己的见解，要对学生设计的有效实验方案给出评价，发挥指导作用。这个过程可以训练学生的实验设计能力。

设计好实验方案之后，教师指导学生动手操作实验，对猜想和假设加以验证。在学生实验中，教师要随时观察学生实验情况，及时强调实验注意事项，如药品用量问题、实验安全问题、实验现象和数据的记录问题等。在实验中可能会出现一些未预见到的情况，教师要引导学生尊重实验事实，并对新出现的问题及时分析，是操作方法、实验设计，还是其他原因导致的。这一过程可以培养学生科学实验的思想。

3. 整理归纳，得出结论，展示收获，交流评价

完成实验后，梳理结论，归纳整理。对于实验过程中出现的问题要找出原因，寻

求合理解释，暂时不能解释的，先记录下来，再设计方案进行探究。在这一阶段，教师要指导学生理性对待结论。这一过程可训练学生归纳总结的能力。

最后进入展示阶段。参与展示的同学要真实汇报自己小组的收获，大胆暴露存在的问题。不参与展示的同学要认真听，并对照检查自己小组实验的情况。每位同学的展示结束后，教师要及时引导学生对前面的展示做评价。在学生交流展示的过程中，教师要做的工作主要是组织，同时做好评价和指导。

本章参考文献

[1] 祝智庭，管珏琪．“网络学习空间人人通”建设框架［J］．中国电化教育，2013（10）：1-7.

[2] 斯伯克特等．教育传播与技术研究手册［M］．任友群等，译．上海：华东师范大学出版社，2012.

[3] 佐藤学．静悄悄的革命［M］．李季湄，译．北京：教育科学出版社，2014：34，129.

[4] 霍华德・加德纳．多元智能新视野［M］．沈致隆，译．北京：中国人民大学出版社，2008.

[5] 高觉毅．西方心理学的新发展［M］．北京：人民教育出版社，1998.

[6] 肖川，张文质．基础教育课程改革的关键词［M］．福州：福建教育出版社，2005.

[7] 刘俊．项目管理在MBO信托中的应用研究［M］．成都：电子科技大学出版社，2008.

[8] 周冬冬．开启我的项目之旅——项目学习的入门课［J］．教育，2016（40）：8-11.

[9] 王巍，袁磊．幼小衔接阶段基于项目的STEAM课程教学模式研究［J］．现代远距离教育，2018（03）：51-58.

[10] 刘海斌．基于项目的学习在高中信息技术教学中的应用探究［J］．中小学电教，2017（06）：66-70.

[11] 欧球．基于项目学习的高中信息技术课程手机教学应用研究［D］．广西师范大学，2017：34.

[12] 任倩．基于项目的学习模式在信息技术教学中的实践探究——以“网页设计与制作”为例［J］．信息与电脑（理论版），2017（19）：212-214.

[13] 丁艺．高中信息技术课程中微视频适时教学模式的构建［J］．中国教育技术装备，2018（09）：56-57.

[14] 杨滨，聂竹明，陶佳．网络学习空间环境下学生学习发展分析——网络学习空间人人通促进教与学深度变革实践反思之五［J］．中国电化教育，2019（01）：116-122.

[15] 杨现民，赵鑫硕，刘雅馨，潘青青，陈世超．网络学习空间的发展：内涵、阶段与建议［J］．中国电化教育，2016（04）：30-36.

[16] 祝智庭，郁晓华，管珏琪，黄沁．面向“人人通”的学生个人学习空间及其信息模型［J］．中国电化教育，2015（08）：1-9.

[17] 谢幼如，余红，尹睿．基于专题网站的开发性学习模式的效果分析［J］．中国电化教育，2004（12）：41-45.

[18] 黄娟，李克东．开发专题学习网站及进行相关研究性学习的思路及方法［J］．中国电化教育，2003（05）：25-28.

[19] 黄荣怀. 网络环境下的研究性学习 [J]. 中国电化教育，2002 (01)：55-56.

[20] 何克抗. 从 Blending Learning 看教育技术理论的新发展（上）[J]. 电化教育研究，2004 (03)：1-6.

[21] 迈克尔·霍恩，希瑟·斯特克. 混合式学习——用颠覆式创新推动教育革命 [M]. 聂风华，徐铁英，译. 北京：机械工业出版社，2015：6.

[22] 从立新，陈荟. 当前我国基础教育课程改革理论问题研究 [M]. 重庆：重庆大学出版社，2013：179.

[23] 黄荣怀，马丁，郑兰琴，张海森. 基于混合式学习的课程设计理论 [J]. 电化教育研究，2009 (01)：9-14.

第四章　网络学习空间与教学研究

第一节　教研与网络教研

一、教研的内涵与作用

教研是教师工作的重要组成环节，也是教师提升专业水平和业务能力的必备途径。教师是教学之本，教师的专业水平和业务能力直接关系到学生受教育的优良程度，关系到学生学习水平和能力发展的提高快慢。每位在教学一线工作的教师，从刚刚入职时对如何教学、如何面对几十名学生时的惶恐无错，到熟谙教学方法、游刃有余地驾驭课堂，都要经历一段重要的成长过程，教研在其中有着重要的作用，可助力教师对教学有更深入的认知。即便是一位有着资深经验的老教师，面对快速发展的时代对教育教学不断提出的新要求，也需要不断进行教研，更新自己的教育理念，深入认识新时期的教学对象、教学内容、教学策略、教学目的，进一步完善自己对教育的理解。

（一）教研的内涵

从教学视角来看教研概念，有狭义和广义之分。从广义上讲，教学研究的范围非常广，重点包括教研内容、教研领域和教研层次。其中，教研内容包括教学、学生管理等内容，教研领域包括教学实践研究、课堂教学理论研究、理论实际应用研究等方面，教研层次研究的内容包括课堂教学宏观研究、微观研究等。从狭义上来讲，教研指的就是针对教学过程中存在的一个个具体问题而展开的详细、系统的研究，包括教学内容分析、教学策略指定、教学媒体选择、教案的设计以及如何备课、听课、评课等。

（二）教研的作用

2019 年 11 月，教育部发布了《教育部关于加强和改进新时代基础教育教研工作的意见》（以下简称《教研工作意见》），其明确指出，教研工作是保障基础教育质量的重要支撑。《教研工作意见》还指出教研的主要任务是：服务学校教育教学，引领课程教学改革，提高教育教学质量；服务教师专业成长，指导教师改进教学方式，提高教书育人能力；服务学生全面发展，深入研究学生学习和成长规律，提高学生综合素质；服务教育管理决策，加强基础教育理论、政策和实践研究，提高教育决策的科学化水平。

从教研的主体——教师这一微观层面看，教研的作用更为直接而具体，可助力提升教师的知识、能力，促进其职业发展。在知识层面，通过教研活动，可把党和国家的教育方针、政令法规、课程计划、课程标准等全面、准确、及时传达、贯彻和落实到每所学校、每个教师，是教师获得新的教育理论、学科内容、教学法与教学策略等新知识的重要途径。在能力层面，在教研过程中，各种有利于提升教育教学质量的知识可在教师群体内进行迅速转化、传播与利用，可以使教师相互借鉴、交流、促进了教师群体内部相互间的正向影响，使得各种观点、各种认识具有碰撞在一起的机会，从而促进了新的更有效的方法、策略的生成。教师专业能力的提高和发展，必将有力地促进学校教育教学的发展。

虽然教研本身并不直接作用于课堂、学生，但教研的内容与课堂教学息息相关。每一次的备课、说课、上课、听课、评课、经验交流等教研活动，都为教师提供了进一步提升业务能力的空间，一批批教师在各种教研活动中成长起来，一个个名师在各种教研活动中脱颖而出。只有当教师都实现了专业发展，成为优秀的教师，才能保证每一位学生都能享受到优质的教育。简言之，教育的最终目的是为了培养人才，发展学生的潜能，促进学生的发展，而教研是实现上述目标的纽带，教研的最终作用在于提升学生的学习质量和促进学生的发展。

二、网络教研的内涵

在信息化环境下，教研在实践方法、实践主体、实施形式等方面发生了许多新变化。特别是当网络技术应用于教研活动后，发展出了更具活力的教研形式——网络教研。依托现代信息技术与网络手段，人们开发和利用网上教育资源，建立开放、动态、交互的网络教研平台，从时间、空间、主体等方面对教研的过程、资源、评价、管理等方面进行拓展创新，网络教研展现出许多独特的优越性。

与传统的教研活动一样，网络教研也是教师获得业务能力提升、促进自身专业发展的重要途径。网络教研的优势体现在先进技术带来的教研内容传递的便利性、教研资源的丰富性、教师交互的畅通性等方面。例如，通过互动授课教室的智能化设备与精品课程资源录制方式，能够让中心校的教师与身在不同教学点的教师通过高清远程交互的方式达到异地教研的效果，从而减少了原有的教研外出，节省了时间，提高了教研效率和质量。再如，网络教研可为教师提供高效的网络互动方式，能让参与教研活动的所有教师谈出其观点，通过网络互动，使教研更加个性化，更加贴近教师的真实问题，提高教研的针对性和实效性。

网络教研活动既是传统的教研方式的网上拓展，也是基于新技术而发展的新教研形式。无论以哪种具体方式实施网络教研，网络教研的组织与实施都可归结为主体、技术、机制、过程四个方面，即网络教研活动中如何组建教研共同体、如何利用技术支撑平台、如何建立保障机制、如何设计教研过程。

综上所述，网络教研是随网络的应用而发展起来的一种教研形式。网络教研是以促进教师发展为目的，以在教育教学真实情境中发现问题、研究问题、解决问题为着眼点，通过应用网络技术，不断优化和改善教研的手段、过程和结构，提高教研质量的一种新型教学研究活动。

三、网络教研的发展

伴随新课程改革的推进，新的教育现象不断涌现，新的教育理念、新的教育策略需要快速普及到每一位一线教师，教师的专业化成长迫在眉睫，从国家到学校，各级各部门不断加大教师培训、教师教研力度，网络教研也悄然兴起。

2003 年 7 月，由教育部师范司组织的全国教师教育网络联盟项目启动。同年，中央教科所开通了中国教研网，计划在全国各地分四级设立网上教研中心和基层教研网站。2005 年 5 月，教育部基础教育课程教材发展中心正式立项并全面启动“新课程网络教研”建设工程。2005 年 9 月，全国“新课程网络教研”第二次工作会议在北京召开，时任教育部基础教育课程教材发展中心主任的朱慕菊副司长在会上指出：“网络教研是推进新课程改革的重在举措，要充分认识这项工作的内在价值和长远意义。”教育部基础教育课程教材发展中心还专门为此设立了一个教育网站——新思考网。

借助新思考网的平台功能，教育部尝试开展了多学科的远程研修，其基本流程主要为：首先组织学科课程专题视频拍摄和配套作业设置，然后组织各地报名并在当地设立研修“分会场”，之后设立由专家领衔的课程专家团队主持的“主会场”。这种借助网络实现的“主分会场”模式目前已成为各地区组织教师远程研修的基本模式。例如，2007 年我国举办了一场信息技术学科的远程研修，在整个研修过程中，视频、作业、典型案例讨论和即时评价，借助网络跨时空开展的头脑风暴式在线研讨等研修形式，大大拓展了参训教师的视野，激发了教师对网络远程研修的新认知和参与课程建设的热情。该次远程研修是网络教研服务于新课程改革的成功尝试。从此，随着远程研修、网络教研在全国范围内的推进，越来越多的一线教师、教研员、学者专家加入到了网络教研的队伍之中。

伴随“新课程网络教研”建设工程的正式立项和全面启动，各地陆续建立了教研网站、网友论坛和在线研讨，同时还设置了学科博客群组，拓宽了教研渠道，丰富了教研方式，促进了新课程研究。例如，在高中新课标实施之初，大路论坛曾是网络教研的重要平台，很多教师通过该论坛中的帖子学习到了有关新课标的各种知识，他们在论坛中与同行讨论课程标准、课程内容和评价案例等，就一些话题与专家同行进行较深层次的沟通与交流，从而走上了通过网络教研提升教研水平之路。

在新课改的背景下，教师不再仅仅是知识的灌输者，更重要的是学生建构知识的支持者。教师角色的转换，也促进了教师新的学习方式的转变。依靠网络进行学习和教研已经越来越普及，而教师需要成功地从传统的教研模式向网络教研模式转变。

2009 年，很多中小学、职校、大学在网络教研上进行了有益的探索和尝试，因此也形成一批独具特色的学习教研团体。如依托博客平台且比较成熟的群体“苏州教育博客”“海盐教育博客”等；利用魔灯（Moodle）平台开展网络教研，如鞍山一中的 Moodle 平台、上南中学的 Moodle 课程；利用论坛（BBS）进行网络集体备课，集体探讨；也有学校利用 QQ 群进行网络教研，如淄博附属中学；最后随着云时代的到来，更有很多教研工作者把目光投入到了云教研平台，同时形成了一批比较活跃的学习共同体，如周村教育教研、益学会等。

网络进入 Web2.0 阶段以来，国内基于 Web2.0 的网络教研主要是以主题网站、教育博客、QQ 群和 BBS 教育论坛等形式的平台来开展的。教育主题网站作为网络教研的一种学习形式，为教师的终身学习提供了强大的资源库，这类网站主要有新思考网等。

在所有 web2.0 产品中，博客得到最广的教育应用，也是网络教研的一种重要方式。许多教师开通了自己的博客，博客为教师提供了前所未有的书写自己、体验网络的生长空间，是自主管理的个人网络空间，教师在博客中记载行思、记载成长、收集资源、链接朋友。博客还能通过教师的网上社交关系形式构成区域式或学科式的“网络群组”，可以汇集更多教师的智慧资源、经验资源和个性化知识，使得知识在教师的网上社交关系网中自动传播，大大提高了教研的效率，特别是对新课程、新理念、新技术等的认识，在各种书面的培训资料出版之前，就已经形成了广泛的传播效果，大大超越了传统的教研方式。

随着“校校通”工程的启动、信息技术必修课的开设及农村现代远程教育工程的实施、新课程改革的探索，博客在很多省市区、学校、个人中得到使用。开展教研效果认可度高的几个教育博客圈主要有“苏州教育博客”“太仓教育博客网”“金陵叙事”等教育博客；国内教育博客的研究和推广者，以“东行记”的博主——上海师范大学专家黎加厚教授和苏州电教馆馆长金陵为代表。

随着新一代信息技术的发展，教育信息化也进入 2.0 时代，智慧教室、数字化校园、移动学习等新型的教育信息化形式进入具体的实践过程。伴随技术形态的日渐丰富以及网络应用的更大程度的普及，互联网形式多样的富媒体教学资源及丰富的交互手段，为教师自主参与教研活动提供了丰富的学习资源、便捷的交流方式和良好的学习环境。例如“互联网＋学习共同体”平台为地理教师自主教研提供了丰富多样的内容和形式。

2018 年，教育部工作要点明确指出要深入推进教育信息化，启动教育信息化 2.0 行动计划，推进智慧教育创新示范，普及推广网络学习空间应用。网络教研进入一个新的阶段，即网络学习空间的深度应用、全面推广的新阶段。网络学习空间是有着强大的交互功能以及集成各种资源、工具的虚拟社区，对支持教师开展网络教研有着重要的作用和巨大的潜力，能够有效促进教师在交互联通中进行知识共享、知识管理和知识创新，进而实现学科教学知识等的协同建构。

2020 年 9 月，教育部科技司发布了《开展 2020 年“网络学习空间人人通”专项培训工作的通知》，要求依托专项培训基地学校，采取专家引领、课堂观摩、专题研讨、现场实践、线上线下相衔接等方式，围绕教师应用网络学习空间实现备课授课、家校互动、网络研修、学习指导等活动开展培训。伴随人们对网络学习空间人人通价值认知的深入，网络教研将获得进一步的深化和拓展，网络学习空间人人通的许多潜在功能和作用将在实际教研过程中被有效利用，尤其在交互联通、知识共享以及与线下教研活动有效融合等方面的作用将被有效挖掘。

图 4-1　“网络学习空间人人通”专项工作

四、网络教研的特点

网络教研并不是网络与教研的简单相加，而是将网络技术作为构成新型教学研究生态环境的有机因素，是互联网与教研的全面整合。与传统实地教研相比，网络教研有如下几方面的特点。

（一）网络教研具有形式多样性

网络教研的形式与技术发展呈现同步发展的态势，从 web1.0 到 web2.0，网络教研的载体和呈现形式也日趋多样：通过研修网站学习大容量的专题知识，在论坛中与全网范围内的同行进行对话交流；利用博客社交网络分享心得体会，传递个性化而严谨的学术思想；通过网络学习空间互联互通，搭建教研学习共同体，主动向好友推送各种资源与话题；利用即时通信、视频会议等工具实现在线视频教学和研究，直接展现教学第一线现场，直击最真实的教学案例和情景。网络教研的平台从简单的信息提供平台，转变为资源分享、信息交流、人员交互的综合平台，网络教研的形式已经从单纯的网上内容学习浏览，转变为融合学习、分享、推送、交互等在内的多种形式。

（二）网络教研具有资源丰富性

伴随技术的进步，网络教研平台可以为教师提供更加丰富的资源。从简单的网页文本学习内容，到图文相配的学习内容，再到包含图文和教学视频的网络课程。有用于专题学习的 MOOC 课程、主题讨论的微课视频、案例研讨的教学录课和示范演示的教学直播。有以文件形式分享的教学课件、教案设计文档，教学用的图像、动画、音视频资源文件，网络教研的学习资源媒体类型多种多样。基于超媒体与虚拟存储空间等技术的支持，教研活动中海量教育教学资源可实现瞬间共享。

（三）网络教研具有主体高参与性

实地教研受到时空的局限和展示平台的制约，参与人数有限，即便是有组织的大规模研修培训，参与教研活动的教师人数虽然会有所提升，但教师通常只能被动地学习专家的讲座内容，主动参与度相对有限。网络教研活动可打破时空的局限性，使教学研究活动在网络中无时不在、无处不在，即便是专家讲座，其引领作用也不再限于一时一地，大面积、跨时空的引领成为可能。在网络教研中，网络教研平台所具有的零技术壁垒、身份标志匿名化、交流在线化、信息传播瞬间化、“百家争鸣”的网络教研氛围以及基于网络的在线研讨、资源共享、交互切磋、复现观摩、普适学习等教研形式，不受时空制约，可让更多的教师参与教研活动，从而更好地实现思想碰撞、教学改良和教师互相学习，教研效率与效益大幅提升。

（四）网络教研具有主体学习深入性

网络教研提倡以探究学习和研讨交流作为主要的教研学习方式。教师参与网络教研的过程，就是教师亲身参与探究问题解决的过程，教师能够在教研的过程中围绕“专业化”“有用”“管用”和“好用”等进行深入学习。网络上的研讨交流，能给教师留出更充分的思考时间，减少面对面交谈时的心理压力，使教师更深入地思考问题，将比较成熟的想法与同伴交流，这样使问题研究更易于深入。

网络教研平台的学习内容，可在短时间内更新，无论是教案、课例、论文以及国内外的教研动态，都可在最短的时间里得以分享。前一天的示范课，第二天教师就能在教研平台中看到已经整理好的教案、教学视频，迅速了解授课教师的设计思路，有利于教师跟上教研的节奏，对学习内容进行深入的研究，并将学习所得及时应用于实际教学，使课堂教学教研跟进矫正迅捷化、经常化。经过反复打磨的学习内容，更适宜进行整理、归纳、提炼、升华后分享给他人，使得教研学习更为深入。

（五）网络教研具有主体平等性

网络教研具有去中心化的特征，为所有教师提供了一个平等参与、共建共享的平台。网络教研有全员参与、人人平等的特点，弱势学校、青年教师也有机会在网络教研中展示教育教学成果。网络教研平台是优质教学资源的集散地，每个参与教研活动的教师都可能成为优质资源、先进理念、优秀设计、高效策略的贡献者，都可能是快捷而有针对性的同行互助提供者，能够平等地在网络上分享资源。实地教研只是凸显少数教研中心发言人和主持人的教研智慧，网络教研在文化层面上则是一种自主、平等、民主、协商、共建、共享的教研机制，通过一对多、多对一、多对多、一对一等多形式的交流功能，实现教研活动的全员参与和教研智慧的共建共享，有效提升了教研信息共享与增殖的节奏。

五、网络教研的作用

网络教研给教师进行教研开辟了新的活动形式和实现途径。凭借网络所具有的特性，网络教研具有不受时间和地点限制、信息查询更简单、编辑资料更方便、内容资源形式丰富多样、共享交流方便等优势。当然，这不意味着网络教研要取代传统教研，而是说网络教研是传统教研形式的有益拓展。网络教研对教师在思维方式、工作方式、学习方式、交流方式和深度思考等方面的发展有重要意义。网络教研在教师专业发展、业务能力提升方面的作用是多维的，除有效服务教师专业成长、指导教师改进教学方式、提高教书育人能力等实践层面的作用之外，从更为宏观的理念视角审视网络教研的作用，我们可以将其归纳为如下几个方面。

（一）网络教研为教研活动提供了更多创新途径

近年来，“互联网＋”一词成为人们认识和利用互联网的一种新理念。通俗地说，“互联网＋”就是“互联网＋各个传统行业”，是利用信息技术以及互联网平台，让互联网与传统行业进行深度融合，从而创造新的发展生态，为各个行业在信息社会的发展提供了新思路。当“互联网＋”的理念被应用于教研，将教研需求与网络技术、互联思维进行有效融合，教研的组织形式和操作流程等就发生了重大转变，出现了诸如网络集体备课、视频直播教研等各种新型的教研模式，“互联网＋”背景下的教研呈现多样化的创新发展趋势。

网络教研依托现代信息技术手段，开发和利用网上教育资源，建立开放、动态、交互的网络教研平台，使得教研主体、教研内容、教研环境等都呈现出新的面貌。在教研主体上，网络教研的参与者比较多样，包括教师自身、教师共同体、教育专家、教研员、教研职能部门、教育企业等，各教研主体在不同教研模式中将会担任不同类型的角色。在教研内容上，其范围较为广泛而综合，主要包括对日常教学问题的研讨、课程标准研读、教学实践策略、教材教法分析、新技术应用或教学环境理解等各种类型的教学主题。教研环境上，富媒体资源、大数据、智能设备、移动网络等新技术在网络教研中的应用日益广泛，形成了跨空间、跨平台、跨校际的虚实融合的多维教研生态环境。

（二）网络教研更利于扩展教研的效果

众所周知，互联网具有连接广泛的特性，信息可在网络中快速传递。网络教研正是充分利用了网络的这一特性，在促进教师个体专业化成长的同时，还可通过快速信息传播及便捷的连接实现更大的影响范围，支持灵活多样的自主选择，实现不同教师个性化的研修需求，以广泛而深入的互动实现更深入的专业引领，从而极大地增强教研的效果。

在网络技术的支撑下，网络教研可以突破时间和空间的限制，为教师间的交流、沟通提供更广阔的空间，以网络媒介为传播途径的教研内容可实现学校内、校与校之间，本地区、跨地区的传递。因而，基于互联网的网络教研，除了从管理上对网络教研施加的范围约束外，教研内容具有更大的传播范围和更快的传播速度。

在网络环境下，教师参与教研活动时更具自主性。网络教研活动相较传统教研活动更加自由、更加灵活，教师可以在最大限度内按需规划自己的学习时间，能较好地克服教师的工学矛盾，可使更多的教师参与到网络教研活动中。在网络教研中，教师可以对教研的主题有更多的选择权，教师可以自主选择与自己相关且能解决自身问题的教研内容学习，在不同的研修主题上投入不同的时间精力，满足教师研修的个性化需求，因而更能激发教师参与教研的积极性。

教研的目标之一在于通过共同解惑实现个体专业化成长，因而教师需要与同行、同事、专家进行广泛而深入的互动交流。网络教研可为教师提供便捷多样的交互方式，不仅能有效促进单位内部的分享，更能实现群组、区域、社区等不同层次、范围的共享互补，在交流中，实现集思广益、深入探讨、专家学者的指引和帮助，从而促进教师的专业化发展。网上交流可消除面对面的顾虑和束缚，教师可以更加自由地表达自己的想法，对教研问题探讨更加深入、细化，其参与话题交流等学习活动会更加及时而主动，互动交流也更具广泛性，能有效促进教师在教研中获得深度认知。通过便捷多样的网络交互手段，教师可对学习资源，如教育专家的教育博客、优秀教师的教学视频、教育工作者发布的教学案例等进行深入研读与探讨。教师除了观看学习外，还可以通过留言、评论与优秀教育工作者、教育专家进行亲密交流，可以全方位体悟名师教学中的精彩，获得专业上的引领。便捷的沟通还能有效促进教研共同体的形成，使得关注共同主题的教师在网络教研中很容易形成共享群组，促进教师之间互通有无，共享教学经验、教学理念、教学方法等，亦可促进群体反思，使反思增加深度、扩展广度。多方的教学思想碰撞和经验技术的交流，使教师更加明确地认识自己，使教师在工作中有方向、有目标地提升自我，达到专业成长的效果。

（三）网络教研让教师对信息化教学有更深刻的理解

网络教研依托网络平台开展教研活动，教研过程中充分利用网上丰富的学习资源，并利用网络交互手段实现专家与教师之间、教师之间的充分交互。每一次的网络教研活动，都是信息技术手段、信息化教学方法等应用的真实案例，参与网络教研的教师可从教研过程中熟悉各种数字化学习资源的应用策略、信息技术设备的使用方法、信息化教学策略的设计与应用理念等，可以说参与网络教研的过程，就是教师接受信息化教学洗礼的过程，每个教师都会在网络教研的过程中获得深刻的信息化教学的亲身经历，从而对如何落实信息化教学有更深刻的理解。

第二节 网络学习空间人人通背景下的教研类型

在网络学习空间人人通背景下，每个教师都拥有一个实名制的“网络学习空间”。作为教师实名注册的网上虚拟空间，它既是教师的私有空间，教师可以在该空间中存储内容、发布信息、记录心得，也是教师通过网络与外部空间畅联的途径。基于教师之间的社交关系，可实现不同教师的网络空间之间的互联互通，教师的私有网络空间与他人的网络空间可以有机地连接在一起，在更大范围内形成多人连接的空间，从而实现人人信息互通、空间互联，资源能够共建、共享等基本要求。

利用网络空间人人通的特性进行教研活动，是对网络教研的进一步创新与拓展，可为教师教研创造新的途径，能为教师教研提供互联互通的数字化学习环境，满足教师网络研修的个性化需求。根据教研活动的实施主体来源范围和角色类型，我们可以将在网络学习空间人人通背景下的教研模式划分成四种类型：教师自主教研模式、教师工作坊教研模式、区域协同教研模式、社区协同教研模式。

一、教师自主教研模式

（一）教师自主教研的内涵

在教师的职业生涯中，教师需要不断提升自己的专业思想、知识理论水平，在专业化的道路上不断完善自我、发展自我。教师专业成长的途径有多种多样，自主发展是教师专业进步的重要途径。

教师自主发展的过程在本质上也是一种教研的过程，在自主教研过程中，教师根据教学实践，提出教学疑惑，进行教学反思与对话，探究教学工具、方法，分享教学资源与经验，从而实现自身学科知识和专业技能提升。

在传统教育环境下，教师专业发展的途径主要是在职进修，参与教师教育项目等，通过自主教研获得专业发展的空间比较有限。其原因在于可利用的学习资源的来源、形式、内容范围等有限，能够沟通交流的对象多局限于身边的同事，对教育教学问题的理解多囿于本教研组、本学科、本校的视角等。在网络环境下，教师教育不再局限于特定时空，教师随时可以实现“自主发展”，教师以个人自主探索的形式进行教研成为可能，教师自主教研成为教师专业发展的重要途径。

在网络学习空间人人通背景下，教师自主教研在表现形式上仍然是个人自主探索，但在探索的过程中，教师并不孤单，其可利用的学习资源主要来源于网络，其教研的结果可以通过网络发布，可与任何有共同兴趣的教师同行、专家交流互动，可通过网络在更大范围内寻求支持，教师自主教研转变成一种在与外界互联互通的基础上的自主教研，甚至可以成为一个共同的学习目标下、以促进自身专业发展与学生成长为驱动的团体教研活动的有机组成部分。在网络学习空间人人通背景下，教师自主教研的活动过程中，教师也和学生一样成为主动学习者，从而获得主动发展的机会。

（二）教师自主教研的作用

基于网络学习空间人人通支撑的教研环境，具有开放、共享、民主等特征，不仅为教师自主参与研究、交流创设一体化的教研氛围，还能为教师自我反思、学科引领、同伴互助提供强有力的信息技术支撑。与传统的教师自主教研相比，人人通背景下教师自主教研具有如下几方面的作用。

1. 锻炼教师的自主学习能力

自主学习是一种自主规划、自主实践、自主反思、自我导向的学习过程，是一种能充分适应个性化需求的学习方式。人人通背景下的教师自主教研正是这样一种教师自主学习的过程，教师往往从自身需要解决的教学问题开始，进而摸索需要学习哪些内容，搜索哪些资源，寻找哪些人以获得支持。

以网络平台技术实现的人人通能激发教师进行自主教研的自觉性和能动性，能够有效支撑教师个性化的自主发展方式以及所需的内容资源，如教师可以自主地选择课程的学习、选择学习伙伴、创建个性化的栏目等。在自主教研过程中，教师需要不断地进行探索、实践、反思，不断地调整自己的探索方向，并根据自己的时间规划学习进程。

2. 激发教师的专业发展意识

教师的专业发展意识是指教师在自我观察、自我反省和自我分析的基础上强化和提高自身的专业认同感，有效克服职业倦怠。教师在具有明确的自我发展意识的前提下，可积极地参与学习，从各个维度完善自己的专业能力结构，努力提升自身的专业素养。

在网络学习空间人人通的背景下，教师随时可以获得外界的信息，可以方便地观看同行的教学案例，可以学习到最新的理论课程，这也就意味着教师的自主教研过程，一直伴随着从外界获取学习内容、将自身置于与同行共同发展的进程之中，外界的信息与同行的发展情况等为教师进行自我观察、自我反省和自我分析提供了充分的依据，在潜移默化之中会极大地激发教师的专业发展意识。

3. 提升教师的教学反思能力

自我反思是教师自主教研的动力所在，反思内容包含课堂教学、课前准备、课余练习、观摩学习等各方面，每一次自我反思都是教师能力进一步提升的台阶。

在人人通平台中，教师自我反思的起点不再局限于对自身教学不足的分析，通过网络获得的同行建议、同行的教学案例、专家的指导等，都可成为教师自我反思的源泉。另外，人人通网络平台的记录功能及所提供的各种网络学习认知工具，是教师梳理思路、提高反思水平的有效支撑，教师的反思记录不再只是教师的心理变化的文字描述，也可以包括教师教学过程的视频实录等动态内容，使得教师的反思内容更有针对性，对问题的分析更加精准。

（三）教师自主教研的组织实施

1. 自主探究与吸取同行建议并重

网络教研平台可以为教师提供各种服务和工具，与教师日常教学工作融合在一起，因此教师可根据自身的学习需求，借助网络平台及时了解专业前沿动态，获取专业相关知识，快速找到针对某个教学问题的有效解决方法，丰富自身的知识结构，从而促进教师自主探究，增强自己的教育教学专业能力。同时，教师要注重与其他教师交流，借鉴他人经验，吸取同行建议，在借助网络平台交流过程中丰富自我教学经验，形成属于自己的教学新观点，进一步改进教学实践。

2. 利用网络平台挖掘教研深度

在常规教研中，教师们往往因为课程时间、个人原因、学生问题等种种原因只交流一些教学中的表面现象，对于在教学中的深度问题经常是泛泛而谈，虽然教师能够坐在一起，但并不能深入地进行分析。因此问题总是得不到解决，教师的专业能力提升程度有限。

网络教研是常规教研的延续拓展、有益补充。网络教研不受时空限制，为教师构建了一个民主、平等、互助的展示自我和交流的平台，尤其在教师自主教研过程中，教师有足够多的时间进行更理性的思考，有足够多的资源用以支持全面分析问题，有丰富的教学设计案例可以参考。在网络学习空间人人通平台下，教师可以结合自身在教学过程中遇到的实际问题进行深入思考，同时写出自己的所思所想，与其他教师互相沟通、点评，还可以观摩优质课程，听取专家意见，教师可在更大深度上挖掘教研的效果，从而推动教育教学优化。

3. 根据学生学情甄选网络资源

网络环境下，教师教研的情况可以随时随地被更多的同行关注，通过同行的建议及网络搜索获得的资源较为丰富。在这种信息资源广泛、传播速度迅速的情况下，哪些资源适于解决问题，教师要结合学生的学习情况、教学内容、教学媒体的特点进行选择与甄别，做到精准教研。

二、教师工作坊教研模式

（一）教师工作坊的内涵

教师工作坊通常是指在某一区域内，由一名优秀的教师进行主持，由多个不同水平的教师参加的进行研究和学习的共同体，其目标是在优秀教师的带领下，针对教育教学中的问题进行学习与反思，以提升教师的素质和提高教育质量。

教师工作坊研修是传统教研活动的延伸与拓展，以日常教育教学的问题解决为指向，以教育教学活动为情境，以行动研究为基本方法，可以极大地激活广大教师参与研修的自主性，使教师成为真正的研修实践主体。

在网络环境下，教师工作坊研修成为当前我国教师培训的重要途径之一。它将校本研修和网络研修相结合，打破了学校研修资源的封闭性。教师工作坊研修是教育部“国培计划”启动实施的示范性项目之一，旨在打造信息技术环境下的教师学习共同体，将集中面授与网络研修相结合，将线上学习与线下实践相结合，探索建立骨干教师常态化培训模式。因而，新时期教师工作坊研修基于网络但不局限于网络，它强调“线上与线下的混合”，契合了互联网时代教师专业发展的生态变迁。

以学校场域的教师为主要成员的工作坊最为常见，有的工作坊成员由一个学科的教师组成，有的是由跨学科的教师组成，也有一些工作坊考虑到激发教师自主学习与合作探究的意识，根据教师自己的意愿自发形成学习小组，自主选择研修内容，组建专题性的教师工作坊。有的工作坊为增强研究力量，会选择不同学校、不同级别、不同教育部门的教师构成研究与实践相结合的工作坊团队。

（二）教师工作坊教研的作用

学校一般都比较重视教师工作坊的建设，教师工作坊已经成为校本研修或校本培训的重要实践方式。开展教师工作坊教研具有如下几点作用。

1. 以优秀教师引领实现以点带面的校本研修

在教师工作坊研修活动中，坊主一般是具有扎实的教学理论知识和极强的教学能力，对所属领域有深入研究的优秀教师。在坊主的带领下，不同水平的工作坊成员围绕某一主题进行思考、交流、讨论，发表自己的观点和方法，对所要探究的问题形成更进一步的认识，寻找解决问题的策略。也就是说，基于教师工作坊的教研学习是一种参与式、互动式、体验式的学习，在优秀教师的专业引领下，工作坊成员可快速掌握先进的学术思想和优秀的教育教学经验。无论是坊主的优秀经验、学科思想教学分析，还是其他教师的教学设计思路、方案，都可以迅速在工作坊中传播，形成以点带面的示范效应，并影响到学校其他教师，从实现校域内的教师校本研修，达到教师专业发展。

2. 从校本情况出发解决校内教学的普遍问题

对于一个学校中开展的教师工作坊而言，无论是坊主还是工作坊的其他成员，他们都承担着学校的教学任务，对于教学中的问题有着深刻的认知，教师工作坊的教研目标定位清晰而明确，无论是在研修形式上，还是在研修项目的制定与规划上，都能从学校的实际情况出发，以探索校内教学普遍存在的问题的解决方案，促进教师的专业发展和能力提升。

3. 以灵活的实施方式促进形成常态化的教师研修共同体

教师工作坊活动通常涉及两个层面的研修内容，即学校规划的和工作坊自主规划的内容。在组织管理上，教师工作坊的研修活动主要受学校相关职能部门的管理和工作坊的自我管理。在具体的实施上，教师工作坊教研活动并没有规定性的形式和流程，主要考虑学校的需要、活动的场所和时间等因素，因而可以灵活的方式组织实施具体的教研活动。加之利用网络进行研修比较灵活方便，教师工作坊教研可以摆脱时间和空间的限制，为教师利用业余时间参加研修提供了更多的机会，较好地解决了教师教研中的工学矛盾，教师工作坊成员可以形成比较稳定的常态化的研修共同体。

（三）教师工作坊教研的组织实施

教师工作坊具有规模小、成员数量少、研修内容类型多样等特点，在研修形式、项目规划等方面通常需要和学校的问题紧密结合。因此，教师工作坊的组织实施灵活多样。以下三个方面对教师工作坊教研的组织实施具有重要影响。

1. 教师工作坊的一般架构

教师工作坊原则上由坊主和成员构成。坊主通常是一名优秀教师，在学校的学科教学中取得了突出的成绩，在日常教研活动中能起到引领的作用。坊主通常由学校指定或由工作坊成员推选决定。也有坊主是教研员或来自高校的专家，他们能够从更为宏观的层面把握教研的方向，能对教师进行理论指导和过程指导，组织完成学科教学分析、教学设计。坊主的工作职责包括管理坊内小组成员、发起活动、提供资源、指导学员、点评推优、作业答疑、综合管理等，如图 4-2 所示。

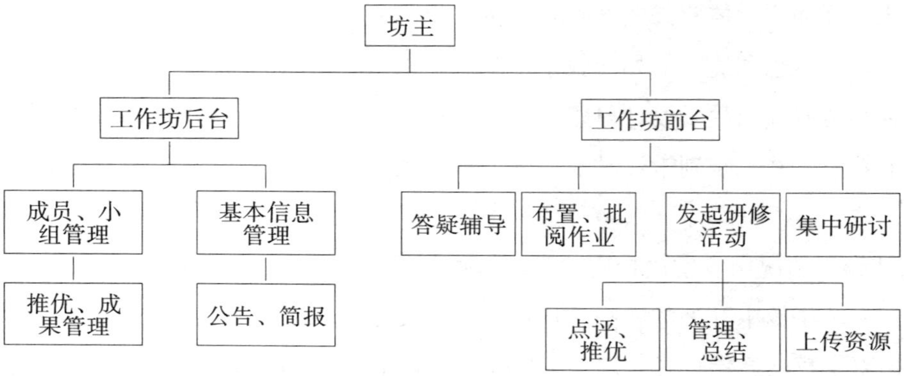

图 4-2 教师工作坊坊主主要职责示例

教师工作坊的成员通常由自愿参与教研活动或组织安排的其他教师构成，既包括其他高水平教资的教师，也包括教资水平相对一般的教师，他们一起构成了研究和学习的共同体。坊员的主要任务是参与研修活动、进行研修作业、提问、上传资源、参与评价交流等。

另外，在网络环境下，教师工作坊的研修学习形式已经由线下发展成线下线上相结合的形式，线下的物理空间与线上的虚拟空间共同构成了教研活动的空间。网上的教研空间，通常包括通知区、活动区、资源区、工具区、成果展示区等，为教研活动提供知会、协调、方案、讨论、软件、交流等各种功能的支持。

2. 教师工作坊教研的一般流程

在传统的环境下，教师工作坊研修开展集体研讨、自主研修、主题研究、集体磨课、共同反思等多种类型的学习活动，在具体实施方式上，有主题沙龙式、磨课评析式、案例会诊式、模拟演习式、智慧分享式、经验反思式等。

在网络环境下，教师工作坊研修活动又增加了一些新的特点，包括集中面授与网络研修相结合、线上学习与线下实践相结合、主题研修与自主选学相结合、专家引领与团队协作相结合、问题解决与案例研讨相结合、行动研究与成果评价相结合等，基于教师工作坊可开展更加类型多样的教研活动，每类教研活动的具体实施流程更是灵活多样。

虽然每一类教研活动的具体实施流程有所不同，但鸟瞰教师工作坊教研活动的组织和实施过程，通常可以概括为如下五个阶段：

准备阶段：该阶段主要是调研、了解学员的基本情况，组织成员表明自己的研修需求、提出最关注的研修问题，进而确定相应的教研主题和相应的教研活动实施方案。

方案发布：坊主将研修方案以一定的形式公开发布，明确研修活动的实施过程，并根据工作坊成员的特征确定各个坊员在研修过程中的职责分工。教师工作坊方案一般包括研修目标、现状分析、基本内容、研修步骤、预设效果、组织与管理、效果评价等部分。

研修活动：按规划的方案组织所有坊员进行研修，完成其中的各种学习活动，并在每个研修活动中进行充分的讨论，以便每个研修活动都能取得明确的成果。

研修小结：在研修活动的尾声，对活动的组织实施效果及每个坊员的贡献进行评价，梳理相关的研修成果，进行概括总结。

成果整理：将研修的成果进行汇总、梳理，形成结论明确、方案明晰、逻辑合理的研修成果，并将其进行公布，以便推广。

3. 教师工作坊的教研主题的选择

教师工作坊的研修有学科专业知识、教学技能、典型课题分析、师德品质、信息技术应用、磨课、科研等各种类型的主题。教师工作坊研修主题的合理选择，直接关系到研修的内容、目标以及研修的最终成效等，在此过程中，应当注意按以下两条原则选择教研主题：一是选择指向教育教学现实问题的主题，以促进教师摆脱课堂教学中面临的困境；二是选择关联教师发展的瓶颈问题，以促进青年教师、骨干教师等处于不同发展阶段的教师的专业成长。

三、区域协同教研模式

（一）区域协同教研的内涵

在教育领域，区域协同是指促进区域间学校优质师资、实验设施、信息和管理资源的共享和整合，实现资源和经验共享，促进各学校快速健康发展。

随着教育领域信息化程度的提升，伴随着校校通、班班通和人人通的推进，区域内的信息互联互通已基本没有障碍，在区域内有目的地进行学校间、教师间协调，实现优质师资、信息等资源的共享和整合成为可能，成为在区域范围推进教研工作的有利条件。在网络学习空间人人通背景下，区域协同教研是在区域的组织下，有效协同区域内优质师资和信息资源，促进教师专业发展的一种教研模式。

（二）区域协同教研的作用

1. 实现区域内优质教研资源共享

党的十九大提出要促进社会公平、建设和谐社会，并要求不断促进教育发展成果更多更公平惠及全体人民，以教育公平促进社会公平。由于种种原因，优质的教育资源往往向城市中的学校集中，向城市中的几所高水平学校集中，教育资源配置不均匀的问题仍然困扰着教育公平的实现。除了硬件设施、资金等外，教师教研资源这一软实力的不均衡，更是大大制约了优质资源稀缺、分布不均衡问题的解决，难以满足人们对优质教育的普遍性需求。

在区域的组织协调下，教研主题的选择旨在满足区域内学校教学的需要及教师专业发展的需求，是为了解决区域教育发展中的普遍问题。区域教研活动的组织管理，一般由区域内的职能部门负责，他们对本地的情况更加了解，可以跨越学校的边界调动教研资源，组织教育质量水平较高的学校的优秀师资在区域学校内分享教育理念、教学方法、教学案例、课堂实录等，聘请专家针对本区域特有的问题进行专家引领。总之，区域协同教研活动的组织实施具有鲜明的区域特征，可针对本区域的需求，打破学校的边界，在区域内无障碍地共享优质教研资源。

2. 高效组织区域教师灵活参与教研

区域协同教研的典型特征是有专职部门进行统一的组织，可在更大的范围内组织更多教师参与教研活动，甚至实现区域内全员教师参与教研。区域协同教研有统一的教研平台，可为教师提供更为广阔的交流互动空间，可实现更大范围内的同伴互助，可加大优秀教师、专家专业引领的影响力度，可实现个人反思与群体反思有效结合。在区域教研平台的支持下，教师可以根据自己的兴趣和特长跨学校组成研究小组，通过来自各校的教师协同探究问题解决方案，让每个教师在自己最擅长的领域发挥作用，在协作探究和交流对话中分享经验、互相促进。

在区域协同教研活动中，教研主题的来源既包括职能部门的规划，也包括教师、学生、家长等方面反映的教育教学实践中的具体问题，可组织更多实践经验丰富的一线教师、高层次学科知识的专业研究人员为教研活动提供理论基础和研究经验，让区域协同教研结果更有针对性，更有普适性，吸引更多的教师积极参与教研活动。

3. 推动一线教师掌握国家教育政策

进入 21 世纪以来，信息技术的快速发展导致了社会变革的加剧，社会对人才新能力的需求引发了更多的教育改革。以 2017 年版高中课程方案与课程标准为例，课程目标、课程内容以高中课程方案和学生发展核心素养为指导而制定，学科核心素养将引领课程教学、课程评价。国家教育政策需要落实到每堂课的教学实践之中，需要每位教师都能深刻理解，而区域协同教研是培训教师掌握国家教育政策的基本途径。

在区域协同教研中，职能部门通常会根据落实国家教育政策的需求，制订详细的研训方案，明确教研达标的要求，在相关的研训活动中，聘请权威专家对国家政策进行解读，对研训活动进行引领。

（三）区域协同教研的组织实施

1. 教师教育职能部门是区域教研活动的组织主体

在我国的教育系统中，每个地方几乎都设置了专门的教师教育部门，专门负责本区域内教师的继续教育，组织相关的培训活动。因而，教师教育职能部门是相关教研平台的管理者和教研活动的组织主体。

2. 以教研平台组织实施教研活动

由于涉及学校和教师众多，区域协同教研活动的开展，通常都基于一个可以连通各个学校和教师的网络教研平台，搭建一个区域协同教研资源共享库，作为所有参与人员的交流平台，实现教育信息资源的交流。在平台内部，设置资源整理、管理、方案制订的网络平台管理人员，负责教研活动的具体流程以及其他协调工作，同时有固定的学科专家，为教研活动中的重点、难点提出指导性意见。

利用网络教研平台，区域协同教研可以召集各个学校的教师进行教研。教研主题要素的来源不局限于教师，还可包括学生和家长。教研活动通常按照“全面调研，确定主题”“全员参与，筹备内容”“专业指导，高效教研”“集体反思，化为己用”“完善总结，形成成果”的步骤进行，如下页图 4-3 所示。在职能部门的管理下，每一个阶段都有着严格的要求，最终形成相对完善的教研材料。

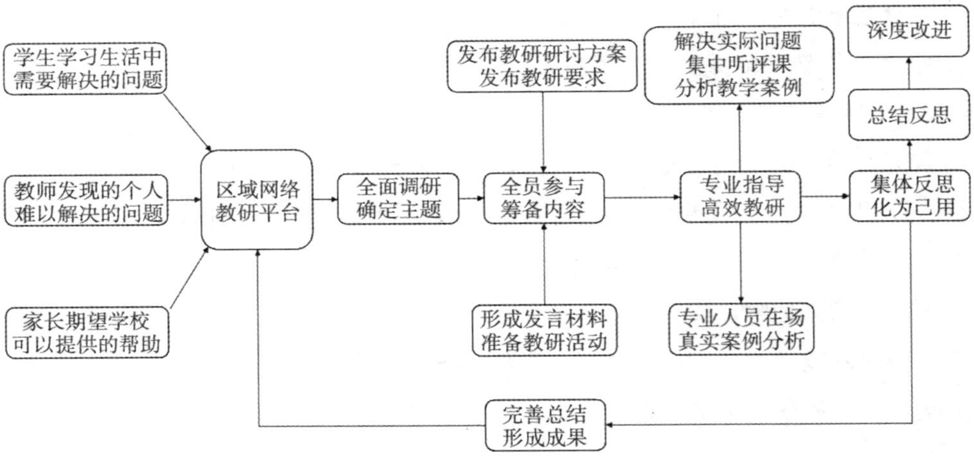

图 4-3 基于网络平台进行区域协同教研的基本过程

（1）全面调研，确定主题。教师或网络平台管理人员通过在区域网络教研平台上收集教师、学生、家长反馈的问题，筛选问题，确定教研主题。

（2）全员参与，筹备内容。教研主题一经确定、发布，区域内该学科教师须全员参与，其他学科教师选择性参与。根据实际情况安排教研流程，全体教师准备相关的教研内容。

（3）专业指导，高效教研。每一次教研都有专业研究人员参与并指导，教研流程清晰，教研效率高。

（4）集体反思，化为己用。教研初步成果形成后，由指定教师试讲，全体教师根据讲课效果再次修改教研内容，每个教师也根据个人实际情况形成自己的教研成果。

（5）完善总结，形成成果。当教研完成后，由发起教师和网络平台管理人员完善具有普适性的教研成果，形成相对完善的教研材料，并上传区域教研网络平台。

四、社区协同教研模式

（一）社区协同教研的内涵

社区是进行一定的社会活动、具有某种互动关系和共同文化维系力的人类群体及其活动区域，又称为共同体。教师网络研修社区是支持教师进行学习、交流、研讨等活动的网络平台，一般支持建立不同类型的关系松散的学习共同体，可汇聚与生成研修资源。社区协同教研是基于网络研修社区而开展的有组织、有引领的教师自主研修活动的方式，在社区中，教师通过与他人商讨（意见、问题）或探求教育教学问题的性质、规律等活动，提高个人的专业能力。

（二）社区协同教研的作用

1. 实现跨地区、跨学科、跨领域的群体智慧共享

社区协同教研是一种以网络为基础开展教研工作的方式，它借助网络平台，具有开放、平等、高互动、协同化、专业化的特点，不受时空和人员限制，为教师自主参与教育教学问题研讨提供了开放自由的空间。一般而言，社区协同教研没有行政管理的强制性，教研活动的组织与实施基本遵循自愿的原则，教研主题的选择是民主共同商议的结果，或源自开放的需求调查，对参与教研的对象通常不设置参与条件，来自不同学科、不同学校、不同地域的教师，都可平等参与，没有职级的限制，学科专家、教育管理者、改革决策者等都可成为平等对话的成员，可创设教师与教师、教师与专业人员及时交流、平等探讨的活动平台和环境，促进教育改革实验的决策者、设计者、研究者与实施者的多元对话，使城乡学校和教师能够平等获取信息资源和参与对话交流。在社区协同教研中，各类人员在教研活动中都可发挥主体作用，每个人都可发挥自己的特长，都有机会吸取别人的经验，跨地区、跨学科、跨领域的群体智慧共享成为可能。

2. 实现跨地区、跨学科、跨领域的优质教研资源共享

网络研修社区是开展社区协同教研的基本前提条件。基于网络所具有的开放、互联特性，网络研修社区不仅是互动交流的平台，还是优质教研资源共享的平台。网络研修社区首先是一个资源库，可以为教师提供内容丰富、理念新颖、技术先进、实用便捷的优秀课程资源。网络研修社区还是一个资源汇聚交流的平台，教师在将教学困惑、教学观点、教学经验在社区共享交流的同时，可以上传视频资料、教学设计文本、教学课件、课程案例等。专家也是社区资源的重要贡献者，专家的著作、讲座视频、讲座课件以及教研引领过程中生成的指导资料等，都是社区协同教研的优质教研资源。来源于不同的专家、教师有着多元的背景、经验，其提供的视频、文本、课件等资源，具有多维的视角，可为社区协同教研的教师提供宽广的视野、对比的依据、学习的范例，可有效促进教研群体间隐性知识和显性知识的有效转化，实现跨地区、跨学科跨领域的优质教研资源共享。

（三）社区协同教研的组织实施

社区协同教研主要在网络研修社区中开展，所有参与者通过注册参与到社区教研活动中。研修社区中的参与者一般并无上下级的行政管理关系，他们分属不同地域、学校、学科，教研活动的组织实施遵循自愿参与的原则，通常不设置强制性约束规

范。因而，社区教研活动具有虚拟性、开放性和民主性的特点。

社区协同教研活动的开展需跨越区域障碍，教研活动一般由社区管理者、专家、优秀教师组织发起，参与者通常会根据自己的需要、特点、背景、时间自主选择参与相应的教研活动。从已有资料看，社区教研活动的组织实施遵循针对性、实践性、自主性、常态性的原则，主要有集体备课、网络观课、议课、网络专题研讨、网络同课异构、网络课题研究等类型。

由于教研的内容主题具有多样性，教研活动的具体实施过程也会有所不同，例如，网络观课、议课的流程大致包括：第一，由优秀教师组织制定观课、议课计划。第二，确定观课、议课所涉及的学科领域。第三，根据不同学科的观课计划制定相应的观课、议课指标。指标大致可以包含教学目标是否鲜明、教学过程是否合理、教学内容重难点是否突出、教学策略是否使用恰当、教学媒体使用是否恰当、教学活动组织实施是否妥当，等等。第四，收集并统计各教师在网上进行观课、议课的结果，进一步发现其中存在的优点与问题。第五，根据教师议课的结果，对教研过程进行评价，进而做出相应的修改和完善。

社区教研活动的具体内容、活动类型和具体实施方法虽有所不同，但其组织实施大体上具备一般社区活动的特点，即需求由社区成员提出，活动由社区管理者、专家、优秀教师规划实施，社区成员进行跨区域合作，共同分享资源，同时开展各种活动进行互动，期间还有专家引领。网络社区协同教研的一般研修流程如图 4-4 所示。

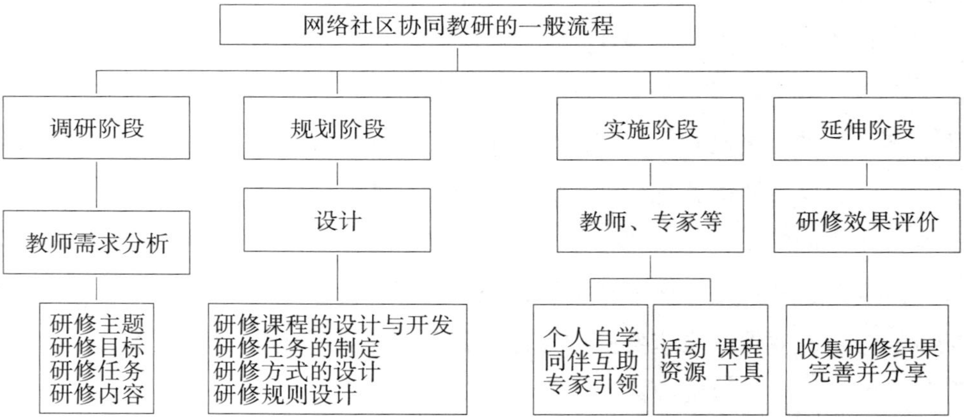

图 4-4　网络社区协同教研的一般流程

调研阶段：首先进行教师需求分析，按照逻辑层次由高到低，主要分析确定研修主题、研修目标、研修任务、研修内容。

规划阶段：对应调研阶段的相关环节，主要进行以下几个方面的规划设计。第一，研修任务的制定，确定完成什么类型的研修任务。第二，研修方式的设计，确定具体的研修活动的组织实施形式，研修方式选取是否得当，对教研结果至关重要。第三，研修规则的设计，即对研修过程相关环节如何操作给出具体要求，并提出达标的标准。研修规则是教师网络社区协同教研取得良好效果的重要保障。第四，研修课程的设计与开发，即根据研修任务和目标，通过设计开发及其他各种方式提供相应的课程资源或学习资料。这是社区教研最底层次的设计，对于研修效果有直接影响。

实施阶段：实施阶段的主体包括专家、教研人员、普通教师等，研修通过个人自学、同伴互助以及专家引领三种方式，组织参研人员利用平台提供的工具、资源参与各种教研活动，学习相关的课程内容，完成研修任务。

延伸阶段：对研修效果进行评价，即根据教师观课、议课的记录与指标，对研修结果进行收集与统计，以便进一步完善研修结果，并进行社区分享。

第三节　网络学习空间人人通背景下的教研案例

一、教师自主教研案例

（一）案例主题

高中地理“水污染及其防治”专题教学自主教研。

（二）案例说明

本案例选自高中二年级上册第二单元，教师需借助不同区域水资源供需情况的数据，引导学生分析华北地区与西藏地区水资源供需情况出现差异的原因，加深学生对地理环境整体性的认识。

教师在中国大学MOOC平台以及中国教研网的助力下进行自主教研，获取多个不同城市的大气污染、水污染的教学资料，引导学生阅读相关资料，培养学生树立科学的人地协调观。

（三）案例实施

1. 研修地理专业知识

教师通过中国大学MOOC平台进行自主研修，观看名师授课，共享教学资源，丰富教师地理课堂的教学案例与内容，同时，结合学校的实际情况和学生的学习情况，研读相关辅助材料，增强专业知识。比如，针对城市大气污染教学部分，教师通过 MOOC 平台搜索相关课程，注册后自主学习视频课程，对我国北方城市秋冬季节雾霾成因进行分析。借助中国大学 MOOC 平台搜索专业知识，如图 4-5 所示。

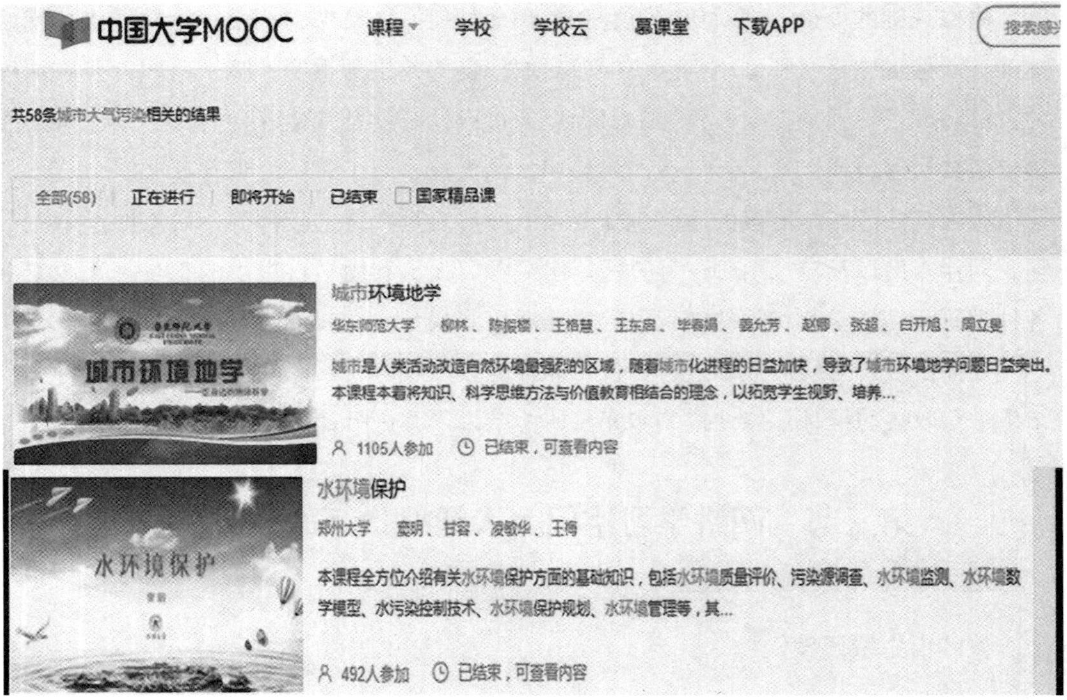

图 4-5　研修专业知识

2. 教师教学能力提升

（1）确定地理教研主题。基于城市环境地理学的学习内容、课堂教学进度以及学生学习情况，教师将“水污染及其防治”作为此次自主教研的主题。

（2）寻找相关教学资源。“水污染及其防治”是教师所在学校高二年级授课内容，自主教研所需要的资源要围绕高二年级地理课程进行严格选择与甄别。教师利用中国教研网的“查找资源”工具寻找相关教学资源，同时通过中国大学 MOOC 平台搜索关于城市地学的相关课程。教师将教学问题与丰富资料相结合，从多角度分析问题，挖掘教研深度，为优化教学效果提供支持。查找、参考相关课程教学资源如下页图 4-6和图 4-7 所示。

图 4-6　搜索相关教学资源

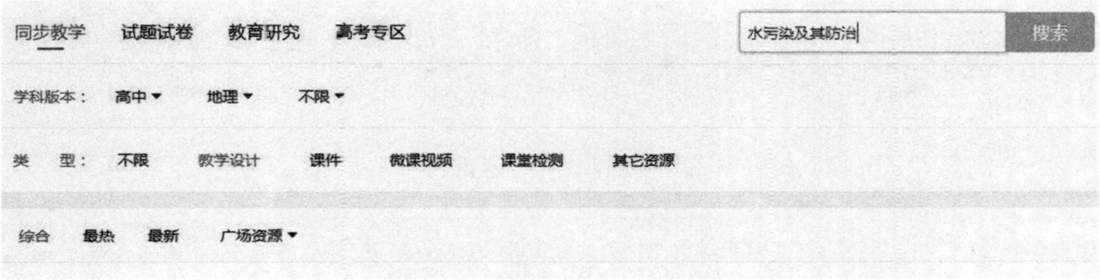

图 4-7　参考相关教学资源

（3）教师制定教学设计。教师利用中国教研网参考相关课程的教学设计、课件，观看优质微课视频，预设课堂中可能出现的教学问题，结合学生的学习情况，完成“水污染及其防治”教学设计的初稿，设计思路如下页图 4-8 所示。

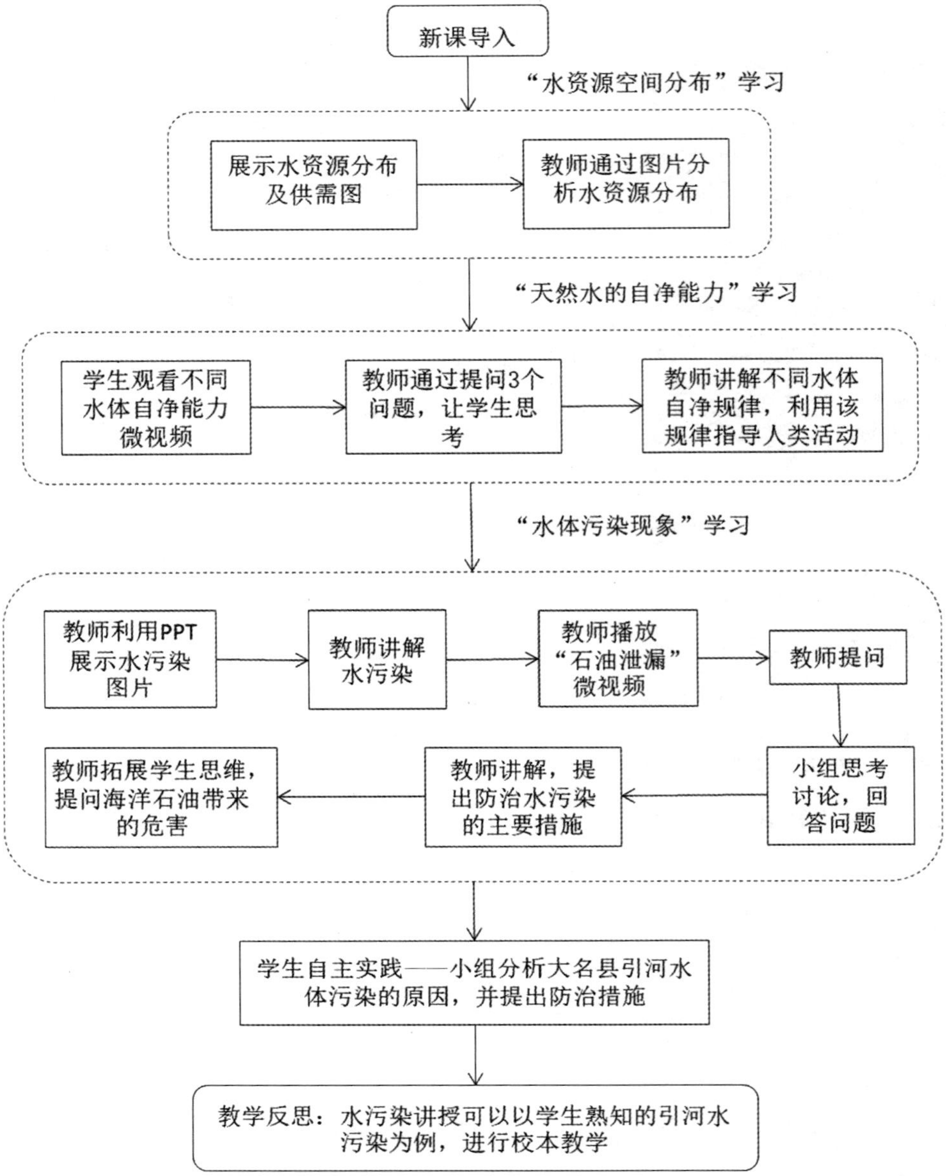

图 4-8　教学设计初稿的设计思路

（4）开展教学实践，提升自我反思。教师在完成教学设计初稿后，开展教学实践活动，通过平台的“研修资源”板块中的“发布研修资源”功能，上传教学设计初稿，提出教学疑惑，发表教学感悟，与其他教师开展交流讨论，如下页图 4-9 所示，从而提升教师的自我反思能力。

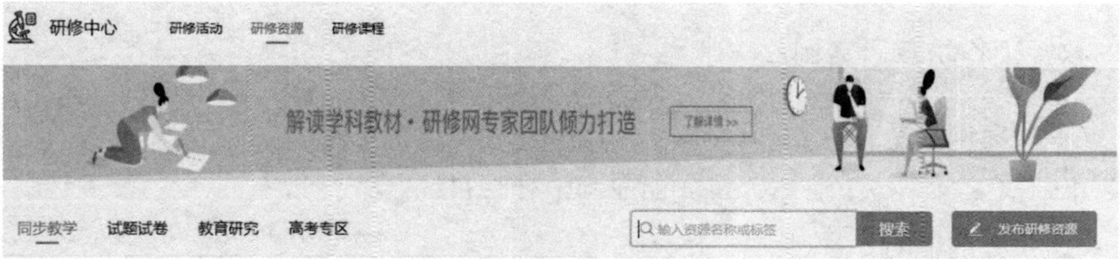

图 4-9　发布研修资源，进行交流讨论

（5）吸取同行经验，修订教学设计初稿。教师经过教学实践后的深刻反思，对教学问题进行分析，从平台中借鉴其他教师同行针对该教学问题的教学方法、教学策略。教师通过专家指导和同行建议，调整教学方向，修订教学设计终稿并上传至网络平台，共享教学资源。如图 4-10 所示。

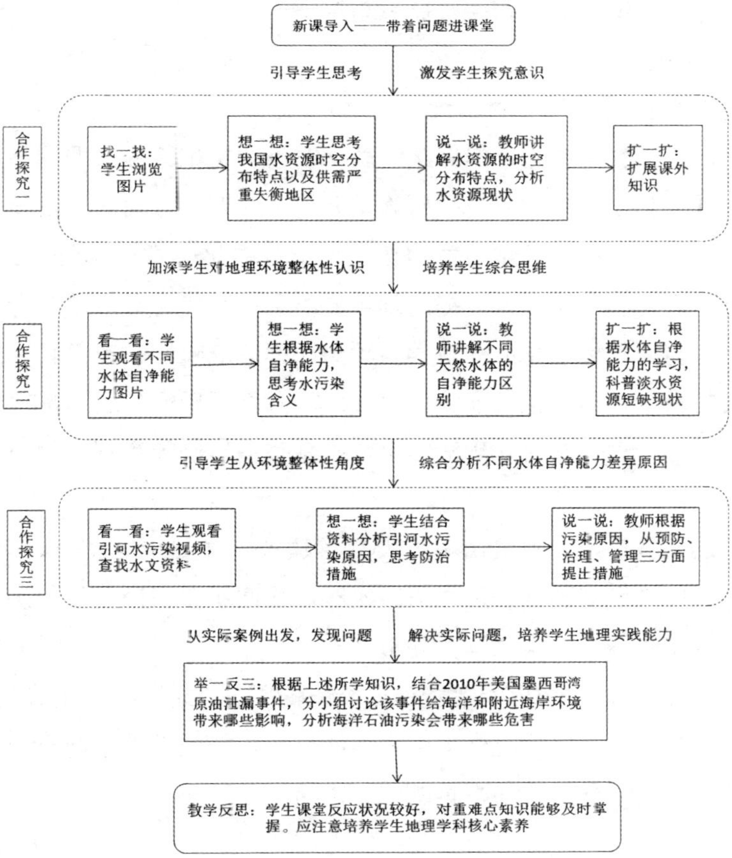

图 4-10　教学设计终稿设计思路

二、教师工作坊教研案例

（一）案例主题

小学语文三年级上册第二单元如何制定教学目标。

（二）案例说明

H 小学以语文教研组组长刘老师为坊主的教师工作坊在暑假期间组织了本次教研活动，主要是借助中国教研网和三人行平台的课程资料通过专家引领学员进行教研。

专家先对小学语文三年级上册的课本进行解读，再解答老师们对教材相关内容的疑惑。工作坊参与教研的教师们在专家的引导下进行基本的学习之后，要继续完成坊主准备的任务：首先，在不参考网络资源的情况下，小组合作对第二单元进行教学设计，并在小组间讨论交流各组教学设计的优缺点以及需要改善的地方。其次，老师们在三人行平台上自主学习单元解读、课例视频、教学设计之后修改教学设计。再次，进行磨课、说课、评课。最后，进行反思与总结。

（三）案例实施

1. 专家进行学生分析和教材解读

专家主要从语文教学改进基本思路、教学改进的实施流程及预期结果、教学改进的年度计划和任务分工、教材分析和研修单元解读这四个方面进行指导。

小学语文教育是为了激发学生学习语文的兴趣、培养学生良好的语文学习习惯、提高学生的语言理解和应用能力、提高学生的语文审美能力。但是，专家指出当前教学存在教学目标与课程标准离散、教学活动与课程标准疏远、教学目标与活动浮于浅层、基于标准的教学评价缺席等问题。专家认为教学要以单元一课时教学设计为抓手，深入理解课标，理解教材，理解学生，提炼整理研修的流程与规范，集体打磨优秀课例等。

关于小学语文教学，专家给出了五大教学建议：加强单元整合，落实课程目标；加强方法指导，促进素养提升；加强语言实践，强调积累运用；了解编排体例，实现特殊功能；重视交际表达，听说读写并重。

为了引导老师们进行更高质量的教研，专家进行了细致的学生分析和教材分析。例如，专家先对学生的基本情况做了两方面的分析，分别是学生起点分析、学生基于文本和现状的知识能力分析，如下页图 4-11 所示。

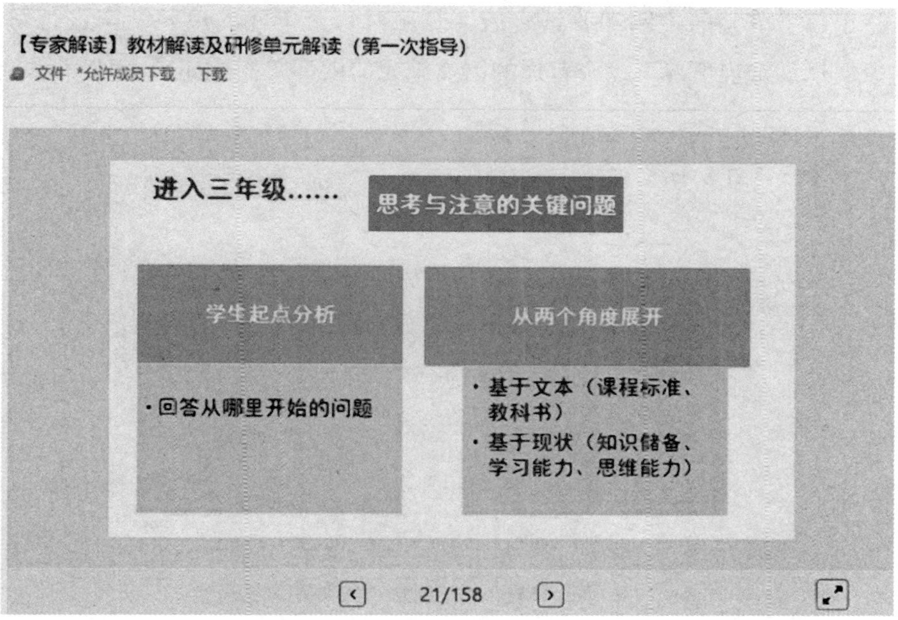

图 4-11　学生分析

学生基本情况分析之后，是教材解读环节。例如，专家对小学语文三年级上册各单元的主题和要素做了概括和总结，如图 4-12 所示。

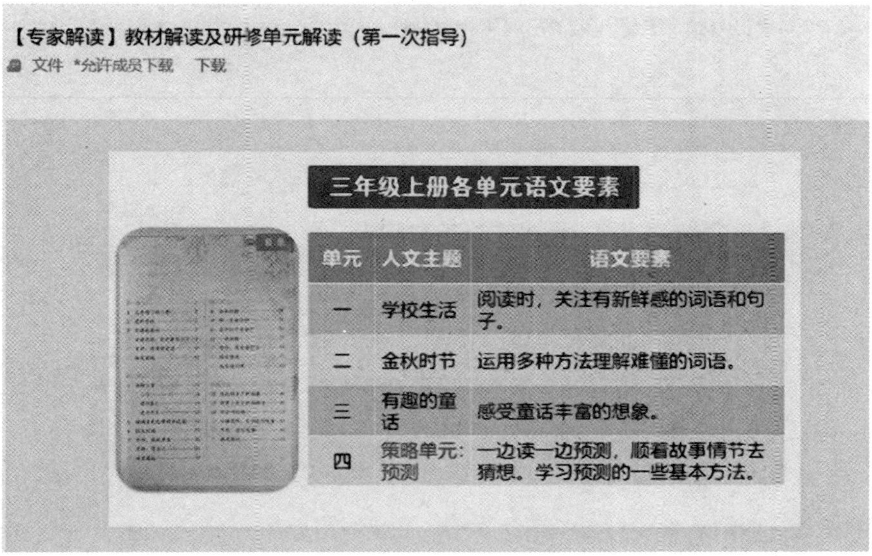

图 4-12　单元解读示例

清楚了每个单元的主题和要素之后，专家对每个单元的单元结构进行解读。例如，专家展示了常规情况下一个普通的语文单元的内部结构，如图 4-13 所示。

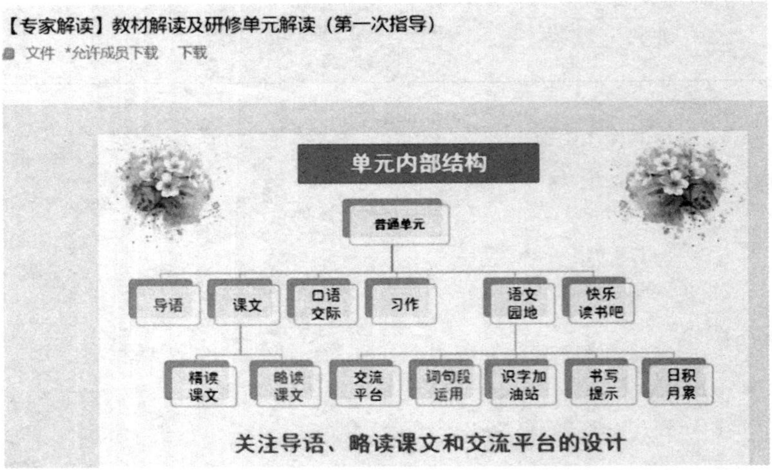

图 4-13 单元结构示例

最后，专家会对每个单元的具体知识内容进行解读。例如，专家对《铺满金色巴掌的水泥道》这篇课文进行详细分析，如图 4-14 所示。

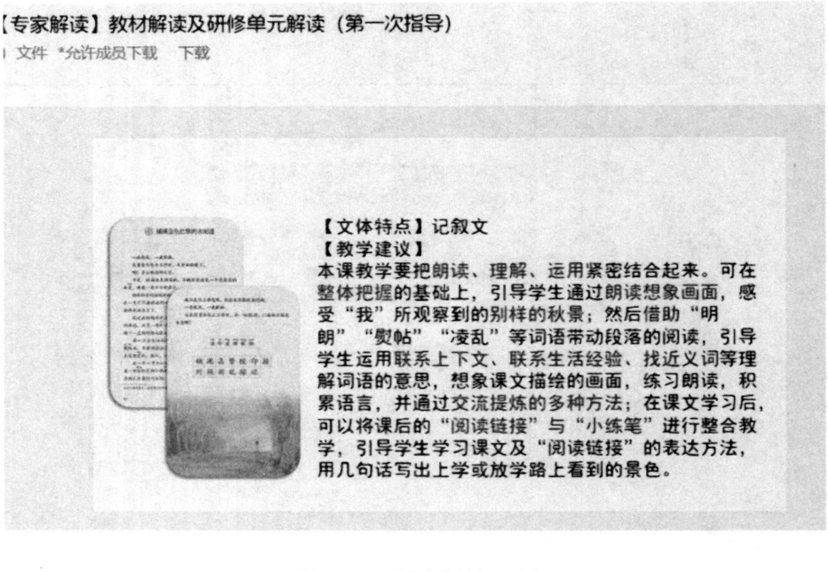

图 4-14 课文解读示例

2. 教师提问，专家解疑

专家指导后，老师们可进行提问，由专家进行解答。例如，老师可通过平台留言的方式进行提问，如图 4-15 所示。

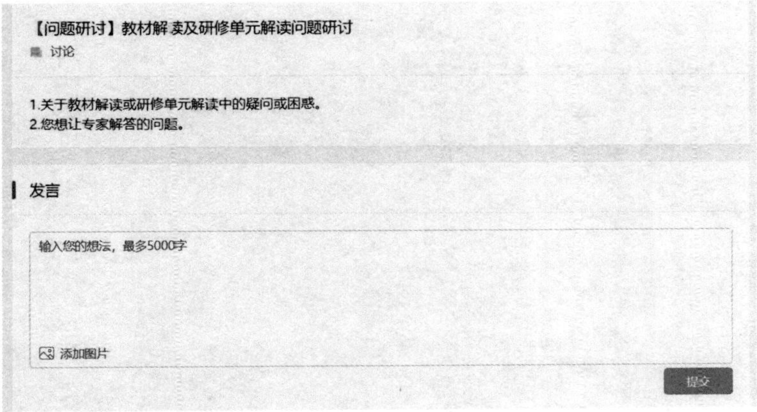

图 4-15　平台提问示例

3. 分组备课

坊主根据教研任务做好分工，引领老师了解分组备课的教研任务及教学设计成果上传的方法，监督老师按时完成备课任务。例如，教研组进行单元整体教学分析及单元内每个课时的教学设计，老师尽量不参考任何网络资源进行备课，并将所准备的教学设计方案上传至三人行平台，如图 4-16 所示，而后由专家进行点评。

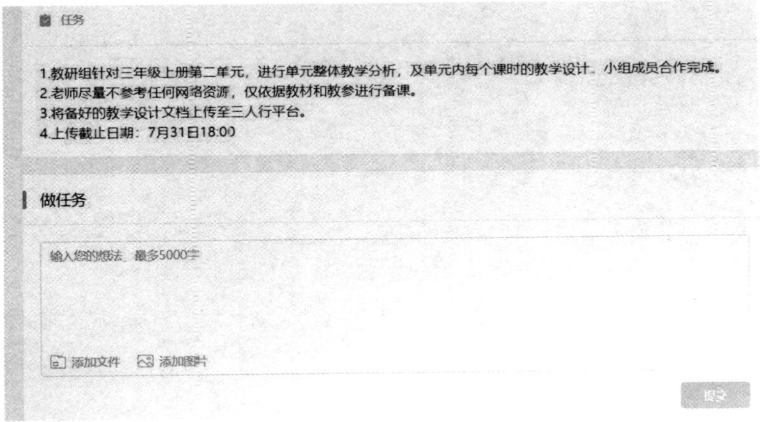

图 4-16　上传教学设计方案示例

4. 网络自主研修

参与教研的老师应熟悉平台操作，并以个人形式自觉完成自主研修任务。例如，学习三人行平台上的单元解读、经典课例视频、教学设计、教学课件等资源，并写出每部分的研修总结体会，如图 4-17 所示。

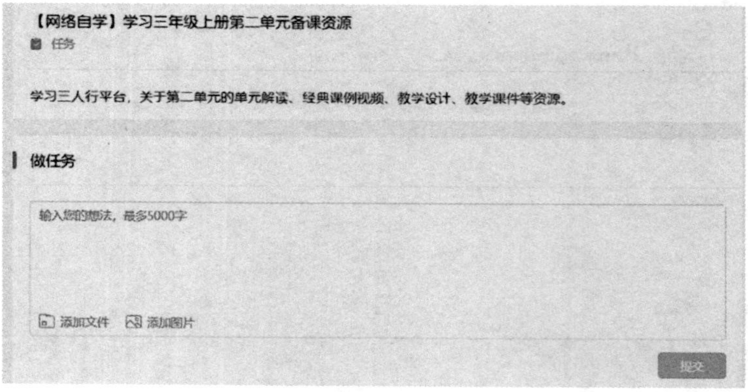

图 4-17 提交自主研修学习体会

5. 修改教学设计，专家点评

老师们在完成三人行平台研修资源的自主学习之后，参考专家对本组教学设计方案的点评，以批注的形式修改单元整体教学分析和每个课时的教学设计方案，而后再次上传至三人行平台，如图 4-18 所示，进行分组。

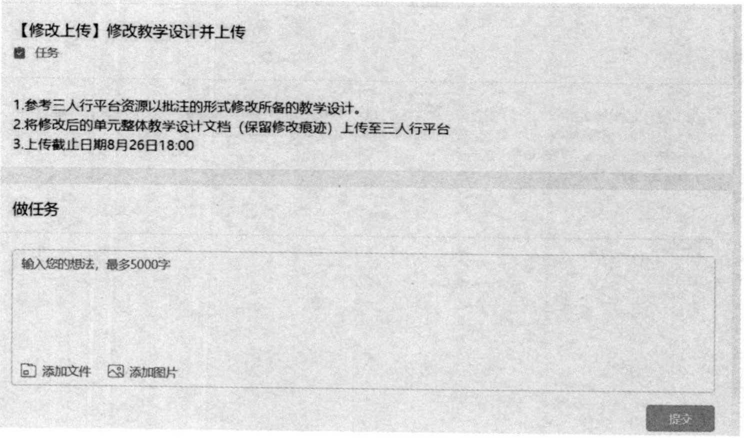

图 4-18 上传修改后的教学设计方案

6. 分组磨课

针对之前的单元整体教学分析及课时教学设计，工作坊分组展开集体磨课，选出第二单元的一节古诗课和一节精读课的优秀代表，用磨课后的教学设计方案进行上课，组内教师评课，然后将反思以及修改后的教学设计方案再次上传至三人行平台，供各分组进行参考。

7. 说课评课

工作坊每个教研组分别选出一名代表，针对一节古诗误和一节精读课进行教学设计的说课，参与老师进行评课、研讨和交流，学科专家进行远程点评。

8. 反思与总结

参与老师总结第二单元一系列研修活动的心得与体会，进行教学反思，根据反思结果修改一节古诗课和一节精读课教学设计方案上传至三人行平台。工作坊每个教研组收集最终的单元教学分析和课时教学设计方案，整理成校本资源，并按照要求总结研修活动的流程及相关做法。

三、区域协同教研案例

（一）案例主题

科学技术风扇机器人试听课。

（二）案例说明

Z小学所在区域要开展机器人课程，机器人课程在这个区域内是一个非常新颖的课程，虽有现成的配套教案，但是很多教师表示，这些教案教学进度、教学内容、教学过程等均不太适合当地的教学实践。同时，教案过于简略，没有详细的教学流程，全凭教师自己把握，上手难度大，教学水平参差不齐，教学效果差。为更好地向区域内其他学校做好样板课程，该小学牵头开展了一次区域协同教研。此次教研依托教研网，如下页图4-19所示，以一、二年级的科学技术课程为教研内容，为该区域的机器人教学提供了一个高质量样板课的教案。

图 4-19 教研网

（三）案例实施

1. 全面调研，确定主题

当确定要开展区域协同教研后，Z 小学的机器人课程组组长发出以“你最想学到的机器人课程”为主题的帖子，收集该区域教师、学生、家长对于机器人课程的意见以及想法。该组长同机器人课程方面的专家、一线教师、机器人课程售后人员、平台管理员进行商讨，最终确定进行以“科学技术风扇机器人试听课”为教研主题。同时发布了此次区域协同教研的相关问题，如“课程的教学目标、方法、内容、流程、课时应该是什么样的”“机器人课程样板课的打造是否有普适性”“我们在教学中最需要解决的实际问题”。

2. 全员参与，筹备内容

该教研主题一经发布，平台管理员要求全区域内所有机器人课程教师以及科学课程教师全员参与，其他学科教师自愿报名参与。根据安排，专业指导人员以及一些学科带头人必须精心准备此次网络教研并发言，其他教师自愿报名参与展示发言。3 天内由平台的管理员将所有发言教师的发言顺序发布出来，所有的教师在一周内准备好自己要展示的内容。

图 4-20　样板课素材准备

经过一定的讨论后，最终确定 7 名教师发言，2 名专家对此次教研进行指导，与此同时，平台管理员还邀请了 4 位机器人教育机构的教师参与此次教研活动。为了做好充分准备，发言教师结合自己的教学实践利用各种途径搜索资料，如去 MOOC 平台搜集教学视频，去网络上搜集教学课件，如图 4-20 所示。发言教师在短时间内准备了视频、文案、PPT 等一系列可以分享的素材，用来和大家分享对于此次样板课的看法以及设计。

3. 专业指导，高效教研

教研不是讲座，不是 A 教师讲完了然后 B 教师再讲，而是通过方案分享、交流讨论确定最佳的方案。为了提高教研的效果，一方面，发言教师要充分准备，力争避免重复前面教师讲解的内容，对前面提出问题提出自己的方案或建议；另一方面，当讲解教师讲解完毕之后，其他的教师和机器人教育机构的教师可以展开充分讨论，对其中的问题进行提问或者是给出一些自己的见解，并由两位专家对每一环节的方案提供指导。

讲解过程中，教研组织的协助人员不断地总结归纳，将现场生成的内容落实到纸面上，给出一份讨论的概要和一些大家都认可的内容，交由全员教师进行讨论修改，并根据专家给出的指导意见，确定样板课基本方案，包括教学时长、教学目标，教学方法等。当基本方案确定后，再进行教学内容以及教学过程的具体流程的研讨，根据教师在教学实践中遇到的相应的问题，提出尽可能的详细的教学内容及教学过程，从而确定较为完整的教学方案初稿。

4. 集体反思，化为己用

当教研完成后，由发起教师按教学方案初稿进行教学实践，将自己的教学过程进行完整的录播，对自己的准备资料、教案等全部共享。根据教学实践的结果，参研教师进行集体反思，对课程中的问题再次进行研讨，并修改教学方案为最终的定稿，每位教师可参考教学方案的终稿，并结合自己的实践情况，开展自己的实践教学。

5. 完善总结，形成成果

最终的成果形成，由发起教师以及平台管理员完成。这个阶段就是形成一个完成的教案以及收集所有涉及的高质量的其他教学素材，当教案完成后，由管理员整理所有素材，归档供大家随时参考。

四、社区协同教研案例

（一）案例主题

初中语文八年级下册《安塞腰鼓》网络观课、议课。

（二）案例说明

课堂环境的信息化程度在不断提升，应用信息技术有效改变教学方式，是教育信息化的一个重要内容，而许多教师对此还不甚了解，亟须提升利用信息技术改变教学的认识，掌握相关的策略方法。利用网络研修社区通过观课、议课的方式进行教研，可以让来自各地的教师快速熟悉相关的内容。

本案例中，C老师是一名优秀的语文教师，有较高的信息素养，对于信息技术与语文课的整合的策略、方法有较为深入的理解，且经常参与网络社区的教研活动，已经是网络研修社区优秀成员，因而网络社区委托C老师担任此次教研活动的发起人，并承担组织实施的管理责任。本案例是一次小型的社区协同教研的尝试，C老师借助中国教研网、一师一优课、国家基础教育资源平台的相关视频评优课为观课材料，选定人教版语文八年级下册第一单元第三课《安塞腰鼓》的一个视频评优课进行观课、议课，并通过网络社区组织整个教研活动。

（三）案例实施

1. 制订网络观课、议课计划与指标

C教师联合了几名经常参与网络研修的教师组织了教研活动管理组，首先拟定了一个在网络观课、议课的计划，主要包括：第一，在社区营造一个适合进行观课、议课的民主、平等的氛围，激发教师参与社区教研的积极性。第二，对研修教材进行分析解读，深入理解教材内容。第三，以深入理解信息技术与课程整合为目标，搜索网络上的优秀教学视频并进行观看评论，讨论如何在语文课教学中进行信息技术与课程整合。

为了提升观看、议课的效果，管理组的几位教师共同研究编写了观课、议课相应的指标，即教师们要对教学视频的哪些方面进行讨论与评价。如何讨论与评价，本案例中针对《安塞腰鼓》指定的观课、议课指标如表4-1所示。

表4-1　观课、议课指标

指标类型	分析内容	具体分析说明
教学目标	教学目标是否明确，三维目标处理是否恰当。	
教学内容	教学内容的结构分析是否准确，教学重点、难点是否突出。	
教学过程	教学环节安排是否合理，引导环节、展示环节是否恰当应用信息技术手段，教学节奏如何，各部分时长分配是否恰当。	
教学策略	学生主体地位体现如何，多媒体教学策略是否恰当。	
信息技术	教学课件对教学内容的表达、各种工具软件应用是否合理。	
教学活动	教学活动是否符合教学需要，小组分工是否合理，活动过程是否恰当。	
教学交互	引导问题是否合理，与学生互动交流频次、效果如何，引导是否恰当。	

2. 搜索优秀教学视频案例，进行网络观课、议课

管理组从中国教研网、一师一优课、国家基础教育资源平台等网站搜索若干《安塞腰鼓》的优秀信息技术与课程整合教学视频，如下页图4-21所示，而后，在网络

社区公布网络观课、议课的方案、时间安排，督促参与教研的教师完成观课、议课。

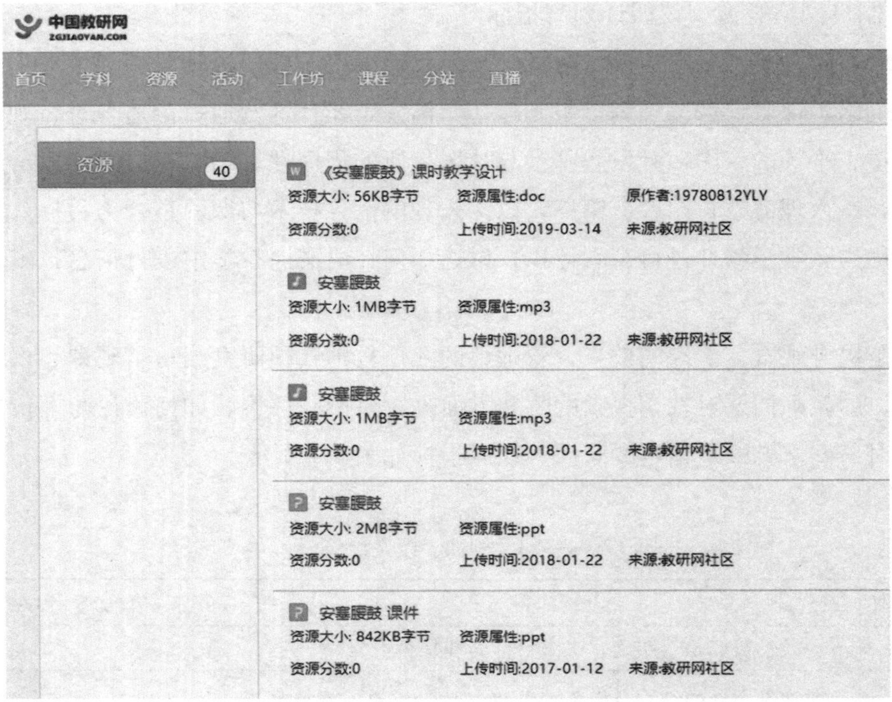

图 4-21　搜索《安塞腰鼓》一师一优课教学视频

参研教师根据研修方案的要求，以观课、议课指标为基础，进行观看，如图 4-22 所示，并填写表格写出自己观课后的感受，对教学视频进行分析，提出自己的疑问，在社区提交分析表格和自己的问题，参与社区的讨论。

图 4-22　观看优秀教学视频

管理组及时跟进教师观课、议课的进度，对教师们提出的问题组织讨论，给出自己的观点，引导教师按分析指标观课、议课，对比多个教学视频之间的异同，发现在语文教学中应用信息技术的策略。

3. 收集并统计各教师观课、议课的结果

通过网络社区收集教师观课、议课的结果，也即根据教师填写的观课、议课指标表格，梳理参研教师对几个教学视频的认识，归纳语文课教学各环节应用信息技术的手段，并将研修结果在研修社区中分享。

4. 进一步修改完善观课、议课过程

通过整理教师观课、议课的结果以及教师在社区的讨论内容，进一步梳理基于社区协同教研模式下进行观课、议课的优点与不足，对于优点进一步发扬和保持，对于存在的问题与缺点则及时完善、改进方案。

本章参考文献

[1] 顾明远. 教研是保障基础教育质量的重要支撑 [J]. 人民教育，2020 (13)：33-34.

[2] 刘月霞. 质量大计，教研为先 [J]. 人民教育，2019 (21)：13-17.

[3] 迟佳鸣. 新时期对网络教研的探索 [J]. 产业创新研究，2020 (20)：61-63.

[4] 徐森林，邱世信. 数字网络化教研的实践探究 [J]. 江西教育科研，2007 (2)：93-94.

[5] 武滨，左明章，阚伟，等. 基于活动理论的 CTMA 区域网络教研模式研究 [J]. 中国电化教育，2017 (9)：104-110.

[6] 徐劲梅. 网络教研纵横谈 [J]. 教育科学研究，2010 (10)：75-76.

[7] 霍丽荣，张文晓. 基于博客和 Google-Group 的网络教研平台对比研究 [J]. 现代教育技术，2009 (7)：102-105.

[8] 严玮. Web2.0 在农村中小学跨校教研活动中的应用研究 [D]. 云南师范大学，2014.

[9] 刘力源. 基于"互联网＋学习共同体"的高中地理教师自主教研提升策略研究 [D]. 河北师范大学，2020.

[10] 黄冠. 基于知识管理的网络教研平台构建研究 [D]. 西南大学，2008.

[11] 王世曾. 基于网络教研备课平台的教师个人空间建设研究 [J]. 中国电化教育，2012 (11)：140-142.

[12] 张璇. 基于社会性软件的网络教研平台设计与研究 [J]. 中国电化教育，2016 (11)：119-123.

[13] 武晓萌. 基于网络学习空间的协同教研模型构建及策略研究 [D]. 东北师范大学，2019.

[14] 陈鲁峰. 网络教研：助力教师专业成长 [N]. 中国教育报，2012-03-15 (06).

[15] 史金梅. 依托网络教研提升教师信息素养的研究 [D]. 华东师范大学，2011.

[16] 胡小勇，曹宇星. 面向互联网的教研模式与发展路径研究 [J]. 中国电化教育，2019 (06)：80-85.

[17] 吴敏. 网络教研对教师专业化成长的作用和意义 [J]. 开封教育学院学报，2013 (07)：213-214.

[18] 王成波. “互联网+” 背景下教师自主研修的思考与实践 [J]. 职业教育 (中旬刊)，2018 (06)：74-75.

[19] 祁玉娟. 基于教师专业发展的教师非正式学习研究 [D]. 湖南科技大学，2008.

[20] 谢国平. 倡导教师自主研修 [J]. 基础教育参考，2014 (16)：76-77.

[21] 师海红. 骨干教师工作坊初中英语教学关键问题实践研究 [J]. 基础外语教育，2020 (05)：48.

[22] 武丽志. 让虚拟照进现实：互联网时代乡村教师专业发展的生态学分析 [J]. 教育信息技术，2018 (05)：3-6.

[23] 辛宪军. 教师工作坊研修方式初探 [J]. 中国成人教育，2017 (22)：142-145.

[24] 刘伟菁. 教师工作坊研修的主题选择与运作方式 [J]. 中小学教师培训，2015 (08)：11-14.

[25] 赵文. 基于网络学习空间的农村偏远学区混合教研模式构建与实践研究 [D]. 西北师范大学，2016.

[26] 王志临. 互联网环境下城乡教师协作教研方式的探究 [J]. 科教导刊 (中旬刊)，2020 (03)：62-64+83.

[27] 康曼. 基于网络研修社区的教师研修模式与策略研究 [D]. 福建师范大学，2015.

第五章　网络学习空间与学校管理

第一节　网络学习空间人人通下的学校管理

一、网络学习空间人人通下学校管理的内涵

学校管理从19世纪开始逐渐成为教育研究的重要领域，主要是指管理者通过一定的组织形式实现学校教育目标的活动，由管理者、管理对象以及管理手段构成，具有教育性、服务性、文化性、创造性的特点。当今，在教育现代化的发展背景下，学校管理者应当通过教育教学信息化改革来创新学校管理模式，优化教育教学资源配置，进一步推进学校教育治理现代化。

随着2018年教育部开始推动网络学习空间的建设与应用，如何利用网络学习空间整合学校的教师平台系统、学生平台系统等事务管理系统进而建立系统化、高效率的校本管理逐渐成为学校管理研究的重点。首先，要以网络学习空间建设为导向，学校管理进一步实现网络学习空间下的“现代化”，并基于共享的网络学习空间，及时更新学校管理理念，构建起网络学习空间下的学校管理体系，进而提升学校管理的效率，促进学校管理的改革创新。同时，在学校管理当中应当充分发挥学校管理团队领导力的信息化素养的优势，使其作用于学校管理；充分发掘学校管理的新组织体系，并在网络学习空间背景下进行学校管理组织变革。

综上，在网络学习空间人人通的背景下，学校管理是学校管理者利用网络空间对学校有序地进行学校教师管理、学生管理等事务管理，进而优化教育教学组织流程，提升教育教学管理绩效的活动。

二、网络学习空间人人通下学校管理的特点

（一）人本化理念

《义务教育学校管理标准（试行）》中指出："学校管理水平直接关系到学校的办学质量。学校管理标准既应考虑办学条件的改善，更要强调学校内涵的提升。"因此，在网络学习空间环境下，学校管理应当在符合《义务教育学校管理标准（试行）》下继续"坚持育人为本、全面发展的办学宗旨"，充分尊重学生的个人价值，并通过创新学校的教育教学环境，促进学生的综合素质全面发展，进而践行网络学习空间下人本化的教育教学改革。

（二）系统化实施

在网络学习空间建设逐渐普及的背景下，学校各个部门应根据学校发展的实际需要，对学校的治理体系进行相应的符合网络学习空间要求的系统化改革，进而优化教育资源配置，提升学校管理效率和水平。在学校整体的发展过程中，学校管理者通过构建网络空间支持下运转高效的网络管理系统，及时科学地跟进学校管理的措施与评价，促进学校的高效运转。基于网络学习空间人人通的系统化管理，首先应以人才培养为核心，整体推动学校各项相关管理的系统化改革，同时，学校各项管理改革应遵循网络学习空间的技术标准和数据格式，形成相互兼容、协同运行的系统化管理平台，从而形成整体高效运行的管理系统。

（三）规范性管理

学校管理的规范性有利于网络学习空间下学校信息化管理模式的改革与完善，体现在教育教学过程中则是学校管理者运用相应的信息技术进行规范的学校管理信息的发布、学校事务的管理以及学生管理等事务。在网络空间学习环境下，信息化的学校管理更加要求管理的规范性。规范性的学校管理为网络学习空间下的学校管理提供了一个相对科学的标准，有利于学校教育教学质量的提高，在一定程度上对学生的学习评价也有一定的积极影响。

（四）数据化管理

在教育信息化管理体制的构建中，基础教育学校需注入大数据思维，在符合学校基础情况的前提下，需要搭建教育大数据治理平台，以实现大数据的自由流动与共享使用。而在网络学习空间人人通的环境下，通过在学校管理中注入大数据思维，能进一步促进学校管理工作的有效性，提升学校管理的效率。

（五）开放性管理

基于网络学习空间可以实现学校对外的开放性，通过基于网络学习空间的开放性运行，不同学校管理经验方法可以实现交流与分享，进而学校间可以相互学习、取长补短。同时，基于网络学习空间可以实现学校对内的开放性，通过把学校管理过程的信息、资源等向校内管理人员和师生开放和共享，可以实现学校管理数据流动畅通和全面覆盖，进而有效提升学校的管理效率和管理水平。

三、网络学习空间人人通下学校管理的应用

加强网络学习空间建设与应用，旨在形成以实名制空间为纽带，贯通学校教学、管理与评价等核心业务的“互联网＋教育”新生态。基于网络学习空间人人通的学校管理，主要包括教师管理、学生管理、学习管理、家校管理和资源管理等五个方面的应用，旨在形成基于空间的教育治理的常态化，推进人人皆学、处处能学、时时可学的学习型社会建设。

网络学习空间人人通下的教师管理，可以基于网络学习空间，开展教师基本信息管理、事务信息管理和师生互动交流，进而规范教师管理组织模块，推进管理业务重组、流程再造，提高教育治理能力，提升教师管理绩效。

网络学习空间人人通下的学生管理，可以基于网络学习空间，对学生进行伴随性记录成长过程，管理和展现学习成果，记录综合素质评价过程性数据，以提升学生自主学习与自我管理的综合能力。

网络学习空间人人通下的学习管理，可以基于网络学习空间，对学生的学习过程进行追踪、学习进度进行预警、学习结果进行诊断、学习效果进行反馈，从而促进学生主动学习能力的提升，达到自我进行学习管理的最终目的。

网络学习空间人人通下的家校管理，可以基于网络学习空间，搭建老师与学生、家长之间涵盖日常教学、管理工作与学习活动的一种可沟通的空间，进而实现家校互动常态化，实现家校共育。

网络学习空间人人通下的资源管理，可以基于网络学习空间，打破资源界限，对数字化教育资源进行融合、定制推送，进而实现数字化教育资源的汇集和分享，开展跨班级、跨学校、跨区域的开放式共享服务，实现资源从服务个别环节向服务育人全过程转变。

第二节　网络学习空间人人通下的教师管理

一、网络学习空间人人通下教师管理的内涵

随着网络学习空间建设与应用的深入推进，如何利用网络学习空间进一步整合学校的各个平台进而建立系统化、高效率的教师校本化管理逐渐成为教师管理研究的重点。首先，要以网络学习空间建设为导向，使教师管理进一步实现网络学习空间下的现代化，并基于共享的网络学习空间，及时更新教师管理理念，构建起网络学习空间下的教师管理体系，从而进一步提升教师管理的效率，促进教师教学管理的改革创新。同时，在教师管理当中充分发挥学校教师管理团队领导力的信息化素养的优势，发掘教师管理的新组织体系，理顺管理体制机制，并在网络学习空间背景下，建设高素质专业化创新型教师队伍，推进网络学习空间人人通下教师管理现代化建设。

综上，在网络学习空间人人通的背景下，教师管理是学校管理者利用网络空间有序地对教师进行信息化管理，进而优化教育教学组织流程，提升教育教学管理绩效。

二、网络学习空间人人通下教师管理的特点

（一）管理理念人本化

《中国教育现代化 2035》中指出，“高素质专业化创新型的教师队伍是加快教育现代化的关键”，要“努力建设一支有理想信念、有道德情操、有扎实学识、有仁爱之心的教师队伍”，更好承担起时代重任。因此，在网络学习空间环境下，教师管理应当在符合《中国教育现代化 2035》下创新师德建设机制，从人文关怀的视角出发，进一步激发教师的主体功能，以此促进学生的综合素质全面发展，进而践行网络学习空间下人本化的教师管理体制改革。基于网络学习空间人人通的教师管理，首先应将“以人为本”作为教师管理的核心理念，进而推动学校各项教师管理相关改革，为学校人才培养质量提升提供有力的支撑。同时，在教师管理理念人本化的基础上，各项教师管理改革应遵循网络学习空间的技术标准和数据格式，搭建相互兼容、协同运行的系统化教师管理平台，用网络信息技术来撬动教师管理的新形式变革，从而形成整体高效运行的教师管理系统。

（二）管理模块规范化

教师管理模块的规范化是指管理者基于网络学习空间对教师管理中的基本信息、

教务管理、人事管理、师生互动等模块进行规范化管理。规范化的模块管理为网络学习空间下的教师管理提供了一个相对科学的标准，有利于教师管理质量的提升。在当下网络学习环境中，规范的教师管理的重要性也进一步凸显出来。教师管理在时代发展的基础上，依托当下数字化转型的机遇，须逐步建构出与现代网络环境下学习型社会相匹配的数字化、网络化和规范化的教师管理新模式。

（三）管理流程高效化

网络学习空间的支持下，教师管理与信息技术的交融将使得教师管理的流程更加简便；一定程度上缩减教师管理的流程，将使教师管理的流程更加高效，凸显网络空间下教师管理流程的智能化与科学化。在教师管理中注入大数据思维，能进一步促进教师管理工作的有效性，有利于及时科学地跟进教师管理的措施与评价，提升教师管理质量。

三、网络学习空间人人通下教师管理的应用

（一）管理教师基本信息

网络学习空间人人通支持下的教师管理能够对教师基本信息进行管理，主要是通过相应的信息化教育教学平台，对教师的个人信息进行相应的管理，如教师姓名、性别、联系方式等，以此实现对教师的个人信息的管理功能。在网络学习空间环境下实施教师管理，学校管理者要继续坚持“以德立身、以德立学、以德施教、以德育德”的教学理念，加强对教师师德师风的监察监督，强化师德考评，体现奖优罚劣。

（二）优化教师事务管理

网络学习空间人人通中的教师管理是指在网络学习空间下，管理者为教师搭建信息化的系统，实现对包括教务管理、人事管理在内的教师事务管理的优化。同时，要运用系统科学的网络学习空间信息化的理论对教师事务管理的系统结构进行全面且系统的分析，积极探索信息化时代下全新的教师事务管理新模式，进而转变教师管理理念，维护教育教学过程中正常的教师管理秩序。

（三）支持师生互动交流

网络学习空间人人通支持下，可利用现代化的网络资源，搭建全新的师生互动新模式，以此实现教师管理平台师生互动交流全方位的完善以及进一步的优化，也可以构建师生信息化学习交流社群，建设教育技术能力在线培训平台和网上学习指导交流社区，完善师生互动交流新形式。

四、网络学习空间人人通下教师管理的案例

（一）案例介绍

本书以智汇 e 校园 APP 管理平台为例来分析网络学习空间人人通支持下的教师管理的具体功能。见下图 5-1。

图 5-1　教师管理

智汇 e 校园 APP 管理平台是一款着力于“互联网＋K12”基础教育阶段的校园管理软件，能够通过网络形式对教师进行信息化管理，能够将教师的请假、通信录等内容直接展现出来，形成教师个人的信息数据库，能够帮助学校全面掌握教师个人信息情况，对教师出勤、绩效等事务功能进行管理，同时也能让教师及时查看学生的选课、课表、花名册等教务信息。

（二）功能应用

1. 个人信息管理

智汇 e 校园 APP 借助于网络学习空间，通过教师端实现对学校教师的管理，例如对教师的姓名、电话等的个人信息的管理，同时能够实现对教师的短信、通信录等教师个人通信信息的管理，能够满足教师日常交流所需，方便教师的日常工作，使得

教师办公更加方便快捷，在一定程度上能够提升教育教学效率。

2. 教师教务管理

智汇 e 校园 APP 支持对教师的任课情况进行管理，为教师搭建了相应的符合网络学习空间要求的教务管理系统，主要有以下几个功能：选课、办公、课表、作业、花名册等。教师可以根据自己担任的教学科目，通过教师管理系统进行选课，可以查看课表信息，可以根据学生花名册查看自己班级学生的名单，可以查询到自己的工资情况，也可向学校进行请假申请。同时，教师线上批改学生作业，提高了教学效率。

3. 教师事务管理

智汇 e 校园 APP 有以下事务管理功能：工资、请假、缴费等。校园 APP 平台对教师的事务进行管理，简化了相关事务的办理程序，实现了学校对教师团队人性化的管理。

4. 师生互动交流

教师可以在智汇 e 校园 APP 中与班级师生进行教学交流互动，展示教师教学、学生学习风采等，为师生打造了一个高质量、信息化的交流讨论社区，更有利于教师教学活动的展开。智汇 e 校园 APP 师生互动交流功能的应用，进一步将网络学习空间与教师管理有机结合，实现了学校对教师团队人性化的管理。

第三节　网络学习空间人人通下的学生管理

一、网络学习空间人人通下学生管理的内涵

学生管理也称作“学生事务管理”“学生工作管理”“学生服务管理”等，是学校管理中十分重要的组成部分。学生管理在西方一些发达国家已经发展得较为制度化和规范化，我国则在实践中形成了一个由学校党委集中领导，院系、年级、班级逐级管理、条块结合的学生事务管理运作模式。随着教育领域的不断改革，“学生管理”越来越成为一个专业术语。从学生管理的实践发展来看，在我国，无论是基础教育阶段还是高等教育阶段，学生管理皆包括学校教育中对学生相关工作的组织和管理，其主要事务包括学生学籍的变动与管理，入学、休学、退学的注册与办理，学生成绩考核，学生升、留级，出勤与纪律的督促与管理，奖励与惩罚，学生升学与毕业事项的处理等。

随着科技的不断进步，大数据、人工智能等新兴技术也为学生管理提供了新的手

段。在此背景下，基于网络学习空间人人通的学生管理就是指通过网络学习空间管理学生的事务，引导学生基于学习空间记录学习过程、学习成果以及德育过程数据，为学生多方面评价提供依据，旨在致力于从传统的面对面的学生管理模式转变到基于网络学习空间的管理模式，通过线上的方式解决传统学生事务管理复杂烦冗等诸多弊端。因此，基于网络学习空间人人通的学生管理主要包括利用网络空间平台进行伴随性记录成长过程、管理和展现学习成果、记录综合素质评价过程性数据三个方面，以提升学生自主学习与自我管理的综合能力。

二、网络学习空间人人通下学生管理的特点

从传统面对面的方式转变到基于线上的网络学习空间，学生事务管理方式发生了巨大的变化。以下对基于网络空间的学生管理带来的理念、流程、思维、方式、便利性等方面的转变进行阐述。

（一）“用户思维”理念

网络学习空间人人通下的学生管理基于“用户思维”，强调以人为本。传统的学生管理理念强调的是“客户思维”，管理者占主导地位。在互联网高速发展的今天，学校教育的管理者或者教职员工并不是学生管理的对象，应强化产品面向用户的体验，由“用户思维”逐渐取代传统的“客户思维”，即学生是使用管理产品或者产品服务的人，教育类产品最终强调的是用户（学生）的使用体验，进而体现了教育过程中“以人为本”的教育理念。当前基于网络学习空间人人通的学生管理就是利用线上平台或者教育类软件产品，实现并且优化传统学生管理应该实现的功能。借助网络赋权，以学生的需求为出发点，构筑从原来管理者“权力驱动”的管理模式向被管理者“需求驱动”的服务模式转变。

（二）管理流程简化

网络学习空间人人通下的学生管理强调管理简约化，简化管理流程。传统学生事务管理工作模式复杂烦琐，各个部门分工明确，信息封闭，事务处理烦琐，管理模式僵化，且一味注重学生学习结果的考量与评价。而基于网络空间平台的学生管理可以有效地解决上述问题。当前一些教育产品、学生管理平台在简化学生管理流程方面做得很好，有些产品界面简单美观，学生容易上手操作，导航功能一目了然，学生可在自己操作的过程中实现自主学习，锻炼自我管理的能力。

（三）管理思维数据化

网络学习空间人人通下的学生管理平台建设强化了数据思维，有利于高效管理学

生事务。大数据思维融入学生管理系统之中，可以细分学生不同的事务领域，针对不同学生的特点进行精确化、差异化、个性化的管理与服务，通过技术手段实现学生管理智能化。例如，根据学生自我浏览的课程数据推荐出适合不同学生的在线课程，达到因材施教的效果；根据教师浏览的信息智能推送相关管理信息，从而提升学生管理的效率，更加方便快捷地管理学生，提高学生自主管理的能力。

（四）评估方式多样化

网络学习空间人人通下的学生管理采用丰富的学生管理评估方式，从而提高学生管理质量。随着教育领域的不断变革，教育在追求公平公正的道路上也更加注重教育质量的评估与提升。同样，学生管理质量的提升与评估方式的选择也成为学生事务管理中最为重要的内容。学生事务管理的质量需要通过评估来证明和反馈，国内的研究有从课外活动、第二课堂的角度谈学生事务管理对于学生发展的意义。例如在系统划分不同类型课外活动的基础上，基于学生调查数据，从实证角度系统分析了校园内外各类课外活动参与经历在高校学生能力塑造中的影响效应。也有研究通过一定时段的追踪得出结论，课外活动经验可以有效预测大学生的积极发展水平，积极发展水平高的大学生会主动选择参与各种课外活动。基于网络学习空间人人通的学生管理采用多样化的评估方式，提升了学生管理的质量。

（五）应用便利化

网络学习空间人人通下的学生管理平台可以方便快捷地整合资源信息。在传统方式下，学生管理仅仅是加强学生对知识的学习领悟，是对学校各类管理制度的严格执行，学生信息大多数处于静止的状态。在这种情况下，学校管理者或者教职工难以获得学生全面的信息，也就无法掌握学生具体的情况，进而难以切实有效地管理学生。但是基于网络学习空间人人通的学生管理是基于系列技术支持的平台来对各种学生的相关信息进行整合和分析，通过对学生日常行为的记录与监控，管理和展现学生学习与生活的过程与成果，分析学生不同时期对不同知识的掌握程度以及不同时期学生心理发展的特点等，帮助管理者观察与分析学生的生理与心理活动，进而能够全面掌握学生的个人状况。

三、网络学习空间人人通下学生管理的应用

基于网络学习空间人人通的学生管理在应用方面主要致力于利用线上学习空间展现学生学习过程和学习结果，从而为评价学生提供过程性依据，并且注重在日常学习与生活中提升学生的德育品质。基于此，本书认为网络学习空间人人通下的学生管理

应用具体包括三个方面。

（一）伴随性记录成长过程

伴随性记录成长过程就是指教师可以根据平台提供的多维指标，在教学过程中随堂记录学生课堂参与度、回答问题次数、作品展示、小组合作、互相评价、课后作业等多方面的情况，并对学生相应的学习情况做出评价或打分。在阶段性学习结束之后，教师可以为学生制作学习文件夹，记录学生在此学习过程中每一步的活动体验经历，形成学生的成长记录手册。随着学生学习活动的进行，教师在平台上不间断地记录学生学习和生活各方面的行为表现与思想动态，这样对学生的自主学习不但产生监督的作用，而且可以督促学生养成自主学习意识。在进行阶段性总结的时候，平台可以根据每个学生这一阶段的学习与生活记录，智能生成对学生的评价。这个评价可以是综合各个评价层级的一个分数，也可以是一份多级评价量表，进而为教师评价学生提供可靠的参照。

（二）管理和展现学习成果

基于网络空间平台管理和展现学习成果指通过线上网络空间，对学生的学习成果进行总结、展示、多方面评价等，进而激励学生不断取得进步。这个学习成果既包括学生一次考试或者一次主题制作与汇报的成绩与作品，也包括阶段性学习过程中，学生每节内容的学习成果的汇集与累积。学生将自己的学习成果以照片、视频、录音等形式上传到管理平台上，学生相互之间可以看到彼此的学习成果，也可以互相交流评价。通过对平台上学生学习成果的打分与评价，学生可以得到他人的意见和建议，更好地认识自己的优点与不足，进而鼓励学生自主地反思和改进，以达到学生自我评价、自我管理、自我进步的目的。教师以及管理者也可以很清晰地看到展示交流评价过程中学生的参与情况，进而掌握学生对于知识的理解程度，同时平台汇集的反馈信息，也更好地为教学方案的制订、教学过程的改进等提供了参考和依据。

（三）记录综合素质评价数据

基于网络空间记录综合素质评价数据指教师利用网络学习空间，伴随课内外教学、研学活动的组织与进行，记录学生综合素质方面发展与进步的数据，从而帮助学生养成正确的意志品质，促进学生全面发展。综合素质评价是记录和分析学生德智体美劳等方面发展状况的重要手段，是深化教育改革、落实立德树人根本任务的必然要求。对学生进行综合素质测评，可以更好地了解、发现、拓宽学生的综合技能，使学生更好地与社会进行衔接。基础教育阶段的综合素质一般包括道德与素养、学习与创新、合作与交流、运动与健康、审美与表现等方面。基于网络学习空间人人通的学生管理平台，教师根据网络平台提供的综合素质记录单或者综合素质多维评价表，记录学生在学习活动以及生活实践中表现出来的德智体美劳等多方面的进步与发展。同时，网络平台可以自动记录学生使用平台学习的次数、时长、浏览资源类型等，进而对学生综合素质评价的数据进行补充完善。

随着我国素质教育的推广与发展，如何创新教育评价方式，采用多样化的教育评估方式，是当前教育评价改革关注的重点。基于网络空间人人通的学生管理平台，对综合素质评价过程性数据进行记录，可以收集学生学习过程中的知识进步与个体成长的数据，既可以为教师对学生进行综合素质评价提供过程性依据，也可以帮助学生养成自我反思、自我改进的意识和能力。

四、网络学习空间人人通下学生管理的案例

（一）案例介绍

伴随着学生管理产生的需求，技术支持的手段也催生出了一系列学生管理相关的教育产品。大数据背景下，这些教育产品不仅满足了新时代学生管理工作的需求，而且给学生管理者带来了极大的便利。本书以线上学生管理 APP51 校园为例，展示该软件学生管理的基本功能。

51 校园 APP 是一款专门为学校打造的校园学生事务管理、沟通交流的线上平台。它集教学活动、学生管理、家长沟通于一体，可以为教师和学生提供最新的校园资讯，快速开展学习、课外活动，帮助学校高效管理学生事务。学生也可以通过该平台了解到自身的学习情况以及综合素质的发展状况，激励自身不断发展提高，并在自我管理中提升自己的各方面能力。51 校园 APP 在当前基础教育阶段应用比较多，它可以满足中小学学生日常学习、生活事务管理的基本要求，软件排版简单直观，家长和学生比较方便上手操作，下载手机端就可以实现这些功能。

（二）功能应用

1. 班级学生事务管理

每一个班级群都包括对应班级的学生、任课教师、班主任以及学生家长。教师可以在班级群里发布考勤通知、学习任务、布置作业，学生可以在特定的课堂上利用电子设备参与考勤签到、完成教学任务、参与教学活动等，家长也可以实时参与交流。如下页图 5-2。

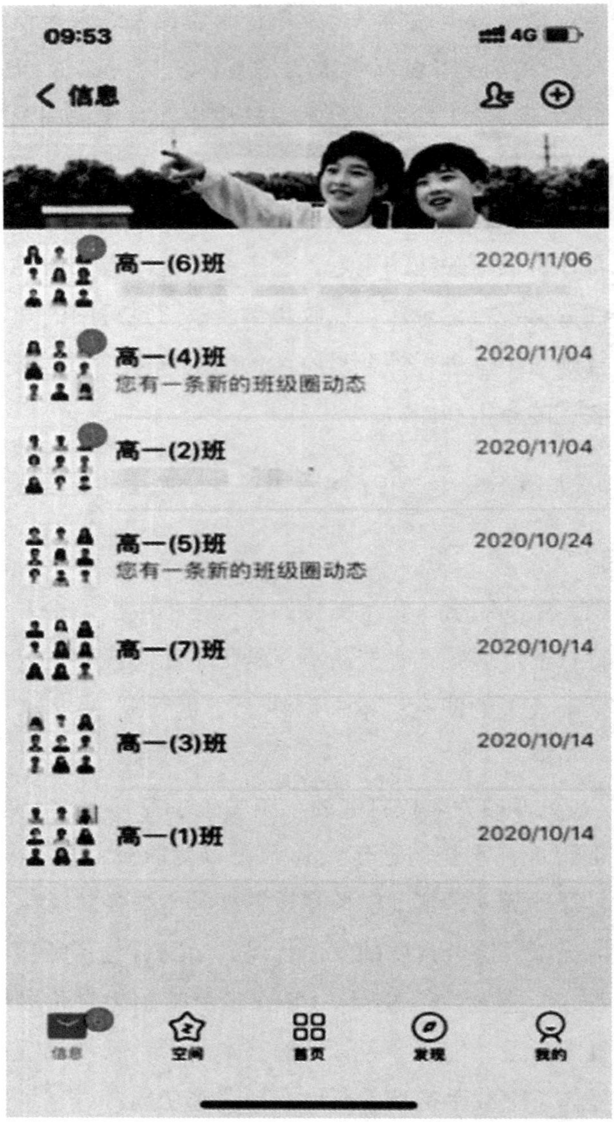

图 5-2　班级学生事务管理

2. 伴随性记录成长过程

（1）家庭作业。“家庭作业”中教师可以发布作业、布置任务，并且在学生完成作业时进行批改与评价，给出评价分数或者留言给学生进行反馈。教师在此功能中还可以得到学生是否掌握知识的反馈信息，并对自己的教学环节进行反思与改进。如下页图 5-3。

图 5-3　家庭作业

（2）课堂点名。“课堂点名”功能是对学生考勤的监督和控制。在此功能中，教师可以发布点名活动，对学生进行逐个标记，也可以查看往日点名明细，对学生的考勤进行管理与分析。如下页图 5-4。

图 5-4　课堂点名

（3）请假管理。“请假管理”中，学生可以在平台上提交请假申请，班主任审批后可以拒绝或者同意。平台会在阶段性学习之后，根据请假管理中学生的请假与缺勤次数，自动生成学生课程到课率、缺勤率、请假次数统计，方便对学生进行管理。如下页图 5-5。

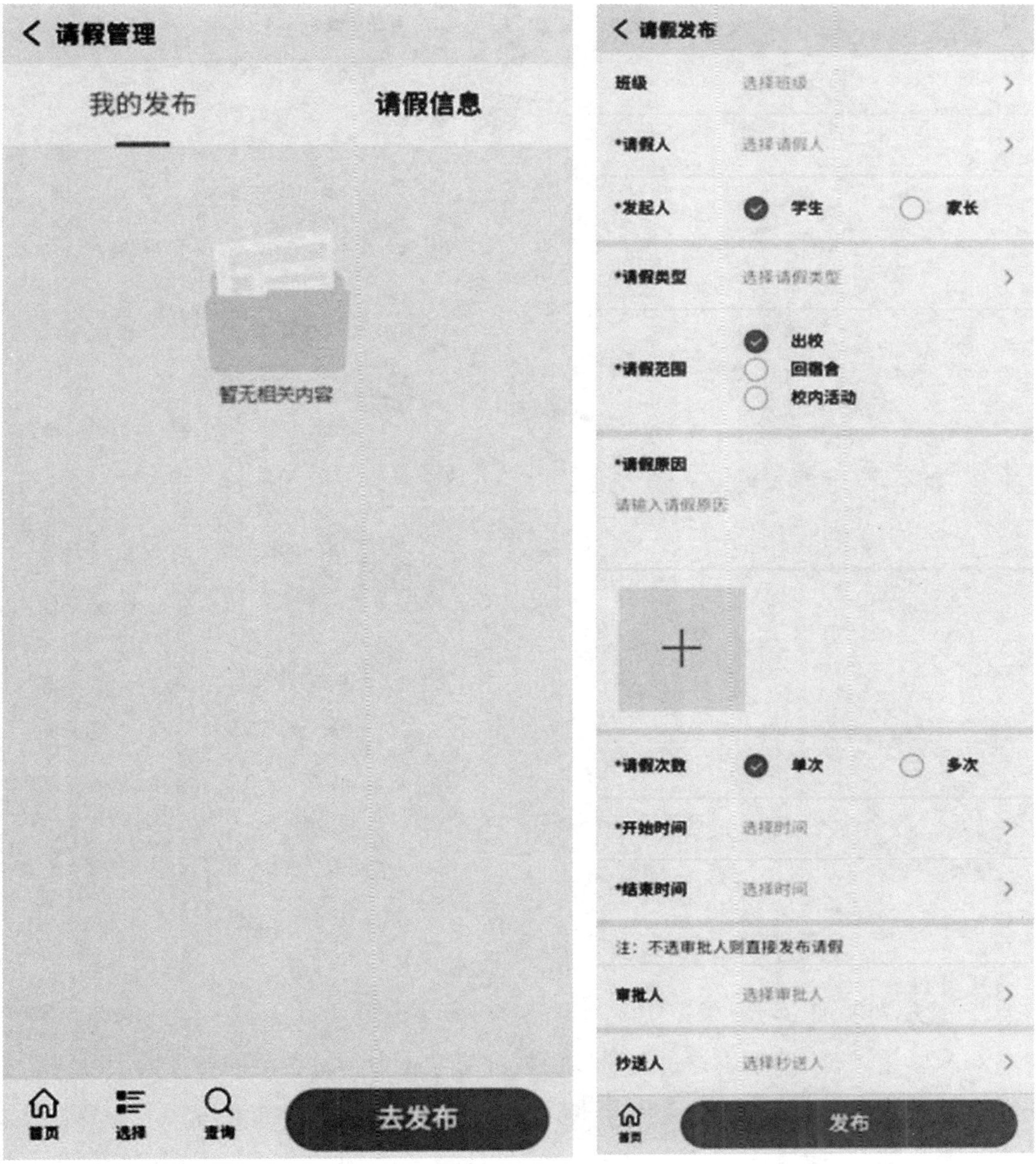

图 5-5　请假管理

（4）校园相册。“校园相册”中教师可以上传学生参与课内外活动时的照片，伴随性记录和展现学生学习活动的过程与结果，为教学提供依据，为学生评价提供参照，激励学生不断进步。如下页图 5-6。

图 5-6　校园相册

图 5-7　学生评价

3. 管理和展现学习成果

（1）学生评价。“学生评价”可以由教师对学生参与教学活动各方面表现进行打分或者做评语，也可以对学生期中、期末考试成绩进行展示公布和分析等。教师可以对学生个人某一方面进行评分与管理，也可以综合一个班的成绩与表现进行评价。如图 5-7。

（2）成绩分析。“成绩分析”功能是专门为教师开辟的可以对学生成绩进行展示与分析的应用。在此功能中，教师可以在自己班级内进行学生成绩的横向对比，也可以将不同班级的学生成绩进行对比。如下页图 5-8。

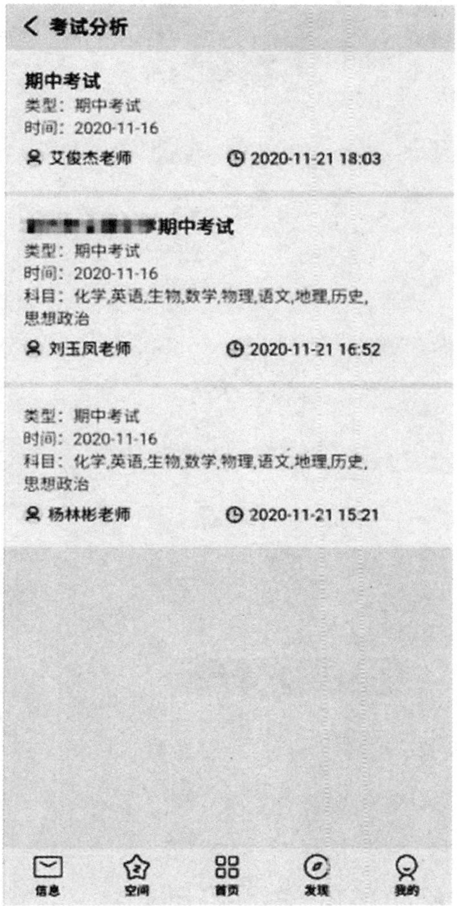

图 5-8 成绩分析

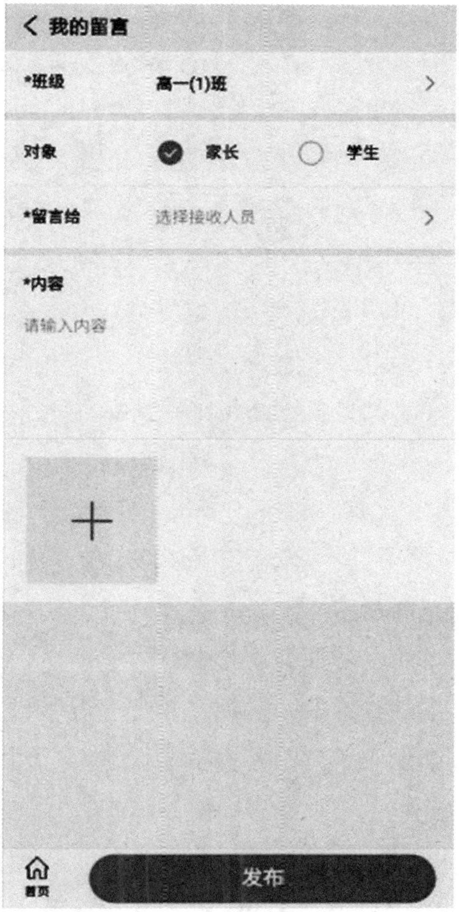

图 5-9 电子留言

4. 记录综合素质评价过程性数据

（1）电子留言。“电子留言”功能是提供给教师和学生及家长进行沟通和交流的平台。教师可以对学生或者家长发布留言，留言对象也可以进行回复。如图 5-9。

（2）德育管理。“德育管理”功能是对学生德育方面进行交流与管理的空间。此功能下分为校风登记、校风列表、个人校风、班年级校风四个平台。教师可以为学生个人进行校风登记，也可以记录班级、年级团体的综合素质提升情况，在教学、研学活动中进行伴随性德育活动的记录与管理，激励学生提升自己的综合素质与道德水平。如下页图 5-10。

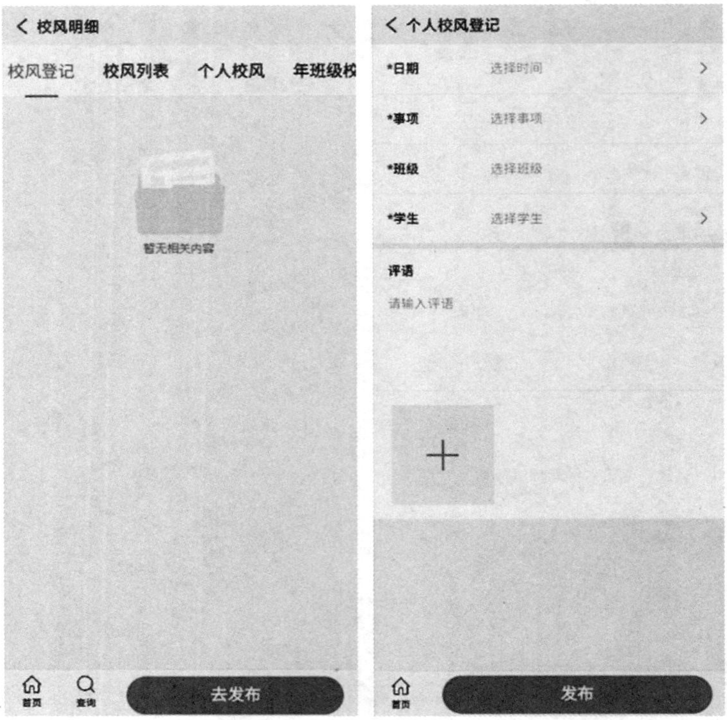

图 5-10　德育管理

第四节　网络学习空间人人通下的学习管理

一、网络学习空间人人通下学习管理的内涵

尽管不同专业领域对于学习管理的内涵理解有所不同，但是大多数专家认为，学习管理始终与学习过程的管理和学习活动的组织密切相关。在教育教学领域，学习管理主要有两方面的观点。一种观点是基于教师的立场，认为学习管理主要是强调教师在教学过程中对学生的学习活动的管理，包括保证学习活动的完整性、多样性、综合性和学习时间的分配等在内的学习活动方式的组织。另外一种观点是基于学生的立场，认为学习管理的焦点是服务于学习者的学习过程，覆盖从基本的行政管理功能（注册、档案管理）到高复杂度的个人学习计划在内的全部的学习活动。

随着网络学习空间人人通的普及应用，开放、共享、泛在的信息化学习环境已基本建成，进而学习管理的内涵与应用也得到了进一步的发展。本书认为网络学习空间人人通下的学习管理是利用网络学习空间，对学生的学习过程进行追踪、对学习进度进行预警、对学习结果进行诊断、对学习效果进行反馈的管理过程。通过学习管理，对学生实时跟踪学习进程，及时诊断学习结果，提供必要的学习预警和学习反馈，促进学生主动学习能力的提升，从而达到自我进行学习管理的目的。

二、网络学习空间人人通下学习管理的特点

（一）整体性统筹管理

传统学习管理最大的弊病在于欠缺对学生学习活动的整体性审视与过程性分析。而基于网络学习空间人人通下的学习管理面向学习活动的全部，对整个学习过程进行追踪、诊断和反馈，因而能够引导学生了解学习过程、学习进度与学习效果。由此，基于网络学习空间人人通下的学习管理引导学生积极地参与学习管理的全过程，使得学习制度与学生、学习制度与管理者、管理者与作为被管理者的学生之间的互动，突破了静态的、一元的、封闭的管理形式，有利于提高学生学习的自主性与效能感。

（二）全程性动态管理

传统学习管理难以全面、系统地反映学生的主要学习行为与学习进程，而网络学习空间人人通下的学习管理借助自适应学习技术，可以对学生学习过程进行全程追踪和实时动态评估，进而为每位学生提供真正个性化的学习体验。从学习目标确立，到学习内容分解，再到学习过程实施，教师可以分析行为管理的影响因素，获得过程管理的启发；从学生学习效果监测，到学习结果反馈，再到学习方式改进，教师可提升自己有效教学的技能。学习管理包括从取得学习资格时的初始管理，到全面认识其学习生涯整体脉络、对学习过程进行规范的过程性管理，再到经过学习活动后取得相应学习成果的结果性管理，更重要的是在学习的过程中进行动态管理。

（三）反馈性共有规则

基于学习管理的模式，整个学习组织是由教师与学生共同建立与完善的，教师教学的任何环节都可以与学生共同分担，课前预习、课堂教学、课堂管理、作业布置、考试评讲、学生辅导、实践活动等都可以让学生设计实施。教师的工作充满了挑战与创新，同时又拥有教育生活的闲暇。教师富余的时间，不仅可以用于改进教学过程，也可以用于外部学习、扩充专业知识、提升专业技能和更新专业观念。学生不仅仅是教学的对象，更是学习的主体，有了解整个学习过程的权利。学生不是被动地接受管理，他们也是管理过程的主要参与者。倘若不能让学生成为学习管理中的组成部分或调控因素，即使是再完善、合理的制度，也毫无意义。

（四）自主性学习管理

学习管理的基点就是学生自主管理，而促进学习主体的积极参与是学习管理制度建立的宗旨。学习主体的积极参与包括两层含义：一是学生要参与学习管理制度的制定；二是在制度执行的过程中，学生了解学习管理制度的态度是积极的，学习行为是积极的。网络学习空间人人通下的学习管理，可以将大量事务性的学习管理、学习检测、学习评价工作还给学生，支持学生进行自主性学习管理，教师只是扮演检测、督导的角色，从而把学习的主动权还给学生，并能够解放教师专业发展的空间与时间。

三、网络学习空间人人通下学习管理的应用

（一）跟踪学习过程和进度

在网络学习空间人人通下的学习管理系统中，教师可以全程监控学生个人和集体的系列学习活动，通过对学生行为进行学习分析形成独特学生模型，并在这个基础上生成学生个别化资料，由此提供个性化学习反馈。同时，基于网络学习空间人人通的学习管理系统，学生可自定学习计划和步调，创建个人课程，自主进行学习偏好设置以及构建自定义测试，以适应自身学习风格和学习需求，而系统也可以根据学生所选课程或者自动识别上传内容中的关键词，推送相关学习资源，跟踪学习过程，形成可视化课程进度，并提供反馈和测验，进而督促学生学习及调整学习状态。

（二）评估和诊断学习结果

要保证网络学习持续、有效地完成，必须有与之相配套的学习行为评估机制。网络学习评估是组织网络学习活动的关键和核心部分，可以通过对学生在学习活动中的各种行为和表现的参数收集，对其学习过程合理性、学习任务完成的有效性等方面做出量化评估。网络学习空间人人通环境下的学习管理系统可以根据教学活动组织者对网络学习者学习行为的预期目标，生成小测验，检查学生学习情况，保证他们完成离线作业。许多学习管理系统的测试系统允许课程教师共享测试题以及从教材供应商和第三方输入与输出测试题。测试题可从题库随机选出，用随机数生成量化测试题，进而可以给每个学生提供随机型的学习诊断评估。

（三）记录和分析学习成绩

网络学习空间人人通下学习管理系统可以记录学习成绩，进行学习分析并提供反馈建议。学习者的学习过程是一个总体不断前进的线性过程，而学习管理系统可以记录学习者不同学习阶段的学习成绩，进而既可以对学习者的发展水平进行评估分析，也可以为学习者提供一个自我内省、自我观察、自我监控的平台。同时，网络学习空

间人人通下学习管理一方面可以对学习进程及学习环境相关的数据进行分析，以理解和优化其学习过程，另一方面也可以为学生提供有助于完成学业的综合规划和咨询服务。

（四）预示和警醒学习效果

网络学习空间人人通的蓬勃发展与广泛利用，会产生大量的学习数据，如何利用这些数据对学习者的学习状态进行预警和反馈是一个非常值得探讨的问题。众所周知，学生的学习成绩并不是一个偶然事件，一个科目的历史成绩数据往往会影响学习者的后续课程学习，同时，一个学习者的基础学科成绩往往会影响其相关学科的成绩，也就是说，学习者的学习成绩存在一定相关性。基于此，网络学习空间人人通下的学习管理通过对学习成绩数据进行分析，可对学习者的学习效果进行反馈和预警，例如可以根据前期课程的考查结果分析出他有可能出现不及格的课程，从而提早介入对该课程的学习监管，向学习者及时推送学习资源来查漏补缺，跟上教学速度，从而达到更好的学习效果。

（五）交互与交流

网络化学习的研究与实践表明，交互对激发与保持学习动机、深化学习的参与度有重要的影响。网络学习空间人人通下学习管理的交互有异步交互和实时交流两种形式，提供师生和生生之间的异步交互和实时交流工具。异步交互为害羞、内向及口头表达技能不佳的学生提供了更多表达机会，常用的异步交互工具有讨论组、E-mail等。实时交流的参与性和互动性强，学生的需求能得到即刻满足。当前网络课程中常用的实时交流渠道有即时通信工具、视频会议、电子白板等。

四、网络学习空间人人通下学习管理的案例

（一）案例介绍

本书重点介绍班级优课大师的具体功能。

班级优化大师，是希沃公司专为教师打造的智能学习管理工具，通过AI等智能技术与学习管理的应用融合，帮助教师激活课堂学习氛围，提升学习事务处理效率。班级优课大师为中国的教师提供一种全新的智能化学习管理方式，利用数据云存储，实时跟踪并记录学生的学习过程，形成可视化课程进度；利用人工智能技术和学生行为点评数据，为教师的学习管理工作减负增效，助力孩子素质教育全面发展；记录学习者不同学习阶段的学习成绩，进而既可以对学习者的发展水平进行评估分析，也可以为学习者提供一个自我内省、自我观察、自我监控的平台；通过对学习成绩数据进

行分析，进而对学习者的学习效果进行反馈和预警，解决学习管理效率和成效的问题；利用光荣榜排名的机制，提高学生的课堂参与度，使得学生在课堂中积极回答问题，有效参与小组讨论。

（二）功能应用

1. 跟踪学习过程和进度

班级优课大师具有智能追踪学生学习过程的功能。其可以实现学生学习表现数据化并储存在数据云中。在数据云中的学习数据，设有信息保密系统，尊重学生的隐私。此平台可以帮助教师根据学习计划和目标创建相应的课程，检测学习过程和观察学生的学习偏好，也可以帮助学生适应自身学习风格和学习需求。而系统也可以根据学生所选课程或者自动识别上传内容中的关键词，推送相关学习资源，跟踪学习过程，形成可视化课程进度，并提供反馈和测验，进而督促学生学习和调整学习。如图5-11。

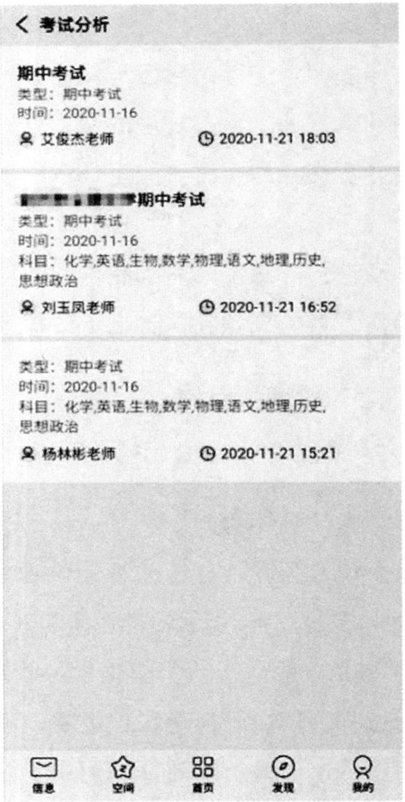

图 5-11　数据云存储

2. 评估和诊断学习结果

班级优课大师具有诊断学习结果的功能。班级优课大师是一套先进的学习管理软件，其结合目前最流行的学习综合评价系统，使得教师不管是在课堂上，还是在课余时间，都可以根据预先设定的评价项目对学生的学习进行评价记录。其结果是，孩子们想方设法地提高自己的分数，从而规范自己的行为，教师也达到了学习管理的目的。系统可自动生成学习报告，诊断学生的学习结果。因此，教师可通过该平台实现对学生的精准分析，定制专属的建议。也可以根据班级优误大师每周生成的光荣榜对学生进行表彰，同时把每周表扬学生的照片传到班级优课大师广播站中，激励其他的教师对学生多多表扬，使得教育充满爱与关怀。

3. 记录和分析学生成绩

班级优课大师具有记录和分析学生成绩的功能。在课堂中，班级优化大师为每一位学生设定了专属卡通角色，通过加减分、随机抽选进行角色升级，配合游戏化的规则、界面及音效，激发学生的好胜心与创造力。与此同时，学生的学习数据可自动记录、归档和计算。其结果是帮助学生记录每一阶段的学习成绩，方便学生不断审视自己。如图 5-12。

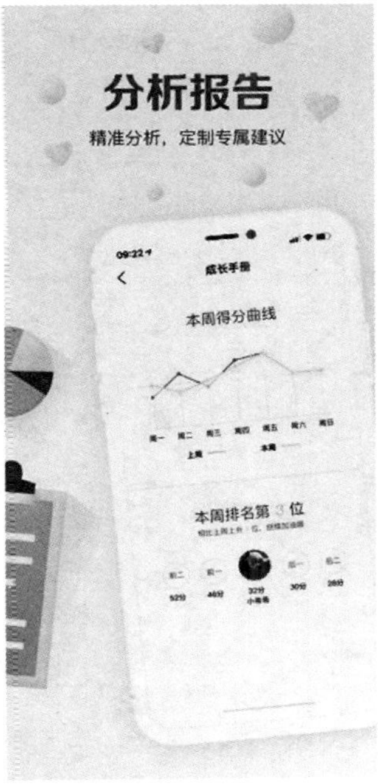

图 5-12　分析报告

4. 预示和警醒学习效果

班级优课大师具有预警学习效果的功能。班级优课大师对学习成绩数据进行分析，进而对学习者的学习效果进行反馈和预警，向学习者及时推送学习资源来查漏补缺。具体来看，班级优课大师可根据学生完成作业的情况进行点评，没完成作业或者超时完成作业则进行相应的点评警告，促使学生及时反省自己，进行积极主动的学习。实践表明，学生不完成作业的情况因此大大减少。

5. 交互与交流

班级优课大师具有交互与交流的功能。为了解决课堂沉闷、学生上课没兴趣、学习没动力等问题，班级优课大师以激励性的评价机制帮助教师打造游戏化的信息化教学特色。学生为了提高自己的分数，会积极参加课堂活动，比如回答问题、师生互动等，从而增加课堂投入度。同时班级优课大师特地设置了积分奖励制度，学生满 50 分就可获得一份表扬信，既激发了学生的学习投入度，也使得教育的过程充满了人文关怀。如图 5-13。

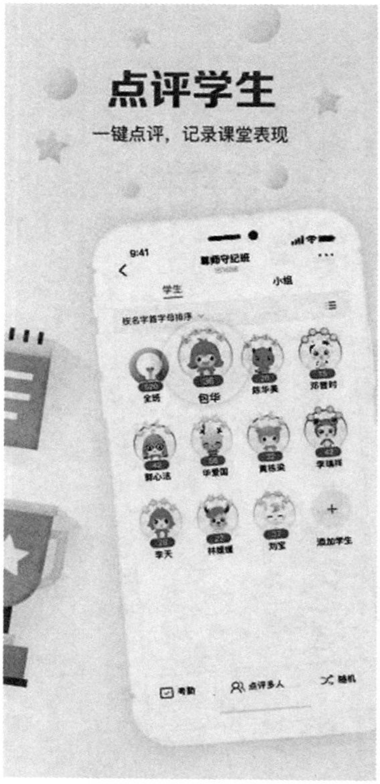

图 5-13　点评学生

第五节　网络学习空间人人通下的家校管理

一、网络学习空间人人通下家校管理的内涵

苏联教育家苏霍姆林斯基在《帕夫雷什中学》中提到：“儿童只有在这样的条件下才能实现和谐的全面发展，就是两个教育者，即学校和家庭，不仅要有一致行动，要向儿童提出同样的要求，而且要志同道合，抱着一致的信念。”由此可见，家校协同管理对于学生的学习和成长非常重要。

家校管理通常指对学生最具影响的两个社会机构——家庭、学校形成合力，通过家校互动共同对学生进行教育。家校互动是一种双向活动，家庭和学校是互动中的双主体，家长要对学校教育给予支持，学校要对家庭教育做出指导，因此，在家校互动过程中，学生、家长、教师三者间的相互交流尤为重要。

在新的时代背景下，伴随宽带网络校校通、优质资源班班通和网络学习空间人人通的逐步实施，如何在信息技术支持的条件下，基于网络学习空间人人通更好地促进家校互动进而提升家校管理的有效性，是当前亟待解决的问题。网络学习空间人人通下的家校管理是指为提高学校教育与管理工作，以促进学生的全面发展为目标，依托网络学习空间人人通平台，打破时间与空间的局限，使老师、学生和家长能够随时随地在网络上进行学习、沟通、互动，完成教与学的全面互动、教与管的全力合作、家与校的全面配合。基于网络学习空间人人通的家校管理能够搭建老师与学生家长之间涵盖日常教学、管理工作与学习活动的一种可沟通的平台，进而能够支持家庭、教师、学校进行全面参与和双向互动。

二、网络学习空间人人通下家校管理的特点

（一）互动及时性

在传统的家校互动中，教师或者班主任主要通过家长会或通知的形式向家长传递孩子在校的信息。在这种互动形式中，由于时间有限、人数较多，家长无法及时、有效、全面地向教师反馈学生情况，而教师也无法获取每一位学生的全方位信息。而在网络学习空间人人通的支持下，老师和家长可以依托微信、家校通等平台进行即时、全面、双向的互动。一方面，教师可以将每个学生在校表现及时与家长沟通和协商，寻求有针对性和个性化的解决方案；另一方面，家长也可以通过平台及时获取学生在

校表现信息，从而更好地与学校进行配合。因此，网络学习空间人人通下的家校管理可以使得家庭与学校间形成一种以学生为中心的即时、全面、有效的良性互动机制。

（二）互动全面性

在传统的家校互动中，家长与教师之间沟通、合作大多聚焦于学生的学习问题以及日常的行为表现问题，无法深入、全面反映学生在校期间的日常表现。人人通背景下家校管理可以突破传统家校互动内容的局限，全面关注学生日常的思想变化、行为习惯、健康状况等，全面反映学生在校表现。由此，教师通过平台与家长更多和更全面地互动，包括从生活到学习中的点点滴滴，目的是促进学生的综合素养发展，切实做到老师有教、学生有学、家长有督，三位一体促进学生的全面发展。

（三）互动高效性

在家校管理实践中，互动的低效一直是难以破解的一大难题，甚至由于家校互动的低效导致学生厌学、教师厌教和家长的厌倦。随着家校平台的应用，家长与教师可以通过视频功能、语音功能等进行良性沟通。一旦遇到学生学业、生活等问题的某一个“点”，及时与家长沟通，家长可以迅速获得学生在校情况。通过双方配合，教师既可以随时调整教育教学和管理，同时又可以提高家庭教育的效率。由此，人人通下家校双方根据孩子不同特点创新教法学法、创新管理办法、创新家校合作机制，进而提升家校互动的实效。

（四）互动公平性

在互联网的时代，不同于过去信息闭塞，家长可通过各种渠道、平台了解到学生在校情况，在了解的过程中，家长也希望自己的孩子能受到公平的对待。一方面，网络空间对每个人都是公平的，可防止学生因学习、家庭、身体、性别等因素而受到歧视。另一方面，网络下的资源、资料、数据、照片、政策等通过平台进行公示，对学生、家长、教师透明处理，防止招生腐败、考试舞弊、管理歧视、择校收费、资源配置不均等现象。

三、网络学习空间人人通下家校管理的应用

（一）支持网络下的互联互通

网络学习空间人人通下家校管理，可以有效支持对学生与家长的即时互通。教师把学生的思想状况、学习成绩、品行表现等通过家校管理平台全面、系统地反馈给家长，让家长及时了解、综合评判学生在学校的表现，有助于家长更全面了解孩子一学期、一学年乃至整个学习阶段的在校情况。通过网络下互联互通的模式，学校与家庭

可以保持高效、安全、可持续的沟通，助力学生成长。

（二）记录学生在校成长轨迹

成长轨迹记录包含了学生成长过程中的主要经历和典型案例，这些案例清晰反映了学生成长的过程，而成长轨迹记录中的写实性描述，真实地反映每一个学生全面发展情况和个性特长。班主任借助网络学习空间人人通下家校管理平台，可以跟踪学生的成长轨迹，及时准确发现学生取得的成绩和存在的问题，及时调整管理手段和措施，规范学生的成长方向，进而帮助学生确定个人发展目标，实现全面而有个性地发展。同时，教师也可以根据学生成长的过程性数据，以尊重学生的学习个性为前提，对学生进行综合评价，为学生的成长提供个性化的培养方案。家长通过学生的成长轨迹，可以及时与学校沟通，帮助学生健康发展。

（三）支持学生学习习惯养成

教师和家长可以借助网络学习空间人人通下家校管理平台，共同关注并培养孩子的良好习惯。教师可以基于家校管理平台，分析学生学习习惯的养成环节，分享学习习惯养成心得，探讨家庭教育经验等，进而促使学校与家庭形成合力来促进学生良好学习习惯的养成。

（四）支持智慧安全管理

学校安全管理包括六大主题：校园日常安全、突发事件预防与应对、自然灾害预防与应对、消防安全、交通安全、网络安全。学校通过平台发布每日安全“打卡”任务，学生和家长通过平台进行填写信息，收集学生考勤、体温等信息。尤其在疫情期间，学校不仅可做好线下突发事件应对措施，也在线上开发突发事件应急措施，学校通过查看平台上学生各项信息变化，如发现孩子存在安全问题，立即联系家长进行救援。在应对自然灾害、消防安全、交通安全、网络安全的问题上，学校可以既采用课上授课方式，又将相关安全知识上传到平台，通过这两种方式对学生进行安全知识教育，提升孩子的安全意识。

四、网络学习空间人人通下家校管理的案例

（一）案例介绍

本书选取了阿里巴巴集团为我国教育打造的免费沟通和协同的多端平台“钉钉家校群”，其主要面向全国中小学生用户群体。钉钉群现已成为疫情期间家校沟通的重要阵地，它打破了时空限制，为学校、家长的交流提供了便利。学校通过平台智慧管理，替教师减负，促学生成长，安家长苦心。教师在钉钉家校群里与家长进行双向沟

通，发布打卡任务，养成学生良好学习习惯，通过平台数据记录学生成长的点点滴滴。学生和家长也可以利用平台资源进行学习。

（二）功能应用

1. 支持有效沟通

教师通过钉钉群发布学期任务、课堂作业、学校通知等信息，重要消息直达家长，以家庭为单位自动统计。家长回复“收到”，则已读未读一目了然，可以节约教师的时间，家长也可以看到自己的沟通状态。如图 5-14。

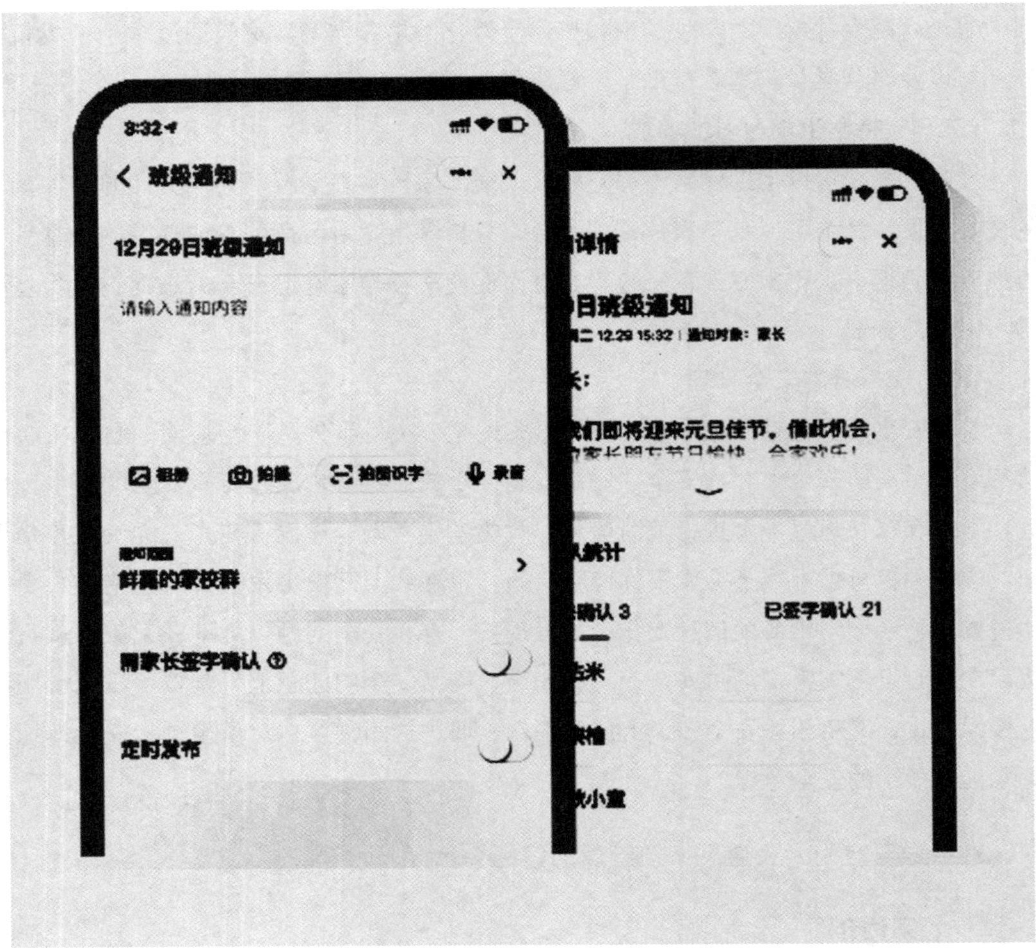

图 5-14　有效沟通

2. 养成良好学习习惯

教师在班级群中发布阅读、运动等打卡任务，支持自定义打卡天数，每天自动统计学生打卡完成情况，通过打卡机制，帮助学生养成学习好习惯。如图 5-15。

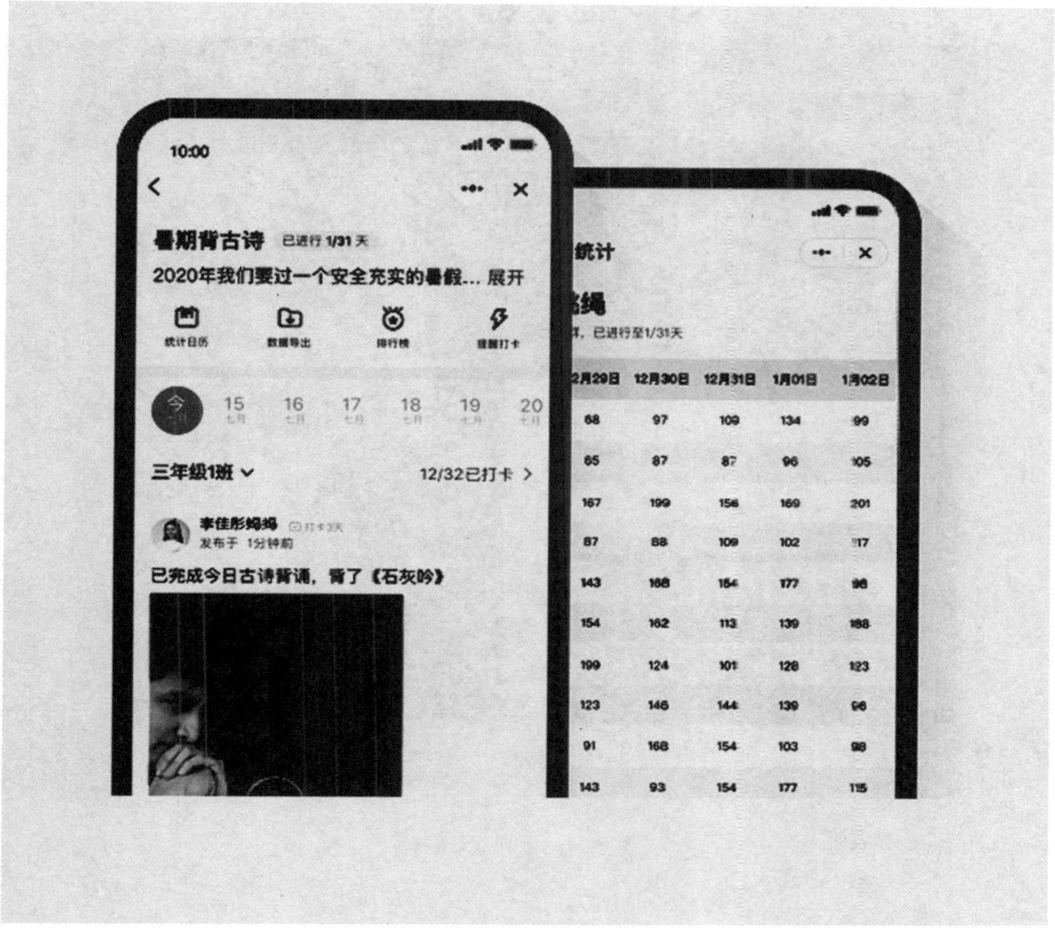

图 5-15　养成良好学习习惯

3. 记录成长轨迹

不仅在学校里有班级圈，钉钉打造的虚拟班级圈更加精彩。在班级圈中，老师可以对家长发布的内容点赞赠送小红花，也可以评论，营造积极向上的班级文化氛围。钉钉通过采集学生各项数据和学生上传的信息，系统性地记录成长全过程，家长也可以随时观看学生精彩瞬间。如下页图 5-16。

图 5-16　记录成长轨迹

4．海量资源下载

利用钉钉家校群功能模块，教师可以上传自己录制的课程。模块中还有海量题库，覆盖全学段和多学科，教师可以一键选择题库发送，提升教学效率。此外，教师可将优秀的，适合学生学习的资源上传到钉盘内，钉盘的文件和消息长期保存，学生和家长可随时查看。如下页图 5-17。

图 5-17　海量资源下载

5. 智慧管理

教师可运用钉钉表格功能，让学生在线填写信息，及时收集学生的各项信息，一键生成可视化表格，该功能支持多维度分析。家长和教师可以随时查看学生数据。如下页图 5-18。

图 5-18　智慧管理

第六节　网络学习空间人人通下的资源管理

一、网络学习空间人人通下资源管理的内涵

2018 年教育部发布的《网络学习空间建设与应用指南》强调，网络学习空间是融资源、服务、数据为一体的网络学习场所。因此，可以依托网络学习空间来实现数字教育资源管理，以文档、图片、音视频等多种形式来汇集、存储和推送数字教育资源，促进优质资源人人通，构建支持泛在学习、移动学习、个性化学习的学习环境。

国内学术界关于教育资源管理的概念主要有两类，一类是强调教育资源的共同使用，认为教育资源管理是指在一定的区域内，教育部门对其拥有的资源进行整合，打破现有界限，实行共享。另一类是强调教育资源的合理配置，认为教育资源管理就是指教育资源的合理有效的配置，最大限度地提高和使用现有的教育资源，盘活现有的教育资源存量。

数字教育资源的来源主要有三个途径：一是与国家或各省市的教育资源公共服务平台实现资源对接，充分利用公共服务平台提供的公益性资源和服务；二是来自学校、教师、教研机构、教育培训机构自建的优质资源；三是自主选购外部的优质、个性化资源。

综上所述，基于网络学习空间人人通的资源管理是指学校、教育部门等不同主体依靠网络学习空间打破资源界限，对数字化教育资源进行融合、定制与推送，进而实现数字化教育资源的汇集和共享。

二、网络学习空间人人通下资源管理的特点

（一）资源丰富

网络学习空间人人通可以整合大量的动画、音频、视频、文本等多样化素材和习题、案例等多类型的教育教学资源，既能支撑教师的课前备课、课中教学与课后练习等常规教学，也可支持学生在家同步预习、复习和自主学习，进而提升学生学习的积极性，激发学生的求知欲。

（二）受众广泛

基于网络学习空间人人通，可以将各个地方、各个学校的优质教学资源进行整合共享，进而使优质的教育资源的使用突破时间和空间的限制。各个学校的教师可以将自己的特色教学方法、教学经验以共享资源的形式随时随地分享给处在不同时间、不同地域的师生，从而扩大了优质教育资源的覆盖面，也从一定程度上促进了教育公平。

（三）支持多样化教学

基于共享的网络学习空间，教师可以灵活地在电脑端、平板端或手机端无缝使用或上传各类教学资源，开展多种方式的教学，如网络视频教学和直播教学，并可以利用丰富的资源和多样化的资源类型吸引学生学习的兴趣，提高课堂教学的效率和教学质量。

（四）支持个性化学习

在网络学习空间中，学习者可以自由安排学习时间，随时随地学，随想随学，有效利用碎片时间，支持个性化学习。学生通过网络平台获取和建构知识，实现选择性的主动学习，进而能够满足学生的个性化需求，提升学习的积极性。

三、网络学习空间人人通下资源管理的应用

（一）宏观层面

1. 解决教育发展的基本矛盾

当前社会，教育发展的基本矛盾是社会对学校优质教育资源的无限需求和优质教育资源的有限甚至短缺的矛盾。因此，可以借助网络学习空间人人通，通过教育资源的共建共享促进教学内容更新、教学方法改革和教育教学观念转变，达到区域内或区域间教育资源 1＋1＋1＞3 的效果，提高教育资源使用效率。

2. 提高教育发展的整体水平

各学校之间的交流与合作，可以使不同学校之间实现彼此的优势互补，拓宽了学校教学改革以及科学研究的思路和领域，进一步促进跨校以及跨领域的教学研究的创新，真正提高我国基础教育发展的整体水平。

3. 提升人才培养的质量

学生在学习的过程中需要教育产品与服务，而学校推行的优质教育资源的共享，可以使学生在一定的教育成本投入下获得更高的教育收益。网络学习空间内共享的优质教育资源，可以让学生有更多的选择来满足他们多样性的需求，为成长提供强有力的资源支撑。

（二）微观层面

1. 辅助教师教学

（1）协同备课，协同教学。教师利用云空间，可将教学资源随时随地上传、下载，在学校空间内形成协同备课、协同教学。同校或异校老师都可利用数字教育资源库相互开展网上研修活动，积极探究课程改革，增强实践教学能力，开展教与教的互动。

（2）高效管理，教学相长。班主任及任课老师可以实时分享教学资源到共享空间，供学生预习、复习。教师、学生和家长都可以向共享空间上传学习资源、班级日志、随笔、优秀作文、竞赛作品、周记等内容，通过线上交流共同打造教学互动空间。

（3）促进教研交流。充分利用网络学习空间人人通优质资源共建共享优势，教师可自主创建或加入不同教研主题的兴趣小组，共建共享特色鲜明、内容丰富、风格多样的优质数字教学资源，并应用于教研交流、教育教学各个环节。

2. 辅助学生学习

（1）引导自主学习。基于网络人人通的学习空间，学生可自主创建或自由加入兴

趣交流圈，使之成为学生探究的交流园地。与此同时，学习空间可以为学生提供名师课堂、试卷习题、德育故事、学习游戏等服务，让学生随时随地学、随想随学，从而引导学生自主学习，促进个性发展。

（2）提高综合素质。学习空间为学生创设了绿色、安全、文明的网络学习应用环境。在学习空间内，学生可自主创建或加入不同学习主题的兴趣小组，也可随时随地参与学校社团、社会实践、研究性学习、课题研究等活动，激发学生向主动学习、互动学习、探究学习转变，形成共同的兴趣爱好交流圈，全方位提高综合素质。

3. 推动学校和班级资源空间建设

可利用人人通学习空间打造学校和班级数字化资源服务空间，来发布学校介绍、活动、新闻、通知等内容，全方位体现学校的风采风貌，形成师生之间、家校之间信息共建、资源共享、教学互动、家校互联的公共服务空间。

四、网络学习空间人人通下的资源管理案例

（一）案例介绍

网络学习空间人人通支持下的资源管理能高效率辅助教师教学，高质量地满足学生学习需要并且高标准地推动校园建设。本书选取了深圳市优学天下教育发展股份有限公司自主研发的优学派平台作为案例，探寻网络学习空间人人通资源管理的具体应用。

优学派平台是一款实名制虚拟教育资源服务平台，拥有丰富的学习资源和工具，给教师和学生提供了信息化教学和个性化学习的网络空间环境。优学派是针对优质资源交流与应用的专有公共服务平台，是进行资源共享的主要场所。它既能对接各省市教育资源公共服务平台提供的资源和服务，又能实现学校、班级和个人空间的优质资源共建共享、随取随用，促进优质资源人人通的信息化应用。如图 5-19。

图 5-19　优学派登录界面（电脑端）

（二）功能应用

在内容上，资源空间内不仅包括学习资源，还包括信息资源。在结构上，资源空间可划分成个人资源空间、教师资源空间、学校资源空间三种类型。借助信息技术，学习空间可以支持视频、文档、链接等多种格式，海量资源可以在空间之间自动汇集和相互推送，形成优质资源人人通，使泛在学习、移动学习、个性化学习成为现实，最大化地满足学生学习需要和发展需求。

1. 个人资源空间

学生个人资源空间囊括了该学生的基本信息、考勤信息、成绩信息、获奖信息、评价信息等，可以让学生观察到自己学习和生活成长的全过程。学习资源则是为学生提供相应学段的名师课堂、试卷习题、德育故事、学习游戏等多样化的学习资源，为学生提供多种选择，让学生随时随地学、随想随学、自主学习。如图 5-20。

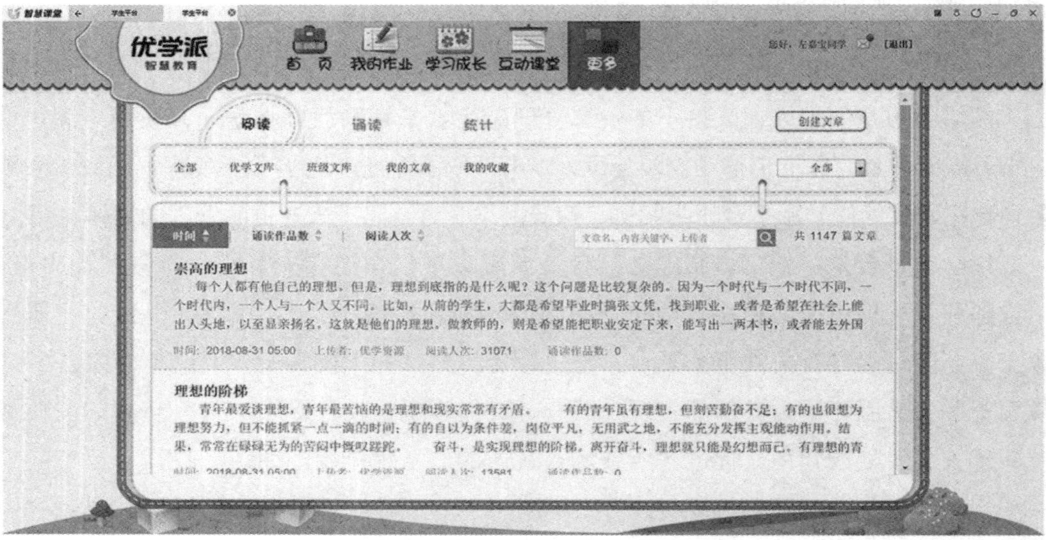

图 5-20 个人资源空间

2. 教师资源空间

教师资源空间内含有班级教学资源、课堂随笔、课后反思、周记等内容。班主任、任课老师可以上传优质资源到空间内供大家分享，开展学习交流。教师资源空间是教师成长反思以及展示成果的重要场所。如下页图 5-21。

图 5-21　教师资源空间

3. 学校资源空间

学校资源空间作为公共资源的展示平台，面向家长及全体师生进行建设，其涵盖的信息资源和学习资源较为全面。除了不同年级、不同班级的师生可以通过共享的资源互相借鉴和学习外，其他学校也可以汲取该校界面中呈现的功能板块、资源配置等方面的优势，取长补短，优化自身资源空间。如图 5-22。

图 5-22　学校资源空间

本章参考文献

[1] 王道俊，郭文安. 教育学 [M]. 北京：人民教育出版社，2009：465-485.

[2] 张宇. 教育现代化背景下的学校目标管理 [J]. 中小学管理，2019（12）：27-29.

[3] 李实. 教学管理面临的困境及改革创新路径分析 [J]. 中国教育学刊，2020（S1）：23-24.

[4] 于天贞，张晓峰. 学校管理团队信息化领导力的内在作用机制 [J]. 现代教育技术，2020（06）：100-107.

[5] 车言勇. 基于差异教育信念的学校管理 [J]. 中国教育学刊，2020（09）：103.

[6] 王文科. 教育信息化在学校管理系统中的实践研究——以郑州市第十二中学的监测与评价系统的开发为例 [J]. 中国教育学刊，2016（S1）：146-148.

[7] 韦卫. 加强档案管理建设 促进学校持续发展——浅谈新形势下技师学院档案管理现状及规范化、信息化建设 [J]. 档案学研究，2017（S2）：116-122.

[8] 刘立霞. 信息化建设视角下高校行政管理的策略 [J]. 黑龙江高教研究，2016（10）：71-73.

[9] 吉莹，刘红，孙含婷，柏宏权. 基础教育信息化区域推进现状分析与对策研究——基于江苏省 N 市的调研 [J]. 现代教育技术，2019（04）：88-93.

[10] 徐伟. 大数据时代的高职院校教师管理的发展变化研究 [J]. 微电机，2021（03）：116.

[11] 刘思伽. 以人为本理念在中小学教师管理制度建设中的践行 [J]. 教学与管理，2019（15）：53-55.

[12] 王宇松. 对大数据视域下高校教师管理与评价的新思考 [J]. 中学政治教学参考，2021（03）：102.

[13] 韩影. 创新教师管理制度推进高等教育内涵式发展 [J]. 现代教育管理，2018（07）：68-72.

[14] 刘金利. 高校学生事务管理研究综述 [J]. 思想教育研究，2009（S2）：143-146.

[15] 潘中祥. 基于互联网思维的高校学生管理工作路径转型 [J]. 高教探索，2019（02）：35-39.

[16] 金元浦. 互联网思维：科技革命时代的范式变革 [J]. 福建论坛（人文社会科学版），2014（10）：42-48.

[17] 汪亚琼. 作为一个研究领域的学生事务管理：概念、性质及发展趋势 [J]. 黑龙江高教研究，2020（05）：16-19.

[18] 鲍威，杜嫱. 多元化课外参与对高校学生发展的影响研究 [J]. 教育学术月刊，2016（02）：98-106.

[19] 兰公瑞，丁文杰，米振宏，盖笑松. 大学生课外活动经验和积极发展的关系——一项追踪研究 [J]. 高教探索，2018（10）：110-116.

[20] 高飞. 从技术逻辑到人文导向：学生管理取向的现代化转变 [J]. 教育理论与实践，2020（19）：28-32.

[21] 卢海弘，张也. 综合素质评价研究：最新进展、主要难点及破解思路 [J]. 现代教育管理，2020（05）：46-50.

[22] 王惠清. 高中综合素质评价的定位、难题与改进 [J]. 教学与管理，2020（10）：68-71.

[23] 罗明东，何元. 建立大学生学习管理制度的探索 [J]. 中国大学教学，2009（01）：68-69.

[24] 袁博，赵静静，杨冬梅. 移动化联网下大学生碎片化学习管理研究——以云南师范大学本科生为例

[J]. 电脑知识与技术，2020 (07)：37-39.
[25] 傅道春. 教育学——情境与原理 [M]. 北京：教育科学出版社，1999：327-332.
[26] 罗明东，何元. 建立大学生学习管理制度的探索 [J]. 中国大学教学，2009 (01)：68-69.
[27] 李健. 基于学习管理的教师专业发展路径 [J]. 现代教育管理，2011 (08)：101-104.
[28] 靳怡，路增磊，李红. 网络学习行为的管理与评估 [J]. 西部素质教育，2016 (19)：17-18.
[29] 吴忠观. 人口科学辞典 [M]. 成都：西南财经大学出版社，1997：7.
[30] 贺乐凡. 学校管理研究 [M]. 北京：文化艺术出版社，1993：13.
[31] 欧玉松. 构建家校合作学习共同体的内涵、意义及措施 [J]. 教学与管理，2013 (21)：35-37.
[32] 李莉. 学生成长轨迹研究 [J]. 教育教学论坛，2017 (47)：235-236.
[33] 马小强，贾平. "网络学习空间人人通" 区域应用实效分析 [J]. 电化教育研究，2020 (10)：59-64.
[34] 王晓漫. 效率视界的研究生教育资源共享问题研究 [J]. 黑龙江高教研究，2009 (08)：84-87.
[35] 黄淑芳. 信息时代条件下高校教育资源的共享与利用 [J]. 喀什师范学院学报，2004 (04)：88-90.
[36] 彭袁缘. 人人通网络学习空间在初中英语口语教学中的应用研究 [D]. 湖南师范大学，2020.
[37] 贺斌. 中职学校多维学习平台设计与实现 [D]. 南昌大学，2017.

第六章　网络学习空间与教学评价

第一节　网络学习空间人人通支持下的教学评价

一、网络环境下教学评价的特殊性

教学评价制度产生于20世纪50年代的欧美国家。教学评价是以教学目标为依据，按照科学的标准，运用一切有效的技术手段，对教学过程及结果进行测量，并给予价值判断的过程。教学评价是对教学工作质量所做的测量、分析和评定，它包括对学生学业成绩的评价、对教师教学质量的评价和进行课程评价。

网络教学是一种与传统的课堂面授教学不同的新兴教学形式，它涉及教与学、技术与资源等多方面的问题。网络教学的特点决定了对网络教学的评价需要构建客观、公正、全面并在实践过程中不断完善的评价指标体系。网络教学评价指标体系，是根据网络教学的特点，结合传统教学方式的评价技术，在一定设计指导思想和思路的指导下，由关于人的因素的评价、针对教学过程的评价、围绕教学环境的评价以及面向学习过程的评估方法等层面共同构建起来的。

二、网络学习空间人人通支持下的教学评价原则

（一）客观性原则

客观性原则是指在进行教学评价时，从测量的标准和方法到评价者所持有的态度，特别是最终的评价结果，都应该符合客观实际，不能主观臆断或掺入个人情感。因为教学评价的目的在于给学生的学和教师的教以客观的价值判断，缺乏客观性就失去了意义，会导致教学决策的错误。

（二）整体性原则

整体性原则是指在进行教学评价时，要对组成教学活动的各方面做多角度、全方

位的评价，而不能以点代面，一概而论。由于教学系统的复杂性和教学任务的多样化，使得教学质量往往从不同的侧面反映出来，表现为一个由多因素组成的综合体。因此，为了反映真实的教学效果，必须把定性评价和定量评价综合起来，使其相互参照，以求全面准确地判断评价客体的实际效果，但同时要把握主次，区分轻重，抓住主要的矛盾，再决定教学质量的主导因素。

（三）指导性原则

指导性原则是指在进行教学评价时，不能就事论事，而是要把评价和指导结合起来，要对评价的结果进行认真分析，从不同的角度找出因果关系，确认产生的原因，并通过及时的、具体的、启发性的信息反馈，使被评价者明确今后的努力方向。

（四）科学性原则

这条原则是指在进行教学评价时，要从教与学相统一的角度出发，以教学目标体系为依据，确定合理的统一的评价标准，认真编制、预试、修订评价工具，在此基础上，使用先进的测量手段和统计方法，依据科学的评价程序和方法，对获得的各种数据进行严格的处理，而不是依靠经验和直觉进行主观判断。

（五）发展性原则

教学评价是激励师生、促进教学的手段，因此教学评价应着眼于学生的学习进步和动态发展，着眼于教师的教学改进和能力提高，以调动师生的积极性，提高教学质量。

三、网络学习空间人人通支持下的教学评价特征

（一）合理地发挥教师在网络教学评价中的作用

1. 教师应当发挥评价的监控和督导作用

虽然网络教学的优势显而易见，学生可以随心所欲地调用各种学习资源，自我设计学习进度直至达到学习目的。但是，由于网络教学的时空分离，没有教师对学生“面对面”的实时监控，对大多数学生而言，仅凭学习的热情是难以维持下去的；教师对学生的学习过程及其效果，也就无法做出准确的评价。在网络教学中，首先，教师对注册学生要通过一定的方式和途径进行必要的了解，以便在对学生进行因材施教、个别化辅导和多元性评价时加以参考。其次，因为没有“面对面”的监控，教师应将更多的精力花在对学生学习情况的跟踪和记录上，对于多次不提交作业、参与BBS讨论次数较少的学生，要给予及时的关注和督导。总之，在网络教学中，教与学的主要活动都基于网络，教师要充分利用网络这一先进的工具，通过“课堂交流”

“作品展示”“在线交流”等模块建立学生的数字化学习档案，对学生的学习过程进行跟踪、监控。这样，才能获得对学生进行评价的原始数据，才能够有针对性地对学生的学习给予有效的帮助。

2. 正确处理教师与学生的地位问题

教与学是一个不可分割的整体，教离不开学，学也离不开教。教学过程是一个互动过程，教与学的地位是不断变化的，在某些时候，是以教为中心，而在某些时候，是以学为中心。在进行网络教学评价时，我们不提倡以学生为评价主体或以教师为评价主体的说法，学生和教师都应当积极参与对整个教与学活动的评价，缺少任何一方的参与，评价都是不完整、不全面的。

（二）根据网络教学特点，各种评价方法相结合

1. 教学评价主体多元化，评价方式多样化

在传统教学中，对学生学习的评价主要是由教师做出的，往往单凭考试成绩衡量学生的学习水平，学习与教学分离，学生和教师都将评价与考试等同起来，误认为评价只是老师的事。在这种自上而下的单向评价中，学生没有评价的权利，只是作为被评价者被动、消极地接受教师的评判。这样不能全面、综合地反映学生的发展程度，不利于学生自我评价能力的发展，也不利于学生主体性的培养和发展。

首先，网络教学最大的特点在于极大地支持个别化学习，学生可以随心所欲地调用各种学习资源，自我设计学习进度，直至达到学习目的。学生可以和教师共同商定评价的标准，可以通过自我评价不断地观察和解释自己的学习情况，采取适当的进度调整等措施。此外，这种评价方式很大程度上依赖于学生的自主实施。开展自我评价，一方面可以调动评价对象参与评价的积极性，另一方面可以增强评价对象的自我评估意识和能力，有利于自我反馈、自我调节、自我提高和自我评价。研究表明，学生自我评价能够发挥学生的积极性和创造性；建构主义也强调学生的自我评价和自我反思，认为学习过程和结果的最佳评价者是学生自己；而网络教学的个别化、自主性特征又增加了自我评价实施的可能性和必要性。

其次，网络教学评价注重他人评价和自我评价相结合。评价不再是单向的，而成为相互的活动。他人评价的主体可以是学校管理者、同行教师、学生、社会用人单位、家长等。主体的多元化，可从多个方面、多个角度出发，对教学活动进行更全面、更客观、更科学的评价。虚拟的网络为学生之间进行相互评价提供了可交流的空间。学生可通过作品展示、BBS论坛等方式，对同学的学习过程和成果进行观察和评价，这种方式不仅会激起学生完成作业并且保证质量的责任心，还培养了学生的评价

能力，学生在反思、评论自身和他人的工作基础上，提高了整体工作的质量，成为建设性的评论者。同时，虚拟的网络也给学生和教师进行自评、互评和他评提供了一个宽松和相对客观、公正的环境。在网络环境中，没有了传统教学中教师对学生面对面的压力，学生敢于表达自己的意见，对自己、他人甚至是教师进行评价，而教师应该抛开功利心理，认真地去倾听学生的评价，因为比起领导和其他教师来说，只有学生是教师教学最直接深入的介入者，他们最有发言权。

2. 诊断性评价、形成性评价和终结性评价相结合

在网络上注册学习的学生层次不一，个体差异也较大，因此，在进行网络教学活动之前，教师可以充分利用网络操作性强和反馈方便快捷的特点，通过诊断性评价，了解学生的学习基础、认知能力、情感和素质等情况，这些评价结果可以作为教师制订教学目标、组织教学内容、选择学习策略的依据，也可作为学生制订学习目标和计划、选择学习方式和内容的依据。总之，在开展教学活动之前进行诊断性评价，使教学双方相互获得更多的信息，减少了网络教学活动的盲目性和随意性，使教学活动更具有针对性、预见性和目的性，确保一定的教学目标得以实现。

教学本身是一个动态发展的过程，并不是在教学目标制定后就可按照一成不变的模式进行，而利用网络的反馈及时、管理方便、省时省力等特性，可更加方便、及时地对教学活动进行评价，即形成性评价。该评价能够及时地发现问题，根据评价结果，教师可以视具体情况及时调整教学计划和实施教学，而学生也可衡量自己掌握目标的程度，如果所学内容尚未完全掌握，可以重新学习或者针对未达标的部分补充学习，或者根据形成性评价的结果来调整自己学习活动的进度和方向。在网络教学过程中，以小测验、作业等方式，连续不断地施以形成性评价，促进教与学双方顺利地相互促进，从而体现评价的目的是促学、促教，突出了评价的激励和指导作用。在某项教学活动或学期结束后，应对学生的学习情况进行全面的评价。传统的教学主要采用统一考试的形式，而网络教学则可充分发挥自身的优势，采用多样化的手段对学生进行全面的评价。

3. 做到量化评价和非量化评价的有机结合

网络教学平台通过数据库技术和网络技术，可以方便地收集、记录教师的答疑次数、组织小组讨论的次数，学生的各种考试与测验的成绩、参与讨论的次数等，通过这些量化的数据来对教师和学生做出评价，称为量化评价。由计算机得到的量化数据更加准确、及时，为实现系统的自动评定和反馈创造了条件，简化了评价人员的工作，缩短了评价的周期。但是，机器对人的评价是简单逻辑的，甚至是僵化的，它对

学生知识能力与知识水平的评价较为有效，但对于情感、意志、态度、兴趣、学习（教学）的积极性等与个体个性密切相关的评价，则无法进行精确的量化。对此，需要采用非量化的问卷调查的方式来获取。因此，将量化评价与非量化评价相结合，可以更加全面地反映教师的教学质量和学生的学习情况。

4. 由单一评价到注重多元智能评价

以往传统教学的评价参照标准比较单一，往往只依据考试成绩的高低、操作技能的熟练程度，却无视不同学生各异的特质、情感和学习风格。单一评价使得天赋不一、志趣各异的学生有高度统一发展方向和学习行为，造成培养出来的学生千人一面、缺乏个性。多元智能理论是世界著名发展心理学家、美国哈佛大学教授霍华德·加德纳于 1983 年提出来的，这一理论向评价学生智力的传统观念提出了挑战，多元智能理论认为，每一个学生都是某一项或某几项智能表现相对突出，而其他几项相对逊色，对学生的评价不能只局限于传统的语言智能和数理逻辑智能。教师应当充分利用网络快捷、便利的优势，通过多种渠道，采取多种形式，分析和了解学生的优势智能，尊重学生的个性发展，使每个学生都有充分展示自己潜能的机会，最大限度地唤起每个人的自信心，并对学生的表现进行多方面评价。教学评价的目的不是对学生进行优劣区分和贴标签，而在于发展学生的各项智能，教师有责任帮助学生认识自己的智能优劣、发展优势，更重要的是引导学生敢于正视劣势，并采取积极措施，弥补劣势，从而培养出个性健康发展、智能全面发展的学生。

网络教学是一种与传统的教学模式不同的教学形式，在辩证地吸收传统评价技术有益成分的同时，应积极发挥网络环境下教学评价的优势，以“促教”和“促学”作为评价的目的和标准，建立起一套符合我国网络教学特点、规律且行之有效的质量评价与保障体系，使这一新型的教学方式适应时代需求，发挥出更大的效益。此外，《深化新时代教育评价改革总体方案》文件的出台，标志着我国新时代教育评价制度改革已经从局部的改革进入总体改革的新阶段。同时，网络教学评价指标和方法也不是一劳永逸、一成不变的，需要随着社会的发展和技术的进步与时俱进。

第二节 网络学习空间人人通支持下的学生评价

中共中央、国务院《深化新时代教育评价改革总体方案》提出针对不同主体和不同学段、不同类型教育特点，分类设计，稳步推进。新时代教育评价体系涵盖党委和政府、学校、教师、学生、用人单位五大评价对象，五类改革相互关联，相互支撑。

相对于学校而言，如何落实好学生评价是重中之重。

一、对学生评价的作用与意义

（一）有助于教师提升教学质量

科学的教学方式是优化教学成果、提升教学质量的基础保障，而教学评价的积极影响也不容忽视。对学生的评价能够验证教学计划的合理性，促进教学目的的达成。教学评价是以教学目标为依据的，如果评价后的学习结果与预期的教学目标相符，表明教师完成了教学任务，教师的教学方法是成功的。如果评价后学生的学习结果与预期的教学目标不相符，那么教师必须重新考虑教学目标的适当性及教学方法的有效性，考虑如何进一步改进教学。通过对学生的评价，教师可清楚学生对相关知识、技能的掌握程度，及时调整教学计划，改进教学策略，从而获得满意的教学成果。

（二）对学生的学习产生积极影响

通过合理的教学评价，学生不仅能认识到自身不足，还能看到自己的收获。在学习过程中，努力奋斗的学生在评价过程中看到了自己的知识积累，能增强自信心，提高学习兴趣和学习主动性；而对于付出很多但成绩不理想的学生，评价的过程可让他们发现自身不足和差距所在，改进学习方式以提升学习成绩。通过评价，学生可以有机会了解自己学会了什么，学习的程度如何，是进步了还是退步了。教学评价作为学生学习结果的反馈，可以进一步增强学生学习的动力。

（三）有利于制定合理的教学方案

对于教师来说，在教学过程中培养学生自主学习的能力是必不可少的，因此，在整个教学过程中，要注重对学生学习的评价，重视对教学过程进行评价，充分发挥评价在提升教学质量过程中的作用。对教学过程进行评价，不仅要注重对学生学习过程进行评价，而且要重视教师课程安排是否合理以及对学生学习过程的重视程度。对教学过程进行合理评价可以更好地掌握学生的学习状态，确保及时反馈，为后期的教学方式提供参考。

（四）有利于强化管理的作用

教学评价反映着教师教学的质量和水平，可以为教学管理提供比较可靠的依据，也为学校的人事决策提供依据。另外对学生学习结果的评价，可以为学习的质量和水平提供证明，并成为选拔与淘汰、升留级、是否毕业等决策的依据。

二、对学生评价的变革

教学效果上的分析不仅包括学生的成绩，还包括学生学习习惯、学习态度、心理素质、独立学习能力等。当前的教学评价存在着较多问题，基于网络学习空间的学习将给评价带来一系列的变革。

（一）当前对学生评价存在的问题

学生的学习能力及学习效果主要体现在课程考核成绩上，通过考核方式产生的综合成绩成为体现学生掌握课程内容情况的重要指标，也成为提升教学质量的关键导向。就教育现状而言，从评价标准上看，一元化的追求，忽视了学生的个性发展。从评价方式上看，不能量化的现象都被摒弃于评价范围之外。从评价主体来看，学生评价主要是由教育者实施的，而作为学习主体的学生却没有任何权利。从评价结果来看，“唯分数论”选拔出来的人才难以满足现代社会对复合型人才的要求。

网络学习空间正在推动学生学业成绩评价改革，引起了教育观念、教育过程、教育模式、教师角色等一系列变革。学生不再仅仅在课堂上、从老师那里获取知识，PAD、手机、笔记本电脑的迅速普及转变了学生的学习方式，线上和线下相结合的教学方式，实现了个性化、移动化、碎片化的泛在学习。学生学习方式的变革对评价的变革提出了需求，网络学习时代也为评价的变革提供了可能。

（二）网络学习空间条件下评价的变革

1. 学生成就观的转变

在传统的教学中，学生学习的成败与否只靠分数来进行评定，所以会自然地把学生划分为“好学生”和“差等生”，而学生对自己成就感的评定也自然是看分数的高低，久而久之，可能会导致“好学生”越来越好，“差等生”越来越差。而网络学习改变了传统以分数为唯一标准的衡量方式，在形式上力求多样，对学生多方面的表现予以评价，将评价功能从注重甄别与选拔转向激励、反馈与调整。在这种评价模式中，不存在学习上的“失败者”，对学生的不同方面给予适当的鼓励和教育，发掘不同学生的学习风格类型和智能差异，使每个人都能发挥自己的优势，从而将学生的关注点从“我这次考了多少分”转为“我的表现如何”。

2. 评价内容转向全面

将评价内容从过分注重学业成绩转向注重多方面发展的潜能，转变学生学业评价机制，立足于从智能结构的各个方面去全面评价学生，综合考查学生各个方面智能的发展，使得学生的各种智能都得到开发。以小学语文课程为例，传统上对学生的评价内容侧重于死记硬背的考核，忽视了学生的创造力和实践能力。而真正的语文课堂应该结合具体的课文内容，培养并且评价学生的理解力、判断力、口语能力、使用工具书的能力、运用知识的能力、搜集资料的组织能力等。我国《义务教育语文课程标准》提出："语文课程评价要注意识字与写字、阅读、写作、口语交际和综合性学习五个方面的有机联系，注意知识与能力、过程与方法、情感态度和价值观的交融、整合，要体现语文课程目标的整体性和综合性。"因此，语文课程的学习，不应该让学生只会死记硬背，而应启发学生去思考问题、解决问题，教给学生解决问题的途径，全力肯定学生的一切努力，表扬学生的独立思考，激励学生的尝试和创造的欲望，让学生成为一个知识丰富、智力提高和富有创造力的人。

3. 评价主体多元化

在传统的教学中，教师始终作为评价的主体对学生各方面的能力进行评价，片面化难以避免。而网络学习空间下的教学，对于拉近教师、学生、家长的联系起着重要的作用。家长和学生对教育的话语权越来越大，他们也越来越有主体立场和主体意识，更加积极主动地参与到教育评价中来，发挥其教育评价主体的价值和作用。学生会专注于自己的全面发展，为自己未来的学习生活做好准备，而家长能够通过学习评价，了解孩子在学校的学习情况，从而更好地配合学校教学。

总之，评价主体的多元化，有利于激励不同层次的学生，促进学生主动、全面的发展；有利于学生进行自我反思，提高对自己的认识，成为学习的主人；有利于学生与其他同学进行多方位、多角度的交流，产生思维的碰撞，取长补短，共同进步。

4. 评价过程情境化

网络学习空间实现了评价过程的情境化，教师通过手中的移动终端，可以随时记录学生的课堂表现和日常学习情况，评价方式更多地采取诸如观察、面谈、调查、作品展示、项目活动报告等开放、多样化的方式，而不仅仅依靠笔试的结果。通过大数据的汇总，不仅实现了形成性评价和总结性评价的结合，而且最大程度保证了数据的"情境性"。以语文学科为例，教师除了日常可以方便地记录学生的课堂出勤、发言、作业等情况之外，还可以与学生一起记录项目式学习的过程、成果以及课堂笔记。

总之，学生在这种情境化的评价过程中，会更加注重自己平时的学习过程，端正自己的学习态度，无论是课上学习还是课下完成作业，始终保持认真。

（三）不同评价主体的评价及其效果

1. 教师评价学生

教育评价是教育教学工作的指挥棒，是现代教育治理的重要环节。习近平总书记高度重视教育评价改革，做出一系列重要指示批示，并在 2018 年 9 月 10 日全国教育大会上进行了集中论述：对学校、教师、学生、教育工作的评价体系要改，坚决改变简单以考分排名评教师、以考试成绩评学生、以升学率评学校的导向和做法。在网络学习空间条件下，教师应具有更强的评价能力。教师能透彻理解测评概念，掌握多种考评学生的方式方法，熟悉考试分数转换原理，有利于更加科学客观地评价学生，实施嵌入式评价。

首先，坚持投入和产出相结合，基于教师视角和网络学习空间条件，从学生学习投入状况和学生学习产出状况评价学生在校学习成果。

超星集团打造的考试系统以平台为基础，以服务为导向，以教师为主导，以学生为主体，以题库资源建设和信息应用系统建设为核心。在客观题方面，系统自动批阅，有效减轻教师工作量，提高阅卷效率以及准确率。系统利用大数据做依托，参照学生以往学习情况，给出中肯评价。评价方式从单一的终结性评价如根据分数来评价学生，转向过程性评价如参照学生以往学习水平，根据学生进步幅度来给出评价。在主观题方面，考虑一线教师教学实际，兼容整卷批阅和流水批阅，在批阅时支持打分和写批语，同时支持对学生的答案进行相似度查询，避免抄袭情况的发生。关于试卷导出的问题，为便于存档，考试结束后所有考生的考卷支持导出，导出格式包括WORD和PDF两种格式，考试中上传的附件同步打包导出。

其次，坚持强化和引导相结合，强化对学生参与挑战性学习任务的引导。教师应以网络平台为依托，建立以工作、任务、案例、情境为导向的课程标准素材库，使素材为课堂教学服务，引导学生喜欢并且勇于承担挑战性的学习任务，锻造学生的知识水平与技能，提升学生的能力。

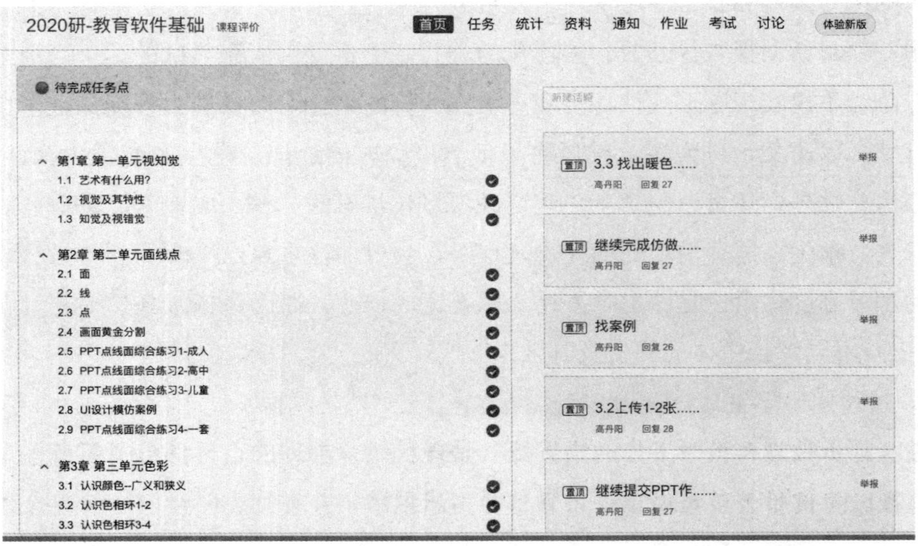

图 6-1 超星学习通课程列表

在课堂教学中，教师可以提前录制微课、准备相关视频等一切为课堂服务的素材（如上页图 6-1），上传至网络学习平台，方便开展课堂教学。

在学习过程中，学生会留下学习痕迹，产生一定的数据，如学习时长、讨论次数、任务完成数等，如图 6-2。根据这些数据，我们可以创建一个合理的模型，用来评价学生整个学期的学习情况。传统教学是无法便捷实现这一评价功能的。

我的排名：6名　学号/工号:1608010005　任务完成数：45/69　讨论数：19　章节学习次数：193　学习天数：22

排名	学生姓名	学号/账号	任务完成数	讨论数	章节学习次数	学习天数
1	***	***	54/69	21	291	44
2	***	***	51/69	27	154	21
3	***	***	50/69	29	227	25
4	***	***	46/69	22	152	22
4	***	***	46/69	26	145	22
6	蔡一之	1608010005	45/69	19	193	22
7	***	***	42/69	24	181	24
8	***	***	38/69	22	274	27
8	***	***	38/69	25	282	34
8	***	***	38/69	22	157	29
11	***	***	37/69	24	169	22
12	***	***	36/69	24	201	19
12	***	***	36/69	22	144	21
12	***	***	36/69	23	202	28
15	***	***	34/69	21	129	20
15	***	***	34/69	24	84	10

图 6-2　超星学习通教师后台

最后，坚持过程性评价和总结性评价相结合，让学生在师生交流、互动学习过程中得到全面发展与进步，增强学生学习的信心，同时有效避免评价的片面性。教师可借助网络学习空间综合统计发放考试次数、发放人数、参与人数、合格率、优秀率、每一批次下多次考试的成绩分布趋势等，让评价者能够更加清晰和直观地掌握考试相关数据。评价分析方面，针对每一次考试生成详细的考试分析图，包括参考率统计、分数段对比、考试优秀率、考试及格率、客观题正确率、考试完成时间等数据，所有分析都以直观的图形呈现，并针对每一次考试生成考试报告，报告内容为自定义项目，可根据实际需求选择考试报告的具体呈现方式，如下页图 6-3。

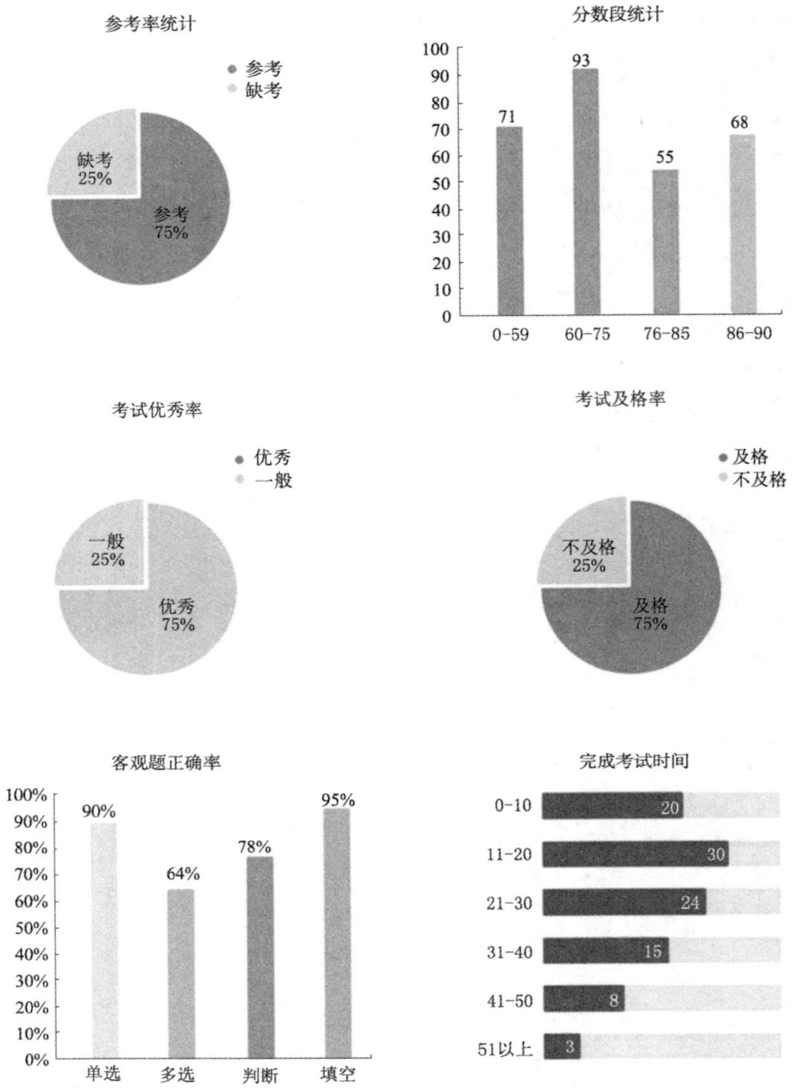

图 6-3　学生学习情况统计图示例

因此，基于网络学习空间进行过程性评价和总结性评价，一方面能够使学生及时了解自己的学习情况，进而改进自己的学习方法或者学习态度，从而更快提高自己的学习成绩。另一方面，它也有利于教师的专业化成长。在一定意义上，网络学习空间是教师教学智慧的延伸，教师可以打破时空限制进行教学指导。同时，它也有利于教师自身进行教学反思，对自我发展状况和发展水平进行反思，对自己在教学中扮演的角色进行反思，对自己的人格特质和自己的工作价值观进行反思，进而实现教学的精、善、美。

2. 同伴互评

网络学习空间为学生学习创设了新的学习空间，也为多元化的学习评价提供了技术支持。在基于合作的学习、基于问题的学习、基于项目的学习等教学模式中，同伴互评作为一种重要的评价方式引起了越来越多教育工作者的关注。同伴互评能提高学生的参与度和主动性，获得真实、全面、客观的评价数据，有较高的可信性和精准性。

首先，在互评设计方面，确定以促学为目标，注重培养学生对评价标准的理解和反馈的使用，淡化对同伴互评产出分数和等级的要求；可考虑与学生共同分析优秀范例，设计评价标准。其次，在互评实施方面，建立教师评价、同伴互评和自我评价的多元评价体系，赋予学生锻炼自身评价能力的机会；积极沟通，确保互评目的、过程和结果透明、公正。最后，互评监控方面，认真听取和记录学生的同伴互评结果，汇总全班同伴互评结果之后进行总结性反馈；与其他教师建立教师职业学习共同体，探讨互评实施策略的改进。

Peerceptiv 是一个经过研究验证的客观在线平台，可用于同学之间分享写作成果，使学生从同伴的评价反馈中受益。Peerceptiv 作业任务包括三个步骤：上传文档或项目文件，评阅同伴文档以及回评。如图 6-4。

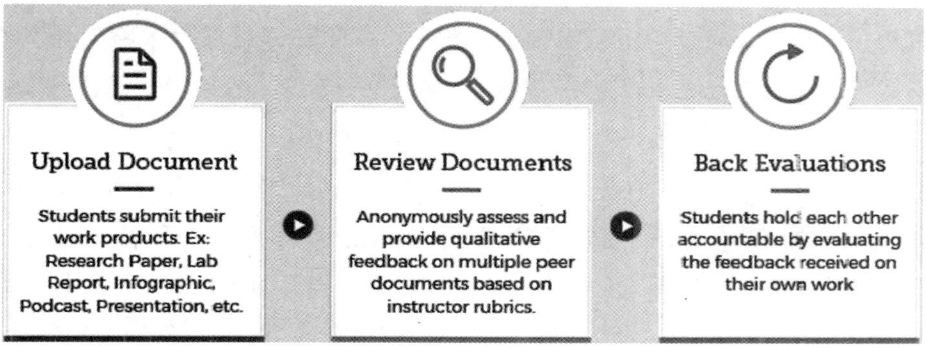

图 6-4　Peerceptiv 平台教学模式示意图

评价同学的作品，无论其作品质量如何，都是一个宝贵的学习机会。人常说，以教促学，教学相长。在评阅阶段做出的努力越多，学生获得的学习体验就越深刻。Peerceptiv 是双盲的平台，学生不知道自己正在评阅哪位同伴的作品，也不知道谁在评阅自己的作品。十多年的证实研究表明，同伴多人互评的信度和效度堪比专业指导教师。

综上，Peerceptiv 同伴互评在线系统具有一定的专业水准，能够有效帮助学生提高写作与互评、自评、自我反馈能力，它从多角度全方位切入运行，具有较高的可信度，且研究发展前景十分宽广。总之，在线同伴互评可以让师生了解比笔试成绩、互评评分更多、更细致、更具个性化的学习状态、认知能力信息，能帮助教师实施更加有的放矢的精准教学，还可以帮助学习者了解学习成效的差距，有针对性地改进学习方法，达到全面掌握课程知识、提高认知水平的教育目的。

3．学生自我评价

自我评价是学生在学习过程中监控和评价自己思想和行为并采用相应的学习策略来促进理解和技能发展的过程。自我评价的目的就是收集关于自我学习方面的知识、技能、信念、动机、目标、策略、效果等信息，利用这些信息，找出最适合自己的学习方式，提高学习能力。

利用网络学习空间进行学生的自我评价能够极大地激发学生的内在动因，不断地推动学生的成长成才；有利于学生在学习过程中对自己的学习行为进行不断地调整与监督，形成有效的自我调整和反思的教育机制；有利于加强学生参与合作学习的主动意识，让学生在学习中能够自觉地为自己规划成长策略，促进学生真正地成为学习和评价的主人。

4．家长评价学生

家长在孩子成长的过程中扮演着重要角色，孩子在学习过程中离不开家长的监督、支持与鼓励。在传统的教育中，我们提倡家校合作、家校共育，家长可以就此了解孩子的学习状况和在校表现，积极配合学校做好各项工作，在此过程中，家长会不自觉地形成对学生的评价。在基于网络学习平台下的学习中，家长对学生的评价越来越量化和便捷化，给学生的成长也带来了一定的积极影响。一方面，当学生接受到来自父母积极的评价时，会不自觉地提高学习积极性，提升学习的信心，能够大胆地发展自己的个性。另一方面，学生能够接受多元化的评价，更好地反思自己的学习。

第三节　网络学习空间人人通支持下的教师评价

教师评价是对教师工作现实的或潜在的价值做出判断的活动。不管是传统的面对面课堂教学，还是网络学习空间人人通环境下的教学，都需要对教师进行评价。长期以来，由于传统教师评价理念的束缚，我们往往将评价视为对广大教师的一种鉴别、分层、监督、管理与控制，评价方式方法单一、机械，对评价结果的运用也较为简单化、肤浅化，很多教师对于评价工作不认可、不配合。这就需要教师评价的理念与时俱进。当前对教师的评价主张奖惩性评价与发展性评价相结合，既要关注教师的教学业绩，又要关注教师实施教学的过程以及教师能力发展。

教学业绩评价关注于可达到的、相对短期的目标，倾向于在某个时间段内给教师的业绩和能力下一个结论，这种结论对于教学质量的监控有重要作用。一般说来，业绩评价和教师的名誉及利益是相关的。教师发展评价的目的是对教师的工作给予反馈，改进或完善教师的教学，明确个人的发展需求和相应的培训，提高教师的能力以促进其完成任务或达到将来的目标。教师的日常工作中所经历的评价大多应是发展性评价，它所关注的不在于给教师当前的能力和水平下一个结论，而在于帮助教师诊断问题并帮助教师改进。科学的教师评价应该给教师提供进步的空间和动力，允许教师存在不足和缺陷。

网络环境下对于教师的评价方式是多元化的，评价的主体也可以是多样化的，包括他人对教师的评价和教师的自我评价。他人对教师的评价包括学生对教师的评价、教师同行的评价、管理人员对教师的评价、校外专家对教师的评价、家长对教师的评价，评价的内容包括教学目的、教学内容、教学方法、教学业绩。网络环境下的教学还有对教师信息素养的评价。

一、为什么评价教师

通过学生对教师的评价、同行互评、教师的自我评价以及家长对教师的评价，教师能够发现自身教学目标是否偏离，判定教学内容的选取是否合理，辨明教学方法的运用是否得当，明晰是否达到了预定的教学目标，也能够反思自己是否充分了解学习者的特点，是否有准备、有区别地看待每一位学生，进而改进自己的教学，优化教学过程，提高教学效果。在此过程中，教师自身的素养和专业水平会在一次次评价中不断提高。学生对教师的评价有利于调动学生参与教学活动的积极性和能动性，这为学生主体意识与民主意识的培育创造了条件。教师之间通过同行评价，可以分享课堂教学经验，在网络教学环境下，可以分享适用于网络教学的教学方法、教学资源、教学设备。采用这种评价方式，对于创建教学与研究共同体、营造教师专业发展氛围、提升教师教学的积极性和创造性都是很有好处的。在教师的自我评价中，教师能够清楚地反思自己教学工作中存在的纰漏与不足，教师也不再是被动的评价对象，而是和其他评价者一样，可以主动地描述自己的工作和状态，阐述自己的看法，既可以进行自我表扬，也可以进行自我批评。这样，教师作为自己评价的主人，没有必要像被动评价中那样迎合或防备他人，可以使自我评价的过程成为自我反思和发展的过程。

在评价过程中需要注意评价的合理性。合理的评价方式对于促进教师的发展是显而易见的，反之，运用不当会造成严重的后果，导致教师素质被轻看，损伤教师的自尊心甚至会让教师感觉到被“强制”而产生压力。这不仅无益于调动教师的工作积极性，反而会伤害教师的情感，使其产生不应有的对抗、逆反等情绪体验。

因为网络环境下学生和教师时空分离，学生之间也会产生很大的距离感，这种距离感在现阶段以技术手段只能去改善而不能消除，加之教师作为教学的主导者，对学生的学习发挥着重要作用，所以网络环境教学评价如果不能做到多元化、合理化，不能充分调动教师积极性，那么无论对于教师还是学生都没有任何好处。

二、评价教师过程中评什么

教学评价并不是教学的终点，而是教学的起点。只有在评价过程中发现了问题，才能去有目的地解决问题、改进教学。教学的整个过程不是不停重复的闭环过程，而是不断优化教学、螺旋式上升的过程。那么，在实施评价的过程中需要评价哪些内容呢？

传统的教学评价主要围绕着教师的课堂教学、教学态度、教学效果进行，随着教学评价理念的不断发展，以教师的发展为中心的评价方式使得教学评价方式更加完善。需要指出的是，只要发展不要奖惩或者只要奖惩不要发展的评价都不是全面的评价。网络教学环境下的评价也要将教师发展性评价和奖惩性评价相结合。总体来看，对教师的评价主要有以下内容。

（一）教学目标

教学目标是关于教学将使学生发生何种变化的明确表述，是指在教学活动中所期待得到的学生的学习结果。在教学过程中，教学目标起着十分重要的作用。教学活动以教学目标为导向，且始终围绕实现教学目标而进行。教学目标可以分为三个层次：一是课程目标；二是课堂教学目标；三是教育成才目标，这也是教学的最终目标。

对教学目标的评价就是要评价教师的教学目标制订是否和课标相符，是否有遗漏或者偏离，多以学生学习目标达到程度的高低来衡量。对教师教学目标进行评价能够规范教师的教学过程，避免教学的盲目化、随意化。在评价教学目标过后，如果存在教学目标偏离的情况，就需要在接下来的教学中不断改进。在制订具体的教学目标时要将学生需要达到的水平转化为具体的可观测的动作行为。比较常见的教学目标设计方法是马杰的 ABCD 法。一个教学目标应该包括：

对象（Audience），表示明确教学对象；

行为（Behaviour），说明通过学习后，学习者能做什么，即行为；

条件（Condition），表示上述行为在什么条件下产生，即条件；

程度（Degree），规定评定上述行为的标度。

比如，三年级五班的小学生，在观看完电子白板上所展现出来的学习使用温度计的方法视频后，在老师的帮助下，能够有80%的学生正确使用温度计并且测量误差在0.5 ℃之内。

在上面的教学目标中，三年级五班的小学生就是对象；能够正确使用温度计是行为；观看视频和老师的帮助就是条件；有80%的学生和测量误差在0.5 ℃之内就是程度。对教学目标进行评价的时候，评价不是根本目的，最重要的是要总结经验，不断提高教师的教学目标设计能力。

（二）教学内容

教学内容是学与教相互作用过程中有意传递的主要信息，一般包括课程标准、教材和课程等。长期以来，人们总是将教材和教学内容等同起来，认为课程标准要求什么教师就教什么。这种认识是片面的。教学内容来自师生对课程内容、教材内容与教学实际的综合加工。师生一方面合理地利用教材教学，对教材内容进行选择、取舍、加工；另一方面，师生可以科学地加工教材，合理地组织教学过程。它不仅包括教材内容，还包括引导作用、动机作用、方法论指示、价值判断、规范概念等，包括师生在教学过程中的实际活动的全部，所以可以说教学内容包括教材内容，而教材内容并不是教学内容的全部。

对教学内容的评价就是要分析、评价教师教学内容的编排是否具有系统性与合理性，选用内容的深度与广度、知识的关键成分、知识的展开顺序是否与学生身心发展水平相符合，教学内容的呈现是否合理，也可以评价教师在教学过程中是“照本宣科”还是针对重点内容进行扩展补充，等等。在进行以上评价后，教师应结合教学内容评价改进教学，这就需要教师对教学内容进行分析，教师可以通过比较法揭示概念之间的区别和联系，使得知识更系统化，有利于学生记忆和理解。例如地理教学中，有关我国北方和南方自然环境和人类活动方面内容非常繁杂零散，如果把南北方地理环境差异进行比较，学生就比较容易记忆了，如下页表6-1。

表 6-1　我国北方与南方比较（部分）

比较内容	北方	南方
位置	秦岭-淮河以北，大兴安岭、乌鞘岭以东，东临渤海、黄海	秦岭-淮河以南，青藏高原以东，东南、南部临东海、南海
范围	东北三省，黄河中下游各省的全部或大部，甘肃东部，苏皖北部	长江中下游，南部沿海，西南各省（自治区）
主要地形	黄土高原，华北平原，东北平原	长江中下游平原，江南丘陵，四川盆地，云贵高原
气候类型	湿润、半湿润的温带季风气候	湿润的亚热带和热带季风气候

也可以采用归纳法，所谓归纳法就是把教学内容按照某一标准或线索进行组织的方法。以归纳法组织起来的教学内容本身就是一种知识框架或知识结构。归纳法是学生形成概念的主要途径，有利于学生掌握概念和原理，对概念进行迁移，也能起到先行组织者的作用。如下图 6-6。

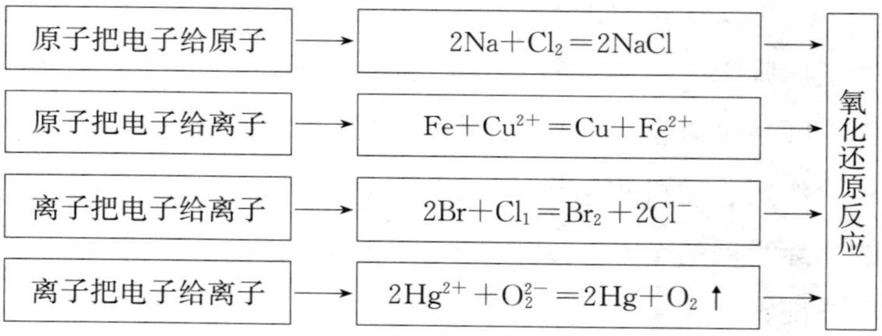

图 6-6　氧化还原反应概念形成图示

还可以采用分解法，分解法就是把一项综合的教学内容或知识单元分解为多个组成部分，并找出各部分之间的联系。通过对教学内容的分解，可以使学生发现教学内容中部分与整体的层级关系和整体结构，有利于学生更加深入地理解和掌握内容。例如可以把中学化学“合成氨工业”的教学内容按照生产过程分解为几个阶段。如图 6-7。

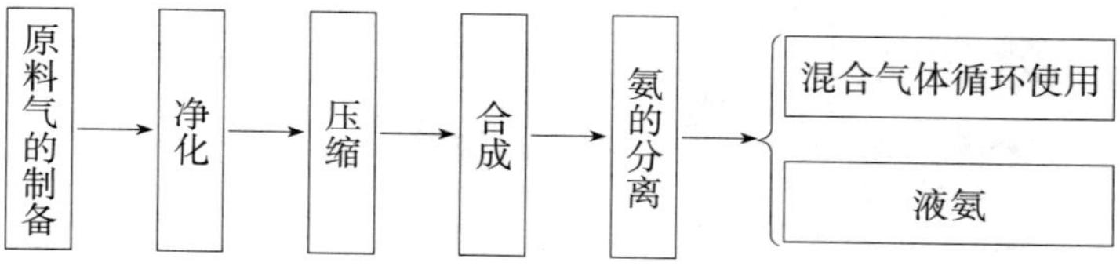

图 6-7　合成氨工业过程示意图

（三）教学方法

教学方法论由教学方法指导思想、基本方法、具体方法、教学方式四个层面组成。教学方法包括教师教的方法（教法）和学生学的方法（学法）两大方面，是教授法与学习法的统一。教授法必须依据学习法，否则便会因缺乏针对性和可行性而不能达到预期目的。但由于教师在教学过程中处于主导地位，所以在教法与学法中，教法处于主导地位。以教师为中心的基本模式有传递—接受式、引导—发现式、先行组织者教学模式。以学生为中心的基本模式有小组合作学习模式、研究性学习模式、探究性学习模式。

在评价教学方法时，要评价教师教学方法应用是否恰当。我们知道，教学有法，但无定法。一种好的教学方法总是因课程、因学生、因教师自身特点而变化的。

在评价教学方法时，也要评价教学方法运用是否灵活。教学方法最忌单调死板，再好的方法天天照搬，也会令人生厌。教学活动的复杂性决定了教学方法的多样性。因此，在教学评价中既要看教师是否能结合实际情况，恰当地选择教学方法，还要看教师能否在教学方法多样化上下一番功夫，使课堂教学超凡脱俗、常教常新、富有艺术性。

在评价教学方法时，还要评价教学方法是否具有创新性。评析教师的教学方法既要评常规，还要看改革与创新，尤其是评析一些素质好的骨干教师的课，更要看课堂上的思维训练的设计，要看创新能力的培养，要看主体活动的发挥，要看新的课堂教学模式的构建，要看教学艺术风格的形成等。

另外，在教学过程中要以学生为中心。那么，以学生为中心的教学是什么样的教学呢？以学生为中心的教学并不是满足学生所有要求，不是对学生的娇惯和无止境的迁就。真正的以学生为中心的教学是以学生素质发展为结果，以提高学生课堂参与程度为路径。不管是线下面对面教学还是线上网络教学，在教学过程中不可以是教师的“一言堂”，要时刻关注学生课堂情绪，并且要与学生进行有效的互动，调动学生的高阶思维，唤起学生参与课堂的热情。教师要做的就是尽可能让所有学生参与到课堂之中。所以在评价教师教学的时候也要评价教师调动学生参与课堂的方法是否得当。

（四）教学效果

教学效果，顾名思义就是教师通过教学对学生产生教育影响的结果。对教学结果的评价多以学生测试成绩为标准，它和教师的升职、晋级、加薪、奖金等紧密相连。虽然对教师教学效果的评价多是奖惩性评价，与当前所提倡的教师发展性评价相违背，但是这种评价方式能够直接有效地激发教师的工作热情，在对教师的评价中不可或缺。

（五）信息素养

教师信息素养则体现教师行业的基本特点，指教师以日常实践教学为基础，结合信息化教学环境，运用信息化教学工具对信息进行检索、获取、分析、处理以及运用信息解决日常教学问题及相关工作、生活问题的能力。教师信息素养内涵发展有以下几个方面：①信息意识上注重对新技术、新知识的感知度、灵敏度，对未来教育发展方向嗅觉敏锐，具有对新知识、新技术、新应用与教学积极融合的主动性。②信息知识上主动掌握信息化教学理论，提升对信息安全知识的重视程度，积极促进知识与各学科相互融合。③信息能力上，教师信息化教学与创新能力大大提升，积极转换教师角色，充分利用人工智能与互联网技术打破教学时空限制，构建多形态的教学模式。④信息道德上，在“互联网＋”背景下，教师的信息道德转换为应对新型教学模式下产生的各种伦理和道德问题的能力。

对教师信息素养的评价主要体现在对教师运用网络平台和网络资源的评价上。线上教学要想实施成功，离不开教学平台的支撑，教师通过网络平台录播、直播或者上传教学资料以供学生学习，学生通过网络平台学习并与教师和同学互动交流，教学平台的顺利使用是线上教学开展的必要前提。教学平台资源的合理性、多样性也是不可或缺的，教师要不断扩充和更新教学资源，也就是说教师要不断对自己在课堂中运用的资源进行评价和反思，杜绝“一套课件讲一辈子”“一个例子举一辈子”的资源运用方式。网络学习环境人人通能够集合海量的教学资源，这些资源的呈现形式可能是视频、音频、图像、动画、文本等多种形式，教师要合理利用这些资源，去除陈旧冗杂的资源，集合优质资源进行教学。除了评价教师课堂运用的资源，还需要评价课后给学生推送的作为扩展学习的资源，重点评价资源是否有利于学生对知识的建构与理解，是否给学生造成更大的认知负荷。

对教师的评价是一个相对较复杂的系统工程，以上介绍的对于教师的评价内容并不全面，并非涵盖了所有教师评价的维度。除此之外还可以评价教师工作态度、品德、教育价值观、身心健康、教学艺术等。线上网络教学相比线下课堂教学，教学形式和教学环境是不同的，但是终究是一种教育活动，所以部分应用于线下教师的评价维度也适用于对线上教师的评价。需要强调的是，线上教学对于教师运用现代化设备和搜集信息的能力提出了更高要求，所以对于教师信息素养评价的重要性逐渐凸显。

三、评价教师的方法

每个网络教学平台都有自身的优势和亮点，也有各自的有待改进之处，当前诸多网络教学平台把服务的重心放在教学环节和对学生评价上，大部分平台缺乏系统、完备的对教师评价的功能。网络学习空间人人通环境下教学形式可以是线上教学，也可以是线上和线下相结合，无论教师运用哪种平台或者采用哪种教学方式，对教师的评价都是整个教学评价中的重要环节。

（一）学生对教师的评价

学生对教师的评价更多的是对教师教学态度、教学能力、教学内容、教学方法、教学资源、教学反馈、教学考核和教师素养的评价。学生评教指标体系如下表 6-2。

表 6-2　学生评教指标体系及其指标权重

一级指标	二级指标	二级指标描述	指标权重
教学态度	教师基本品德素养情况	教态大方，为人师表，注重将品德教育融入教学	0.0103
	备课授课认真程度	备课充分，授课认真，治学严谨	0.0103
	线上教学参与程度	利用线上平台讨论区积极发帖，线上交流讨论活跃	0.014
	课堂教学互动情况	引导学生课堂交流讨论，师生互动良好	0.0172
教学能力	线上教学的组织引导能力	认真指导学生开展线上学习，明确线上教学目标和要求，线上教学管理有序	0.0391
	课堂教学授课与探讨协调能力	教学知识点讲解清晰，教学节奏把握得当	0.0783
	围绕教学目标设计教学内容	教学内容安排合理，知识结构清晰，重点难点突出	0.0864
教学内容	教学内容的深度、广度	教学内容与时俱进，将最新科研成果和社会实践融入教学	0.0262
	线上线下教学内容衔接程度	课堂教学能够结合线上学习反馈，衔接良好，不照本宣科	0.0475
教学方法	教学进度安排情况	教学进度安排合理，线上线下学时分配恰当	0.0484
	线上线下教学手段运用情况	合理运用各类线上线下教学手段，课程内容演绎生动多彩	0.0484
	教学资源准备情况	教学大纲、周历、线上视频、PPT、电子教材等教学资源完备，上传及时	0.0186

续表

一级指标	二级指标	二级指标描述	指标权重
教学资源	线上线下教学资源衔接情况	线上视频教学资源难易适中，和课程教材衔接良好	0.0325
	拓展性学习资源情况	针对教学内容提供了丰富的案例、文献等课外拓展资料	0.0142
	线上和线下问题解答满意度	线上线下问题解答及时、准确	0.026
教学反馈	作业、测试批改反馈情况	及时批改、反馈、讲解课程作业或报告	0.0454
	对教学反馈的改进情况	注重教学意见反馈，及时有效调整	0.0198
教学考核	教学考核开展情况	根据课程教学进度，合理开展教学考核，如在线测试、小组作业、期末考试等	0.1057
	课程作业安排情况	线上线下作业设计合理，难度适中，有助于学生知识掌握	0.0528
	学生对课程知识的掌握程度	通过线上自学和课堂讲解，学生基本掌握了课程学习目标	0.1176
教学效果	学生综合能力的培养	课程提高了学生自主学习、分析解决问题的能力	0.0897
	对学生学习兴趣的激发程度	学生学习兴趣更加浓厚，学习态度更加积极	0.0513

采用混合式课程学生评教指标体系能够全面覆盖教师线上线下的教学行为，对评价指标权重进行细化，能够更加客观地评价教学效果，使得评价结果更加全面、客观和公平。参考这些评价指标和指标权重编写调查问卷，可以采取线上方式发放问卷（例如使用问卷星），也可以将问卷打印出来，在课程学习中或学习后发放。学生对教师的评价主观性更强，尤其是在中小学阶段，因此，虽然表中罗列了很多指标，而且指标的有效性都得到了验证，但是并不是所有指标都能得到客观公正的评价，例如教师课堂教学互动情况指标，上课被提问到、被关注到或者学习积极性较高的学生可能普遍评分较高，反之评分就会非常低。另外受到学生自身先前掌握的知识程度影响，对教学内容的深度和广度的评价可能会出现偏差。学生对教师的评价可供学校或者教师参考。

（二）教师同行互评

在进行教师同行之间互评的时候要秉持公开透明的原则，参评教师不得把个人情感、主观喜好带入评价过程。对教师的评价也应该是发展性的，并且遵循合作性进而反馈性原则，在评价过后要及时给出更正意见，并且与被评教师及时沟通。在评价不同学科的过程中要有针对性，不同学科和班级有不同的特点，要区分开来，不可做“一刀切”式的评价。

在评价指标上要兼顾对学生学习状况的评价、对教师教学行为的评价和对教师教学基本功的评价。其中最重要的是对学生学习状况的评价。

在评价方法上多以直播间旁听的形式进行，根据评价表相关项目进行评价，课程结束后经过平台汇总，或者将评价表发送到教师交流平台中供教师改进教学之用。教师教学互评表如下表 6-3。

表 6-3　教师教学互评表

受评教师	考评科目	考评时间	考评教师
评价项目		评价要点	评分
学生学习状况（60%）	学生参与状况	1. 数量（参与人数及时间）（3 分） 2. 广度（参与层面及环节）（3 分） 3. 深度（涉及问题的深度）（4 分）	
	学生思维状况	1. 学生是否学会倾听，注意力能否集中（4 分） 2. 学生是否善于交流与交谈，能否独立思考（4 分） 3. 学生能否发现问题，并从多角度解决问题（4 分） 4. 针对问题的回答，能否进行自我评价（4 分） 5. 学生提出的问题能否得到关注（4 分）	
	学生达成状况	1. 是否掌握新知识，并融会贯通（6 分） 2. 学生的技能是否得以训练和提高（6 分） 3. 学生的情感是否得到积极引导（6 分） 4. 学生的学习方法是否有变化（6 分） 5. 学生的求知欲是否增强，是否更喜欢老师（6 分）	
教学行为（25%）	1. 教学目的是否明确（5 分） 2. 教师独自讲述或占用的时间是否尽可能压缩（5 分） 3. 教师能否恰当地处理教材，并创造性地使用教材（5 分） 4. 能否提出高质量的思考题，并很好评价学生的回答（5 分） 5. 能否很好调控课堂，使课堂气氛活跃，同时给学生自尊、自信，让学生越来越爱学习（5 分）		

续表

教学基本功（15%）	1. 教师的姿态、表情是否乐观且具感染力（3分） 2. 能否使用普通话，语言是否清晰、流畅（3分） 3. 板书是否具有概括性、条理性，是否整齐、美观（3分） 4. 电教手段的使用和实验、演示是否熟练、准确（3分） 5. 手势、站位及走动是否适度（3分）	
教学建议		总评

（三）同行或者教学管理人员对教师的评价

教学管理人员对教师的评价更多的是一种总结性评价和奖惩性评价，由于教学管理人员的职责，对教师进行考核是职责之内的工作。管理人员对教师的评价可以包括师生关系、教师利用资源、教师自身提高、课堂教学内容、教学目标，每一个指标下又可以细分很多指标。如表6-4所示。网络教学环境下可以采用直播间旁听的方式进行，也可以课后对教师的课程进行抽检，借助平台评价反馈功能或者借助教师讨论群组或者其他符合要求的工具及时向教师反馈评价结果。

表6-4 教师教学评价表

指标				优	良	中	差
一级指标	二级指标	三级指标	权重	100—90	89—75	74—60	59—0
师生关系	尊重与信任学生	创设师生互相尊重的和谐气氛	0.50				
		尊重学生的不同见解、技能和经验	0.50				
	课堂师生互动	促使学生参与课堂讨论活动	1.00				
	鼓励引导学生	鼓励学生发表自己的观点和意见	0.32				
		鼓励学生个人兴趣和创造力的发展	0.34				
		使学生认识到自己在学习中应承担的责任	0.34				

续表

指标				优	良	中	差
一级指标	二级指标	三级指标	权重	100—90	89—75	74—60	59—0
教师利用资源	利用教学设备	熟练有效地利用各种现代化设备	1.00				
	利用信息资源	有效地利用各种信息资源促进教学	0.35				
		利用学生的背景信息指导教学	0.34				
		充分利用“他评”改进教学	0.31				
教师自身提高	反思教学	能从学生学习进展中发现自己教学中不足	1.00				
	与他人交流	与本专业的同事交流教学活动	0.49				
		向有经验的教师或专家请教	0.51				
课堂教学内容	因材施教	课堂安排适合学生经历、兴趣、知识水平、理解力	1.00				
	教学设计灵活	根据课堂情境调节教学活动	1.00				
	理论联系实际	密切课程内容与生活联系	1.00				
教学目标	教学目标	教学目标明确	1.00				
	教育观念	重点培养学生技能、思维、方法、行为方式和价值观念	1.00				

（四）家长对教师的评价

因为教师职业的专业性，部分非教育系统工作的家长可能对一些非常专业的评价指标缺乏相关了解，因此家长对教师的评价多为教师的人格、品德、仪表、人文关怀等方面，评价角度多以孩子为中心，关注孩子在课堂中的切身感受。家长对教师的评价可以采用问卷调查，也可以采用访谈的方式调查。网络环境下对教师的评价和一般线下教学的评价方式大同小异。以下是家长对教师评价的问卷，供读者参考。

尊敬的家长：你们好！

为进一步加强我校教师队伍建设，全面提升教师职业道德水平，促进学校办学水平的提高，学校决定开展“家长评价教师”活动。您的评价，对我们学校是一种鞭策，也是一种激励。为此，恳请家长配合、支持学校的工作，通过孩子和自己的了解，如实填写调查表。谢谢！

说明：家长在对应教师下面方框里按自己和孩子的感受给予评价：优秀为 A，较好为 B，合格为 C，较差为 D。

家长（学生）评价内容		评价等级									
			语文	数学	英语	音乐	体育	美术	…	…	
任课教师	1. 教育思想端正，举止文明，作风正派										
	2. 注意培养学生良好的行为习惯										
	3. 关心爱护学生，做到不侮辱、体罚或变相体罚学生										
	4. 尊重体谅家长，经常与家长平等交流										
	5. 不以教师权力让家长送礼、补课或私下进行有偿补课										
	6. 尊重学生的人格，公平对待每一个学生，关心帮助学困生										
	7. 教师收取各项费用名目清楚，告知家长收费标准										
	8. 认真上课，认真批改作业，认真辅导学生										
	9. 教育教学能力，教学水平情况										
	10. 您孩子是否喜欢老师，学习的负担是否过重										

（若有其他事项建议和意见，请写在本页背后）

您是×××年级××班家长

××××年××月

（五）教师自我评价

要推进教师评价常态化实施，促使教师开展经常性自我评价。教师专业水平的进步以及教育教学质量的提高是一个循序渐进的过程，只有注重教师评价的过程性、日常性，才有可能提升教师评价工作的实效性。因此，我们须推进教师评价的常态化实施，摒弃以往仅仅关注教师教学结果的做法，鼓励、督促教师依据个性化评价标准，加强自我评价和自我反思。评价指标如表 6-5 所示。

表 6-5　教师自我评价表

指标				优	良	中	差
一级指标	二级指标	三级指标	权重	100—90	89—75	74—60	59—0
教师自我评价	教师专业品质	兴趣爱好	0.50				
		个性品质	0.50				
	教师素质	思想道德素质	1.00				
		文化理论素质	0.32				
		心理素质	0.34				
		身体素质	0.34				
	教师工作量	教学工作量	1.00				
		科研工作量	0.35				
	教育教学	师生关系	0.34				
		教师利用资源	0.31				
		教师自身提高	1.00				
		课堂教学内容	0.49				
		教学目标	0.51				

本章参考文献

[1] 陈春莲，唐忠. 教师教学评价体系的构建与实施——基于“五维一体”发展性评价的改革思路 [J]. 中国高校科技，2020 (10)：29-32.

[2] 余胜泉，吴娟. 信息技术与课程整合——网络时代的教学模式与方法 [M]. 上海：上海教育出版社，2005.

[3] 石中英. 回归教育本体——当前我国教育评价体系改革刍议 [J]. 教育研究，2020 (09)：4-15.

[4] 许珂. 交互式学习环境下学生学业成绩评价的变革与实践 [J]. 中国民族教育，2017 (Z1)：36-37.

[5] 周洪宇. 深化教育评价改革，加快推进教育现代化——《深化新时代教育评价改革总体方案》解读 [J]. 中国考试，2020 (11)：1-8.

[6] 张磊，姜孟瑞. “互联网+”背景下教师评价能力的现状及提升 [J]. 教学与管理，2018 (06)：17-20.

[7] Maja Cukusic, Zeijko Garaca, Mario Jadric. Online Self-assessment and Students' Success in Higher Education Institutions [J]. Computer & Education, 2014 (01): 100-109.

[8] 沙丽瓦尔·阿里木，迪娜·哈力亚斯哈尔. 基于数据可视化工具的电大学生学习成绩评价研究 [J]. 新疆广播电视大学学报，2020（02）：7-11.
[9] 李顺. 运用“综合素质评价系统”促进学生综合素质评价研究 [J]. 教育科学论坛，2017（02）：43-45.
[10] 王威. 美国多元智能理论指导下中小学学生评价研究 [D]. 东北师范大学，2007.
[11] 顾明远. 试论教育现代化的基本特征 [J]. 教育研究，2012（09）：4-10+26.
[12] 俞平. 以生活为基础，提高学生适应社会的语文素养——《培智学校义务教育生活语文课程标准》与《义务教育语文课程标准（2011年版）》的比较研究 [J]. 小学教学研究，2020（30）：71-73.
[13] 刘欢. 高等教育评价主体多元化的价值思考 [J]. 科教文汇（上旬刊），2019（08）：10-11+71.
[14] 朱莉. 多元智能评价方法研究 [D]. 东北师范大学，2005.
[15] 莫俊华. 同伴评价：提高大学生写作自主性 [J]. 解放军外国语学院学报，2007（03）：35-39.
[16] 周季鸣，束定芳. 同伴互评中的教师实践与学生认识互动研究 [J]. 外语界，2019（05）：64-71.
[17] 王学锋. 形成性评价中的自我评价：理论、内容与方法 [J]. 中共山西省委党校学报，2015（04）.
[18] 刘志军，王洪席，张红霞. 促进教师不断发展的评价体系构建 [J]. 清华大学教育研究，2015（06）：81-85.
[19] 陈振华. 教师评价若干变革评析 [J]. 教师教育研究，2012（05）：62-66.
[20] 马玲. 奖惩性教师评价与发展性教师评价的整合研究 [J]. 商业文化（上半月），2011（08）：270-271.
[21] 丁祎. 浅谈信息化教育下教师信息素养的培养策略 [J]. 中国校外教育，2020（05）：32+34.
[22] 兰羽，徐小琴，王运武. 新时代教师信息素养提升策略探究 [J]. 科技创业月刊，2020（11）：142-145.
[23] 张芹. 翻转课堂教学模式在高校体育舞蹈课堂中的运用 [J]. 牡丹江师范学院学报（自然科学版），2016（01）：76-77.
[24] 杨阳，孙鑫，陈磊. 混合式课程教学评教指标体系构建研究 [J]. 科技创业月刊，2020（11）：146-149.
[25] 李庆. 教师教学互评的具体操作 [J]. 淮南职业技术学院学报，2007（01）：101-103.
[26] 罗环. 教师自我评价指标体系构建的实证研究 [D]. 天津师范大学，2008.